Café INSPIRADOR *y*
TÉ DE LA SABIDURÍA
Delicias diarias en la Cafetería Divine
(SEGUNDA EDICION)

Reverendo Peter G. Vu

CAFÉ INSPIRADOR Y TÉ DE LA SABIDURÍA
Copyright © 2021 Reverendo Peter G. Vu
Traductor: Diego Diaz

Todos los derechos reservados. Ninguna parte de esta publicación puede ser reproducida, distribuida o transmitida en cualquier forma o por cualquier medio, incluyendo fotocopias, grabaciones u otros métodos electrónicos o mecánicos, sin el permiso previo por escrito del editor o autor, excepto en el caso de breve citas incluídas en reseñas críticas y otros usos no comerciales permitidos por la ley de derechos de autor.

Aunque se han tomado todas las precauciones para verificar la exactitud de la información contenida en este documento, el autor y el editor no asumen ninguna responsabilidad por errores u omisiones. No se asume ninguna responsabilidad por los daños que puedan resultar del uso de la información contenida en él.

Tapa blanda: 978-1-8383938-4-7
eBook: 978-1-8383938-5-4

Impreso en el Reino Unido

AEGA Design Publishing Ltd
Casa Kemp, 160 City Road, Londres
EC1V 2NX, Reino Unido

www.aegadesign.co.uk
info@aegadesign.co.uk

Críticos de Amazon para el Libro
"Café Inspirador y Te de la Sabiduría:
Delicias Diarias en la Cafetería Divine "

Dra. Patricia Eroh
5.0 de 5 estrellas <u>**Excelente Libro**</u>
8 de diciembre de 2019

Normalmente no leo libros de ministros que llevan el nombre de re reverendo porque no creo que se deban venerar a los hombres, solo a Dios. Pero, este hombre es la excepción. Antes de tomar este libro, revisé otros libros escritos por el y descubrí que era teológicamente parecido a mis creencias y entonces, este libro resulto igual. Amo este libro y, aunque he estado luchando últimamente con mi propio camino, este libro me ha sido de mucha ayuda. Quizás ahora tenga que reevaluar mi opinión acerca de los reverendos.

Recibí una copia gratuita de este libro a través de Booksprout y estoy dejando una reseña de forma voluntaria.

Cat
5,0 de 5 estrellas <u>**Un poco de inspiración para comenzar el día.**</u>
31 de octubre de 2019

Amo mi café y mi té, ¡y este libro de inspiraciones y sabiduría es un buen toque para comenzar el día! Hay muchos proverbios para cada día, al parecer, así que estoy pensando, leer uno al día, comenzar con la fecha que corresponda, ¡y debería mantenerme inspirada por unos años! ¡O simplemente al azar los pequeños versos cuando necesites levantar el animo! Este es un libro bonito para regalar a alguien de fe cristiana. ¡Agradable e inspirador! Recibí un arco de Kindle a cambio de escribir una reseña justa.

Rebeca
5,0 de 5 estrellas **Alentador**
8 de diciembre de 2019

Este libro fue muy alentador. Fue diariamente inspirador. De hecho, me gustaba adelantarme y leer la inspiración y la sabiduría del día siguiente. Leí y reseñé este libro voluntariamente a cambio de una copia gratuita.

Dr J Reads, principal colaborador: libros de poesía
5.0 de 5 estrellas **Agradable y Considerable**
3 de octubre de 2019

Escritura agradable que gira en torno a la fe, la inspiración y la vida devocional. La escritura es clara y reflectiva.

Chip78
5.0 de 5 estrellas **Maravilloso Mapa de la Vida Cotidiana**
Revisado en los Estados Unidos el 17 de diciembre de 2019

Similar a los libros escritos anteriormente por el Rev. Peter Vu, Café inspirador Y Té de la Sabiduría nos desafía a ser mejores personas orientándonos sobre como lograrlo. El contenido de cada día del año es espiritualmente estimulante y edificante.

fancyfeet
5.0 de 5 estrellas **Una Gran Guía**
Reseñado en los Estados Unidos el 5 de enero de 2020

Compre este libro como regalo para un querido amigo. Tengo el otro libro devocional del padre Peter. Lo leo todos los días, hay mucho por lo que orar y contemplar cada día. Me encanta la información y la orientación.

Vien Taliana
5,0 de 5 estrellas **Maravilloso Libro**
Reseñado en los Estados Unidos el 12 de enero de 2020

Mi familia ha disfrutado pasar tiempo de calidad leyendo este libro juntos durante nuestras vacaciones de Navidad y Año Nuevo. Mi esposo y yo con nuestras hijas de 9 y 11 años nos turnamos para leer. Me alegre mucho de ver a mis niñas tan entusiasmadas cuando les tocaba leer estas citas y compartir sus pensamientos. Este libro es muy reflexivo, estimulante e inspirador. Disfrute de nuestras discusiones familiares y el tiempo alegre de estar juntos leyendo sin dispositivos electrónicos. Este es un libro perfecto con breves citas de sabiduría de varias fuentes que logramos encajar en nuestra apretada agenda. Nos tomo solo unos minutos leer las citas del día justo antes de nuestras oraciones antes de dormir. Es una bendición y un regalo maravilloso. Este libro es la mejor alternativa a la Santa Biblia para nuestra familia y lo recomiendo ampliamente.

Crítico de NetGalley para el libro
"Café Inspirador y Té de la Sabiduría:
Delicias diarias en la Cafetería Divine"

No era lo que esperaba, pero me gustó. Esta mas del lado del aspecto religioso que del inspirador.

Es un libro lleno de sabiduría y buenas palabras. Puedes tomar pequeños trozos y realmente disfrutarlo.

El contenido de este libro fue interesante. El autor se baso en una buena variedad de fuentes para ofrecer una gran cantidad de material inspirador. Al menos en Kindle, el formato del material parecía un poco recargado, con varias devociones inspiradoras juntas. El grafico de la taza de café y té también se volvió bastante repetitivo. En general, sin embargo, este fue un libro solido de devocionales.

Una reseña mixta. Disfrute leyendo las citas inspiradoras cada día, pero no estoy muy seguro acerca de los extras.

Amo mi café y mi té, ¡y este libro de inspiraciones y sabiduría es un buen toque para comenzar el día! Hay muchos proverbios para cada día, al parecer, así que estoy pensando, leer uno al día, comenzar con la fecha que corresponda, ¡y debería mantenerme inspirada por unos años! ¡O simplemente al azar los pequeños versos cuando necesites levantar el animo! Este es un libro bonito para regalar a alguien de fe cristiana. ¡Agradable e inspirador!

Este parece ser un devocional encantador y estoy ansioso por agregarlo mas a mi rutina. Ya he leído bastante de ellos y realmente aprecio los mensajes que se están introduciendo.
Me impresiono mucho la extensión de este libro. No suelo leer no ficción cristiana, pero me gustó.

Estoy disfrutando este libro. Cada día se divide en dos partes. Una para la mañana y otra para la noche, pero el autor no te hace sentir culpable y puedes hacer tus dos secciones a lo largo del día sin culpa.

Cada sección contiene una cita, una breve discusión y una oración. Esto es perfecto para los días ocupados y me ayuda a seguir el ritmo de mis estudios.

Recomendaría este libro a cualquiera que este tratando de mantenerse al día con el estudio cristiano diario.

Leeré este recordatorio diario en 2020. Esta es una dosis diaria de sabiduría y oración para ayudarte a sobrellevar el día a día. Solo por el primer conjunto de citas, se que esto me será muy útil. Se que voy a destacar muchos pasajes e inspiraciones.

Un lindo recordatorio diario de que hay esperanza. El Rev. Vu toma de varios escritores, no solo de la Biblia cristiana, para exponer sus puntos. Lecturas rápidas para comenzar o terminar el día. Este es uno de esos libros que leerás todos los días y comenzaras una y otra vez...

Gracias por la oportunidad de leer y reseñar este libro. Me encantó que describieron en la introducción el libro como "Uno es inspirarnos como el café o más tarde en la mañana, mientras que otra es como el té, dándonos un poco de sabiduría para ayudarnos a afrontar nuestras decisiones diarias con confianza". Disfrute del formato del libro, pero no sabia que iba a ser tan religioso. De lo contrario, gran libro.

De verdad disfrute este libro. Me gusta que el autor haya dividido los devocionales en trozos pequeños para tomar con el café de la mañana y el te de la tarde. ¡Absolutamente voy a hacer de este libro parte de mi rutina diaria en 2020!

Dedicatória

A menos que se indique lo contrario, las citas de las Escrituras estén tomas de The New American Bible (La Nueva Biblia Americana) (Copyright 1970 por Confraternidad de la Doctrina Cristiana, Washington, DC), incluidos los Salmos revisados de la Nueva Biblia Americana (Copyright 1991) y el Nuevo Testamento revisado (1986). Todos se utilizan con permiso del propietario de los derechos de autor.

Las citas de este libro se tomaron de las siguientes cinco fuentes:

El libro completo de los proverbios prácticos y el ingenio extravagante. Copyright 1996 por Vernon McLellan.

Libro completo de citas: sabiduría de mujeres y hombres de todo el mundo a lo largo de los siglos. Copyright 1995 de Ross Petars y Kathryn Petras.

El tesoro de citas religiosas y espirituales: palabras para vivir. Copyright 1994 de The Stonesong press, Inc. Basado en parte en El Tesoro Mundial de Citas Religiosas. Copyright 1966 de Ralph L. Woods.

Ingenio sabio y extravagante: un popurrí de proverbios de la A a la Z. Copyright 1992 por Vernon McLellan.

Palabras de ingenio y sabiduría: una colección aleatoria de citas memorables. Copyright 1999 de Hearts Aflame.

Las fotografías e ilustraciones están tomadas de iStockPhoto y se utilizan con el permiso del propietario de los derechos de autor.

Me gustaría dedicar este libro a los siguientes libros:

- Mi sabio y amoroso Dios, que ha creado este magnifico mundo para mostrarnos la sabiduría, el conocimiento, la belleza y el amor divinos en un intento de ayudarnos a desear la vida eterna en el Reino de Dios.

- Mi familia, amigos, maestros, consejeros, entrenadores y figuras religiosas, quienes me han enseñado y transmitido conocimientos y sabiduría para ayudarme a ser la luz para el mundo y animar a otros en tiempos de problemas y agitación.

- Personas que se sientes perdidas o desanimadas en la cultura moderna. Su compromiso y esperanza en el poder divino nos dice que busquemos la luz guía de Dios y el gozo en nuestra vida diaria en medio de los desafíos.

- Ciudadanos globales que son miembros de la raza humana, a pesar de sus diferentes culturas, tradiciones, creencias religiosas, razas y orígenes. Su deseo de ser buenos y hacer de nuestro mundo un lugar mejor para las próximas generaciones me ha animado a escribir este libro y encontrar una forma mas de ayudarnos a disfrutar de nuestra vida al máximo y acercarnos como una familia humana.

Siempre estaré agradecido con nuestro dios omnisciente y en deuda con todos ustedes. Que nuestro sabio y amoroso Dios te ayude a disfrutar cada momento de tu día y a tomar las decisiones correctas todos los días de tu vida.

Introducción

Cada mañana, nos despertamos con una taza de café o un latte. Su aroma embriagador nos ayuda a seguir adelante en nuestras tareas diarias, aunque todavía no estemos del todo despiertos. A medio día, podríamos tomarnos una taza de té para así calmar nuestros nervios y ayudarnos a finalizar nuestro día. A medida que avanzamos en esta rutina diaria y confiamos en esos estimulantes externos para sobrellevar nuestro día, no puedo evitar pensar en cuanto mas podría estar nuestro espíritu necesitando motivación para mantenerse enfocado e inspirado cada día. Así es como se me ocurrió la idea de tener dos frases para cada día en este libro. Una es para inspirarnos, como una taza de café o latte en las mañanas, mientras que la otra es como el té, dándonos un poco de sabiduría para ayudarnos a hacer frente a nuestras decisiones diarias con confianza. Doy un contexto y una breve interpretación de cada frase antes de envolverlo en un paquete pequeño al que he llamado **Sabor Inspiración o Sabor Sabiduría**. Luego te ayudo a mezclar este sabor y lo convierto en un **Café Inspirador o un Té de la sabiduría** para que puedas disfrutarlo todos los días.

Como nuestro café y té diario, trato de que las dos frases diarias y sus reflexiones sean breves y dulces. No tenemos todo el día para leer página tras página sobre como debemos tomar las decisiones correctas o qué debemos hacer para tener una vida con sentido. Otro libro tendrá que encargarse de eso. Este libro esta diseñado simplemente para darnos un impulso espiritual rápido mientras tratamos de ir corriendo de una tarea a otra en nuestra ocupada agenda.

Aunque el objetivo a corto plazo de este libro es ayudarnos a llevar cada día con alegría y con un propósito, su enfoque a largo plazo es refinar nuestro carácter y hacernos mejores personas en el hogar, en el trabajo, en los lugares de culto, en el barrio, y en otros lugares. Este mundo seria como el cielo si hubiera menos peleas, discusiones y asesinatos. No podemos tomar nuestra taza de café o té estos días sin la preocupación de que pueda entrar algún loco con un arma y dispararnos como un animal o con una bomba y hacernos explotar. Sin lugar a duda, no podemos disfrutar de nada en un mundo así. Es necesario poner un alto a esta situación y esto empieza con nosotros. Necesitamos hablar y actuar de manera diferente a lo que vemos en las noticias o de lo que somos testigos en nuestro mundo todos los días. Cuando podemos hacer eso, ayudamos a cambiar el mundo, una persona a la vez, y de esta forma otros, con suerte, seguirán nuestro ejemplo. Esta transformación no solo hará de nuestro mundo un lugar mejor, sino que también nos hará sentir mucho mejor con nosotros mismos.

Otro motivo por el que escribo este libro es porque he visto que muchas personas decentes, que pueden no ser muy religiosas, aun mantienen fuertes creencias sobre ciertos valores y desean compartirlos con el mundo en cada oportunidad posible.

La mejor forma de hacerlo es poniendo uno de esos valores en una frase corta al pie de sus firmas o debajo del logotipo de una empresa. ¡Compruébalo tu mismo! De hecho, he visto recientemente dos entrevistas en la televisión en las que las personas han citado frases de personalidades inspiradoras que han cambiado sus vidas o les han ayudado a tomar decisiones importantes. Además, muchos de nosotros disfrutamos leyendo un mensaje corto en una galleta de la fortuna, lo que muchas veces nos hace hacer una pausa y pensar un poco. Eso es lo que espero que este libro nos ayude a hacer todos los días: hacer una pausa de unos minutos y reflexionar sobre esas dos frases diarias.

Finalmente, hemos visto como la identidad nacional se ha acentuado en todo el mundo y se ha vuelto a las personas unas contra otras. La verdad es que todos pertenecemos a una sola familia humana, independientemente de nuestras razas y religiones. Necesitamos aprender a llevarnos bien y ayudarnos unos a otros. Este libro destaca ese importante punto al recopilar dichos sabios e inspiradores de la Biblia, el Corán (libro sagrado musulmán), el talmud (libro sagrado judío) y muchas tradiciones humanas. Algunas de las figuras famosas son Jesús, Confucio, Mahoma, Mahatma Gandhi, Aristóteles, el Dalai Lama, Thich Nhat Hanh, la Santa Madre Teresa, Billy Graham, Abraham Lincoln, Benjamin Franklyn, Thomas Edison, Martin Luther King Jr., Eleanor Roosevelt, Susan B. Anthony y muchos mas.

He usado cinco recursos para seleccionar las dos frases famosas para cada día durante todo el año y registré cada una de ellas de la siguiente manera:

(Práctico ...) para tomar del **Libro Completo de Proverbios Prácticos e Ingenio Extravagante.**

(Citas...) para tomar de **Libro Completo de Citas: Sabiduría de mujeres y hombres de todo el mundo a lo largo de los siglos.**

(Religiosos ...) para tomar del **Tesoro de Citas Religiosas y Espirituales: Palabras por las cuales vivir.**
(Sabio ...) para tomar de **El ingenio sabio y extravagante: un popurrí de proverbios de la A a la Z.**

(Ingenio...) para tomar de **Las palabras de ingenio y sabiduría: una colección aleatoria de citas memorables.**

Estas son algunas de las citas que encontrará en este libro:

"Hago lo mejor que sé, lo mejor que puedo, y pienso se-

guir haciéndolo hasta el final. Si al final resulta bien, lo que se diga en mi contra no valdrá nada. Si al final resulta mal, ni diez ángeles jurando que tenia razón harían ninguna diferencia." (Abraham Lincoln, bajo la descripción Práctico, Acción, pág. 4)

"Las personas prudentes y cuidadosas que siempre están esforzándose por preservar su reputación y posición social, nunca podrán lograr una reforma." (Susan B. Anthony (1820-1906), sufragista estadounidense, bajo la descripción Citas, reforma y reformadores, pág. 230).

"La mayoría de la gente pierde una oportunidad porque esta viene vestida con un mono y parece un trabajo." (Thomas Edison, bajo la descripción Práctico, Oportunidad, pág. 174).

"Lo más importante en cualquier relación no es lo que recibes, sino lo que das." (Eleanor Roosevelt (1884–1962), humanitaria estadounidense y Primera Dama, bajo la descripción Citas, Relaciones, pág. 232).

"Las riquezas no provienen de la abundancia de bienes terrenales, sino de una mente satisfecha." (Muhammad (570-632 d. C.), profeta del Islam, bajo la descripción Citas, riqueza, pág. 303).

"Debemos usar el tiempo de manera creativa y darnos cuenta de que siempre es el momento adecuado para hacer lo correcto." (Martin Luther King Jr. (1929-1968), líder estadounidense de los derechos civiles, "Cartas desde la cárcel de Birmingham", bajo la descripción Citas, Tiempo, pág.278).

"Después de cruces y pérdidas, los hombres se vuelven más humildes y sabios." (Benjamin Franklin, bajo la descripción Práctico, Adversidad, pág. 7).
"La verdadera felicidad fluye de la posesión de la sabiduría y la virtud y no de la posesión de bienes exter-

nos." (Aristóteles (384-322 aC), de Política (Libro VII del Análisis), bajo la descripción Religiosa, Felicidad, pág. 221)

"**La actual crisis mundial ... es una crisis del espíritu del hombre. Es una gran conmoción religiosa y moral de la raza humana, y realmente no conocemos ni la mitad de las causas de esta conmoción.**" (Thomas Merton, de The Way (junio de 1963), bajo la descripción Religious, Human Spirit, pág. 252) .

"**Si tienes una fe o religión en particular, eso es bueno. Pero puedes sobrevivir sin ella si tienes amor, compasión y tolerancia. Una prueba clara del amor de una persona hacia Dios es si esa persona muestra genuinamente amor a sus semejantes.**" (Dalai Lama, Por el amor de Dios (1990), bajo la descripción Religiosa, Amor, pág. 305).

"**Me opongo a la violencia porque cuando parece hacer el bien, el bien es sólo temporal, mientras que el mal que hace es permanente.**" (Mahatma K. Gandhi, de Selecciones de Gandhi (1945), bajo la descripción Religiosa, no violencia, pág. 362).

Espero que disfruten de este libro todos los días tanto como yo disfruté armándolo. Espero que te transforme para ser una mejor persona y cambie lentamente nuestro mundo para convertirlo en un pedazo de cielo que las próximas generaciones puedan apreciar por todo el maravilloso esfuerzo que hemos puesto en él para nuestra familia humana.

P. Peter Vu

Enero

1 de Enero

Si esperas el momento perfecto nunca podrás hacer nada... Continúa sembrando tu semilla, porque nunca sabes cual crecerá, tal vez todas lo hagan. (Eclesiastés 11: 4-6) (Práctico, Logro, pág. 1)

Sabor Inspiración: Arriésgate en la vida y no seas demasiado cauteloso. Comienza con grandes sueños y sigue trabajando en ellos hasta que veas buenos resultados. Esa es la clave de tu éxito y logros futuros.

Café inspirador: Consejero Maravilloso, ayúdame a soñar en grande, a tomar riesgos y a seguir trabajando en ello hasta que obtenga un gran éxito. Gracias, señor.

No intentes evadir tu responsabilidad diciendo que no lo sabias. ¡Porque Dios, que conoce todos los corazones, conoce el tuyo y sabe que tu lo sabias! Y recompensará a todos según sus obras. (Proverbios 24:12) (Práctico, Acción, pág. 3)

Sabor Sabiduría:
A algunas personas les gusta evadir sus responsabilidades poniendo excusas. Pero Dios conoce cada corazón humano. Si quieres que Dios te recompense al final, asume tus responsabilidades y cumple.

Té de la Sabiduría: Sabiduría de Dios, cuando me vea tentado a esquivar mi responsabilidad, recuérdame que conoces mi corazón y oblígame a cumplir. Gracias, señor.

2 de Enero

Hago lo mejor que sé, lo mejor que puedo, y pienso seguir haciéndolo hasta el final. Si al final resulta bien, lo que se diga en mi contra no valdrá nada. Si al final resulta mal, ni diez ángeles jurando que tenia razón harían ninguna diferencia. (Abraham Lincoln) (Práctica, Acción, pág. 4)

Sabor Inspiración: Siempre debes hacer tu mejor esfuerzo en todo y trabajar duro. Continúa tu tarea hasta el final y no te preocupes por el resultado final o lo que puedan decir. Así es como debes actuar y vivir.

Café Inspirador: Consejero Maravilloso, ayúdame a dar lo mejor de mí en todo y a no preocuparme por el resultado final o por lo que puedan decir. Gracias, señor.

El que no sabe hacia adónde va, puede que se pierda cuando llegue allí. (Práctico, objetivo, pág. 11)

Sabor Sabiduría: Si no sabes dónde se supone que debes ir, nunca llegaras. Asimismo, si no tienes ninguna esperanza o sueño, puede que te pierdas las oportunidades para hacerlo realidad.

Té de la Sabiduría: Sabiduría de Dios, cuando me sienta perdido en este mundo, necesito tu ayuda para encontrar mi sueño y la dirección para llegar allí. Gracias, señor.

3 de Enero

Los objetivos y los ideales son como afinadores, debes hacerlos sonar con frecuencia para mantener tu vida a tono.
(Práctico, Objetivo, pág. 11)
Sabor Inspiración: No olvides revisar tus objetivos e ideales con frecuencia. Así es como puedes mantener la frente en alto y con esperanzas en medio de tu ocupada y desafiante vida.
Café Inspirador: Consejero Maravilloso, ayúdame a mirar hacia arriba y recordarme a mí mismo mis objetivos e ideales para mantener la esperanza en mi ocupada y desafiante vida. Gracias, señor.

El bambú que se dobla es más fuerte que el roble que resiste. (Proverbio japonés)
(Práctico, Cambio, pág. 26)
Sabor Sabiduría: El roble, que es fuerte, se romperá si resiste. Pero el bambú, que parece débil, muestra su verdadera fuerza cuando se dobla. Entonces, si puedes adaptarte o cambiar con una situación, serás fuerte como el bambú que se dobla.
Té de la Sabiduría: Sabiduría de Dios, cuando se me hace difícil cambiar en una situación, necesito tu ayuda para poder doblarme y adaptarme a ello y así poder ser fuerte y saludable en la vida. Gracias, señor.

4 de Enero

Las palabras amables atraen vida y salud, quejarse atrae desánimo. (Proverbios 15: 4) (Práctico, Desánimo, pág. 55)
Sabor inspiración: Usa palabras amables al tratar con los demás y así traerles paz y vida. Quejarse solo provoca resentimiento y desánimo. Así es como puedes exaltar a otros y evitar desanimarlos.
Café de Inspirador: Consejero Maravilloso, ayúdame a usar palabras amables para animar a las personas que podría encontrar hoy y evitar desanimarlos con mis quejas y mi mala actitud. Gracias, señor.

Debemos mantenernos todos juntos, o seguramente todos nos mantendremos separados.
(Benjamin Franklin) (Práctica, Cooperación, pág. 42)
Sabor Sabiduría: Desde la creación, los seres humanos han descubierto el poder de la unidad y han aprendido a cooperar para sobrevivir. Si puedes ver la fuerza y las bendiciones de la unidad, debes convencer a otros para que cooperen.
Té de la Sabiduría: Sabiduría de Dios, en los momentos cuando quiero hacer las cosas por mi cuenta, necesito ver la importancia de la cooperación y el trabajo en equipo para lograr una comunidad sólida y resultados exitosos. Gracias, señor.

5 de Enero

Cuando hacemos lo que podemos, Dios hará lo que no podamos. (Práctico, Fe, pág. 72)
Sabor Inspiración:
Debes hacer tu parte y trabajar duro, pero deja que Dios se ocupe del resto. Así es como pones tu fe en Dios y dejas que Dios se encargue de lo que tú no puedes hacer.
Café Inspirador: Consejero Maravilloso, ayúdame a no preocuparme demasiado y solo hacer mi mejor esfuerzo. Porque te encargarás del resto por mi. Gracias, señor.

La gloria de los jóvenes es su fuerza, de los ancianos, su experiencia. (Proverbios 20:29) (Práctica, Experiencia, pág. 64)
Sabor Sabiduría:
Los jóvenes cuentan con su fuerza para traerles gloria, mientras los viejos se apoyan en su experiencia. Si quieres duplicar tu gloria, puedes contar tanto en tu fuerza como con tu experiencia.
Té de la Sabiduría: Sabiduría de Dios, puede que no conozca todos mis dones al lidiar con los desafíos diarios. Pero necesito que al menos me dejes ver el don de la fuerza en ser joven y el de la experiencia en la vejez. Gracias, señor.

6 de Enero

Es bueno saber que cuando ayudas a alguien a subir una colina, estás un poco más cerca de la cima. (Práctico, Ayuda, pág. 106)
Sabor Inspiración: Anímate a ayudar a alguien en tiempos difíciles. Cuando lo hagas, te sentirás como un campeón, o al menos más fuerte y sabio. Así es como deberías ver el ayudar a los demás en sus tiempos difíciles.
Café de inspiración: Consejero Maravilloso, dame un corazón valiente y cariñoso para llegar y ayudar a las personas en tiempos difíciles, porque ese trabajo cariñoso y humilde hará de mi una mejor persona, como mi Dios amoroso. Gracias, señor.

Los amigos son los salvavidas de Dios. (Práctico, Amistad, pág. 84)
Sabor Sabiduría:
Algunas personas comparten momentos con sus amigos, mientras que otros cuentan con ellos como consejeros. Podrías considerar que las amistades existen por otras razones, pero, con suerte, estarán allí para ti en momentos de desesperación.
Té de la Sabiduría: Sabiduría de Dios, te agradezco por enviar a las personas adecuadas a mi vida para ser mis amigos. Ellos han sido mis salvavidas y animadores. Necesito apreciarlos y orar por ellos a menudo. Gracias, señor.

7 de Enero

El hombre que tiene una buena opinión de sí mismo suele ser un juez pobre.
(Práctica, Juicio, pág. 123)
Sabor Inspiración: Se humilde y considera la opinión de los demás de modo que puedas tener una visión completa acerca de determinado problema. Así es como puedes, con confianza, hacer un juicio justo y sabio sobre cualquier tema y ser un buen juez.
Café Inspirador: Consejero maravilloso, ayúdame a mantener la cabeza gacha y escuchar bien las opiniones de los demás sobre cada problema. Así es como puedo ser un juez justo y hacer buenos juicios. Gracias, señor.

Los chismes queman tanto oxígeno en la boca que nunca queda nada para el cerebro.
(Práctica, chismes, pág. 98)

Sabor Sabiduría:
Las personas que pasan tiempo en chismes nunca tienen tiempo suficiente para reflexionar sobre su veracidad y sus consecuencias. Si eliges divulgar rumores, piensa primero acerca de su poder destructivo.
Té de la Sabiduría: Sabiduría de Dios, podría verme tentado a involucrarme en chismes sobre alguien o algún problema. Necesito tu gracia para resistir esa tentación y pensar mucho sobre su poder destructivo. Gracias, señor.

8 de Enero

Todos los caminos hacia el éxito y los logros son cuesta arriba.
(Práctica, Liderazgo, pág. 138)
Sabor Inspiración: Algunos piensan que pueden lograr éxito sin tener que enfrentarse a dificultades y decepciones. Pero debes trabajar duro y esperar desafíos si quieres triunfar y lograr grandes cosas.
Café Inspirador: Consejero maravilloso, ayúdame a ver que los caminos del éxito y los logros están llenos de dificultades y decepciones. Pero con tu ayuda, trabajaré duro y conquistaré todos los desafíos.
Gracias, señor.

Al hombre se le dieron cinco sentidos: tacto, gusto, vista, olfato y oído. El hombre exitoso tiene dos más: Sentido (el sentido es el pensamiento estable junto con la capacidad de decir que no) y común. (Práctico, sentido común, pág. 112)
Sabor sabiduría: Los cinco sentidos dan a los seres humanos la capacidad de coleccionar hechos y datos, pero los sentidos no manifiestan una decisión. Si quieres ser una persona exitosa, debes saber cómo usar los cinco sentidos y los dos adicionales.
Té de la sabiduría: Sabiduría de Dios, podría tener cinco sentidos como la gente común, pero si quiero ser una persona exitosa, necesito dos sentidos más: sentido y común, para hacer mis sueños realidad. Gracias, señor.

9 de Enero

Los padres que tienen miedo de poner el pie en el suelo suelen tener hijos que se ponen de puntillas. (Práctico, Padres, pág. 181)
Sabor Inspiración: Se firme con tus expectativas y enséñales a tus hijos los caminos correctos. De lo contrario, te ignorarán y te faltarán al respeto en el futuro. Así es como puedes ser un padre bueno y responsable.
Café Inspirador: Consejero maravilloso, ayúdame a ser un padre bueno y responsable al no tener miedo de ponerme firme aún amando a mis hijos con entusiasmo. Gracias, señor.

El que se gradúa hoy y deja de aprender mañana, no tiene educación al día siguiente. (Newton D. Baker) (Práctico, Aprendizaje, pág. 140)
Sabor Sabiduría: La educación es la clave del éxito. Le da a una persona conocimiento del mundo y le ayuda a tomar buenas decisiones. Si no sigues aprendiendo, pronto te dejaran atrás y te volverás ignorante.
Té de la Sabiduría: Sabiduría de Dios, podría creer que el aprendizaje se detiene después de mi graduación. Pero en realidad es un proceso que dura toda la vida. Debo seguir aprendiendo, porque la educación es la clave del éxito. Gracias, señor.

10 de Enero

Un hombre prudente prevé las dificultades que se avecinan y se prepara para ellas. (Proverbios 22: 3) (Práctico, Preparación, pág. 193)
Sabor Inspiración: La vida está llena de desafíos e incertidumbres. Debes ser prudente y prepararte para ellos hoy, en lugar de esperar para hacerlo mañana. Así es como puedes sobrevivir y seguir delante en el juego.
Café Inspirador: Consejero maravilloso, ayúdame a ser prudente y a estar preparado para las dificultades e incertidumbres que se presentaran por delante. De esa manera puedo sobrevivir a esta vida y tener éxito. Gracias, señor.

Los problemas en el matrimonio a menudo comienzan cuando un hombre está tan ocupado ganando su sal que olvida su azúcar. (Práctico, Matrimonio, pág. 150)
Sabor Sabiduría:
El matrimonio comienza y permanece con dos personas. Si uno de ellos está ocupado ganándose la vida, el otro se sentirá descuidado. Entonces, si quieres que tu matrimonio tenga éxito, debes cuidarlo bien.
Té de la Sabiduría: Sabiduría de Dios, no quiero tener problemas en mi matrimonio. Necesito que me ayudes a cuidarlo bien sabiendo equilibrar mi trabajo y familia. Gracias, señor.

11 de Enero

El éxito de este año fue imposible el año pasado. (Práctico, Éxito, pág. 211)
Sabor Inspiración: Debes trabajar duro en tu idea y ser persistente con ella. De esta forma, lo que haya sido imposible en el pasado se convertirá en tu éxito en la actualidad. Así es como se puede conquistar la imposibilidad y triunfar.
Café Inspirador: Consejero maravilloso, ayúdame a trabajar duro en todas mis ideas y a nunca rendirme. De esta manera puedo convertir una idea imposible en el pasado en un éxito en el presente. Gracias, señor.

Una onza de madre vale una libra de clero. (Proverbio español) (Práctico, Madre, pág. 164)
Sabor Sabiduría: Las personas vienen a la iglesia y al clero en busca de orientación moral. No ven la importancia de una madre. Si tienes el amoroso cuidado de una madre, este vale diez veces más que la orientación moral.
Té de la Sabiduría: Sabiduría de Dios, puede que llegue subestimar la importancia del cuidado tierno y amoroso de una madre. Pero ayúdame a abrir mis ojos para ver que vale diez veces mas que una guía moral. Gracias, señor.

12 de Enero

Nunca hice nada que valiera la pena hacer por accidente, ni ninguno de mis inventos surgió por accidente, vinieron por el trabajo. (Thomas Edison) (Práctico, Trabajo, pág. 247)
Sabor Inspiración: El trabajo duro y el coraje trajeron todas las cosas que valen la pena y los grandes inventos de Thomas Edison. Nada sucedió por accidente. Si quieres tener algún logro, debes trabajar por el.
Café Inspirador: Consejero maravilloso, los éxitos y los logros no llegan por accidente. Vienen por trabajo y coraje. Ayúdame a trabajar duro en mis ideas y hacerlas realidad. Gracias, señor.

Entregue sus problemas a Dios, el de todas formas estará despierto toda la noche. (Práctica, Oración, pág. 188)
Sabor Sabiduría: La vida está llena de problemas y momentos de tristeza. Las personas suelen acudir a Dios para pedir ayuda. Quizás la próxima vez que pienses en tus problemas, solo tengas que entregárselos a Dios en oración.
Té de la Sabiduría: Sabiduría de Dios, mi vida puede estar llena de problemas y momentos tristes, pero solo necesito entregártelos en oración. Gracias, señor.

13 de Enero

El buen vecino mira más allá de los accidentes externos y comprende aquellas cualidades internas que hacen a todos los hombres humanos y, por tanto, hermanos. (Martin Luther King Jr., Fuerza para amar) (Citas, Hermandad, pág. 30)
Sabor Inspiración: Se un buen vecino y juzga si alguien puede ser tu hermano o hermana por sus cualidades internas, no por sus cualidades externas.
Café Inspirador: Consejero maravilloso, ayúdame a ser un buen vecino que pueda juzgar a una persona por sus cualidades internas y no por las externas. Gracias, señor.

Un hombre pendenciero no tiene buenos vecinos.
(Benjamin Franklin) (Práctico, Peleas, pág. 203)
Sabor Sabiduría: A algunas personas les gusta pelear con todos por cualquier cosa y no extienden la mano para ayudar a un vecino. Si te mantienes peleando con la gente, no puedes hacer la paz o ser buen vecino de nadie.
Té de la Sabiduría: Sabiduría de Dios, puedo llegar a irritarme fácilmente y buscar pelear. Necesito que me ayudes a ser un buen vecino y evitar las peleas. Gracias, señor.

14 de Enero

La distancia pone a prueba la fuerza de un caballo, el tiempo revela el carácter de un hombre. (Proverbio chino) (Citas, Carácter, pág. 35)
Sabor Inspiración: Conoces la fuerza de un caballo por la distancia que recorre. Pero se necesita tiempo para aprender sobre el carácter de una persona. Si quieres aprender sobre el verdadero carácter de un amigo, solo el tiempo lo dirá.
Café Inspirador: Consejero maravilloso, aunque el tiempo dirá sobre el carácter de una persona, ayúdame a ser honesto sobre el mío para que todos puedan saber quién soy en la primera hora. Gracias, señor.

La gratitud es la memoria del corazón. (Proverbio francés) (Práctico, Agradecimiento, pág. 222)
Sabor Sabiduría: El corazón recuerda todo tipo de cosas, desde los momentos tristes hasta los felices. Puedes ayudar al corazón a recordar una cosa más, la gratitud, al tener una actitud de agradecimiento.
Té de la Sabiduría: Sabiduría de Dios, la gratitud es una virtud muy especial. Necesito que grabes esta virtud en mi corazón para que siempre tenga una actitud agradecida. Gracias, señor.

15 de Enero

El peor hombre es el que se ve a sí mismo como el mejor. ('Ali (600-661 d.C.), Primer Imam de la rama chiita del Islam; cuarto califa) (Citas, Orgullo, pág. 215)

Sabor Inspiración: Cuando te ves a ti mismo como el mejor, tiendes a menospreciar a todos a tu alrededor y a calcular mal los desafíos del futuro. Así es como el orgullo puede volverse un problema, y debes evitarlo.

Café Inspirador: Consejero maravilloso, ayúdame a ser humilde y seguir trabajando duro para mi éxito futuro sin menospreciar a los demás o pensar que soy el mejor. Gracias, señor.

Una persona sabia tiene la mente abierta y la boca cerrada.
(Práctico, Sabiduría, pág. 239)

Sabor Sabiduría:
Una persona con la mente abierta escuchará otras sugerencias, mientras que aquel que tiene la boca cerrada pensará claramente en una decisión. Si eres una persona sabia escucharás más y hablarás menos.

Té de la Sabiduría: Sabiduría de Dios, te pido que me ayúdes a ser una persona sabia teniendo una boca cerrada para pensar con claridad y una mente abierta para escuchar otras sugerencias. Gracias, señor.

16 de enero

Respétate a ti mismo y otros te respetarán. (Confucio (551-479 a.C.), filósofo chino, Analectas) (Citas, Respeto, pág. 238)

Sabor Inspiración: Ser respetuoso significa actuar con cuidado y consideración independientemente de la situación. Cuando haces eso contigo mismo, las personas te imitarán y te respetarán. Así es como se gana el respeto de los demás.

Café Inspirador: Consejero maravilloso, ayúdame a aprender a respetarme a mí mismo actuando con cuidado y consideración independientemente de la situación. Al hacer eso, los demás van a respetarme también. Gracias, señor.

Actuar de forma hiriente hacia los demás es transferirles a ellos la degradación que cargamos en nosotros mismos. (Simone Weil (1909-1943), filósofo francés) (Citas, La regla de oro, pág. 112)

Sabor Sabiduría: La gente suele desquitarse con los demás cuando experimentan algo malo en sus vidas. Así que, cuando tu vida sea arruinada de alguna manera, ten cuidado de no decir o hacer algo que hiera a los demás.

Té de la Sabiduría: Sabiduría de Dios, cuando me sienta herido por dentro por una mala experiencia, ayúdame a no transferirlo a otros al decirles o hacerles cosas hirientes. Gracias, señor.

17 de Enero

Para ganar, uno debe ser lo suficientemente grande como para ver el valor de los demás, lo suficientemente grande como para animar cuando otros anotan. (Lucie Campbell Williams (1885–1962), educadora estadounidense) (Citas, Victoria, pág. 294)
Sabor Inspiración: Todos queremos ganar. Pero se requiere de corazón y humildad para que un verdadero campeón anime a sus oponentes y los trate con respeto. Esa es la forma en que debes acercarte a la victoria.
Café Inspirador: Consejero maravilloso, dame el corazón de un campeón para animar a mis oponentes y tratarlos con respeto al momento de recibir una victoria o un triunfo. Gracias, señor.

La ignorancia es la noche de la mente, una noche sin luna ni estrella. (Confucio, Analectas) (Citas, Ignorancia, pág.136)
Sabor Sabiduría: Un ignorante no tiene ninguna idea sobre el mundo y permanece en la noche oscura de su mente. Debes evitar ser ignorante y seguir aprendiendo sobre el mundo todos los días.
Té de la Sabiduría: Sabiduría de Dios, no me gusta estar en la noche oscura de la mente. Necesito ver tu luz para disipar la oscuridad y la ignorancia de mi vida por mi aprendizaje continuo. Gracias, señor.

18 de Enero

La adversidad en las cosas de este mundo abre las puertas a la salvación espiritual. (A. J. Toynbee, en el New York Times, 26 de diciembre de 1954) (Religión, Adversidad pág. 19)
Sabor Inspiración: Se fuerte y persistente al enfrentar las adversidades diarias, porque esto te ayuda a prepararte para el mundo espiritual. Así es cómo debes ver la adversidad y, por lo tanto, llegar a ver la necesidad de ayuda divina.
Café Inspirador: Consejero maravilloso, la adversidad es parte de este mundo. Ayúdame a perseverar y darme cuenta de la necesidad de tu ayuda. Gracias, señor.

Dios es misericordioso con los que son misericordiosos con los demás. (Talmud, cuerpo antiguo de la ley civil y canónica judía, Sifre 117) (Citas, Misericordia, pág. 182)
Sabor Sabiduría: Todos quieren que los demás sean misericordiosos con ellos, pero a menudo les resulta difícil corresponder. Entonces, si quieres que Dios sea misericordioso contigo en el día del juicio final, debes tratar a los demás con misericordia en esta vida.
Té de la Sabiduría: Sabiduría de Dios, necesito aprender a ser misericordioso con los demás para que tengas misericordia de mí en el día del juicio final. Gracias, señor.

19 de Enero

La tentación es la voz del mal reprimido, la conciencia es la voz del bien reprimido. (J. A. Hadfield, Psicología y moral, 1923) (Religioso, Conformidad, pág. 100)
Sabor Inspiración: Escucha la voz de la conciencia porque te dice cosas buenas y resiste la tentación porque hace lo contrario. Así es como aprender a hacer las cosas correctas.
Café Inspirador: Consejero maravilloso, ayúdame a escuchar la voz de mi conciencia para hacer las cosas correctas y evitar la atracción de la tentación de seguir las malas acciones. Gracias, señor.

La conquista de uno mismo es mejor que la conquista de todos los demás. (Dhammapada, colección de antiguos Poemas y aforismos budistas) (Citas, autodisciplina, pág. 255)
Sabor Sabiduría: Los seres humanos han ido a los límites de la tierra, incluso del universo, para conquistar a otros seres humanos y tierras extranjeras. Pero se necesita una gran autodisciplina y mucho más para poder conquistarte a ti mismo.
Té de la Sabiduría: Sabiduría de Dios, quiero pasar toda mi vida tratando de conquistar todo el universo. Pero lo mejor para mí es conquistarme a mí mismo antes que a todos los demás, y esto lo puedo hacer a través de la autodisciplina. Gracias, señor.

20 de Enero

En este mundo, los aspirantes pueden encontrar la iluminación por dos caminos diferentes. Porque lo contemplativo es el camino del conocimiento, para el activo es el camino de las acciones desinteresadas. (Bhagavad Gita, escritura hindú antigua) (Religioso, Ilustración, pág.158)
Sabor Inspiración: Estarás feliz y contento cuando experimentes la iluminación a través del conocimiento o al realizar actos desinteresados. Así es como puedes encontrar la iluminación y encontrarte con Dios en este mundo.
Café inspirador: Consejero maravilloso, ayúdame a experimentar la iluminación por el camino del conocimiento y/o por el camino de las acciones desinteresadas y ven a encontrarte aquí mismo en esta vida. Gracias, señor.

Si ella [mujer] es débil para golpear, es fuerte para sufrir. (Mahatma K. Gandhi) (Citas, Mujeres, pág. 309)
Sabor Sabiduría: Las mujeres no son conocidas por su poderoso golpe o impresionante ataque. Pero hay que admirar que son fuertes en sufrimiento y destacan en resistencia en medio de los desafíos.
Té de la Sabiduría: Sabiduría de Dios, podría ser débil en mi poder físico como el género más justo, pero tú harás mas fuerte mi capacidad para sufrir y soportar. Gracias, señor.

21 de Enero

Nadie ha encontrado a Dios andando por su propio camino. (Guru Ram Das (1580), en The Sikh Religion de M. A. Macauliffe) (Religioso, Conocer a Dios, pág.189)

Sabor Inspiración: Es una gran alegría y una bendición conocer a Dios. Si eso quieres, debes de salir de tu propio camino e ir en dirección a Dios. Así es como puedes conocer a Dios y encontrar muchas cosas maravillosas.
Café Inspirador: Consejero maravilloso, podría querer seguir mi propio camino, pero necesito que me ayudes a seguir tu camino, conocerte y encontrar tus maravillosas bendiciones. Gracias, señor.

La ira priva a un sabio de su sabiduría, a un profeta de su visión. (Simeón, en el Talmud) (Religioso, Ira, pág.28)

Sabor Sabiduría: La ira siempre saca a relucir lo peor en las personas y hace que un sabio pierda su sabiduría y un profeta, su visión. Debes hacer todo lo posible para evitar la ira y buscar la paz en su lugar.
Té de la Sabiduría: Sabiduría de Dios, la ira puede causar muchos daños, como privar a un sabio de su sabiduría o a un profeta de su visión. Quiero que me ayudes a evitar la ira y a encontrar la paz todos los días. Gracias, señor.

22 de Enero

La ociosidad es enemiga del alma. (San Benito de Nursia (480-533 d.C.), Regla de San Benito de Nursia) (Religioso, Ociosidad, pág. 259)

Sabor Inspiración: Tu alma necesita estar concentrada en una misión. La ociosidad hará que te sientas tentado y te involucres en cosas malas. La mejor manera de combatir la inactividad es mantenerte siempre ocupado.
Café Inspirador: Consejero maravilloso, la holgazanería me tentará a involucrarme en muchas cosas malas que son enemigas del alma. Ayúdame a mantenerme ocupado y a poner fin a mi inactividad. Gracias, señor.

Venid a mí todos los que estáis trabajando y cargados, y yo os haré descansar. (Mateo 11:28) (Religioso, Consuelo, pág.87)

Sabor Sabiduría: Los seres humanos a menudo se encuentran agobiados con grandes responsabilidades diarias y están muy necesitados de alivio. Puedes sentirte de la misma manera, pero el único que puede traerte consuelo y alivio es el Señor Jesús.
Té de la sabiduría: Sabiduría de Dios, puedo estar agobiado con grandes responsabilidades diarias y otras tensiones de la vida. Necesito que me ayudes a encontrar un poco de descanso y alivio. Gracias, señor.

23 de Enero

Ningún hombre tiene amor mas grande que el de aquel que da la vida por sus amigos.
(Juan 15:13) (Religioso, Amor, pág. 307)
Sabor Inspiración:
El amor hace que hagas muchas locuras. Pero el verdadero amor por un amigo te inspirará a hacer grandes sacrificios, incluso ofrecer tu vida por el. Así es el verdadero amor.

Café Inspirador:
Consejero maravilloso,
ayúdame a experimentar el verdadero amor por un amigo por mi voluntad de hacer sacrificios y ofrecer mi vida por él. Gracias, señor.

El destino espera en la mano de Dios. (T. S. Eliot, Asesinato en la Catedral, 1935) (Religioso, Destino, pág. 133)
Sabor Sabiduría: Todos saben que sus vidas están en manos de Dios. Dios sabe lo que pasará con todos. Si crees que tienes el control de tu destino, piénsalo de nuevo y vuelve a casa con Dios.
Té de la Sabiduría: Sabiduría de Dios, quiero que me ayudes a darme cuenta de que mi destino está en tus manos y a dejar de fingir que estoy a cargo de mi vida. Gracias, señor.

24 de Enero

Trabaja como si fueras a vivir 100 años. Reza como si fueras a morir mañana. (Benjamin Franklin, Poor Richard's Almanac, 1758) (Religión, Oración, pág. 414)
Sabor Inspiración: Si quieres vivir mucho tiempo, debes trabajar duro para ahorrar. Así mismo, si supieras que morirás mañana, orarías mucho para prepararte para ello. Deberías ver el trabajo y la oración de esa forma.
Café Inspirador: Consejero maravilloso, ayúdame a aprender a trabajar duro y ahorrar para una larga vida y a rezar intensamente como si mi último día en la Tierra es inminente. Gracias, señor.

La educación es la guía de las almas humanas hacia lo que es mejor, sacando lo mejor de ellas, y estos dos objetivos siempre se pueden alcanzar juntos y por los mismos medios. (John Ruskin, Stones of Venice, 1853) (Religiosa, Educación, pág. 155)
Sabor Sabiduría: Todos los seres humanos quieren lo que es mejor y tratan de dar lo mejor de sí mismos. Lo que lleva a los seres humanos a hacer todo eso es la educación. Si deseas lo que es mejor para tu futuro, la educación es la clave para ti.
Té de la sabiduría: Sabiduría de Dios, podré no darme cuenta de la importancia de la educación, pero necesito tu ayuda para seguir aprendiendo a lograr lo que es mejor para mí y mi potencial. Gracias, señor.

25 de Enero

Sólo a través del misterio del auto sacrificio puede un hombre encontrarse a sí mismo de nuevo. (C. G. Jung, Dos ensayos sobre psicología analítica, 1928) (Religioso, Sacrificio, pág. 497)
Sabor Inspiración: El auto sacrificio te obliga a pensar en una causa más grande que tú. Aprenderás a dejarte llevar y encontrar nuevas causas por las que vivir. Esa es una de las bendiciones que el auto sacrificio traerá para ti.
Café Inspirador: Consejero maravilloso, ciertamente no es fácil para mí hacer un auto sacrificio por una causa. Pero al dejarme llevar, encontraré un renacer y una nueva visión para mi vida. Gracias, señor.

Si tienes fe [tan pequeña] como un grano de mostaza, le dirás a esta montaña: "Muévete de aquí a otro lugar", y se moverá, y nada será imposible para ti.
(Mateo 17:20) (Religiosos, Fe, pág. 178)
Sabor Sabiduría: El poder de la fe se discute mucho en la Biblia porque puede hacer lo imposible y provocar grandes milagros. Si quieres experimentar lo imposible, abraza el poder de la fe.
Té de la Sabiduría: Sabiduría de Dios, es posible que aún no haya experimentado el poder de la fe, pero si tengo una fe tan pequeña como un grano de mostaza, me aseguras que puedo mover montañas y ver lo imposible. Gracias, señor.

26 de Enero

El progreso se verá impulsado por una serie de visiones deslumbrantes.
(Víctor Hugo, William Shakespeare, 1864) (Religioso, Visión, pág. 597)
Sabor Inspiración: Progresar en algo requiere que, primero, tengas grandes visiones y luego trabajes para hacerlas realidad. Así es como logras un gran progreso a partir de visiones deslumbrantes.
Café Inspirador: Consejero maravilloso, necesito tener buenas visiones y convertirlas en mi verdadero y maravilloso trabajo. Ayúdame a adquirir esas visiones de ti y hacer un buen progreso con ellas. Gracias, señor.

Errar es humano, perdonar es divino.
(Alexander Pope, "Un ensayo sobre la crítica", 1711) (Religioso, Perdón, pág. 193)
Sabor Sabiduría: Los seres humanos a menudo cometen errores que causan dolor y sufrimiento a ellos mismos y a los demás. Necesitan que Dios los perdone. Puedes culparte a ti mismo por tus errores o intentar ser divino y aprender a perdonar.
Té de la Sabiduría: Sabiduría de Dios, podría errar por ser humano y causarme daño a mí mismo y a los demás. Necesito que me perdones y me enseñes a ser divino y a hacer lo mismo con los demás. Gracias, señor.

27 de Enero

Los méritos de cada uno no dependen directamente de la tierra que Dios le haya dado para cultivar, sino del uso que haga de lo que Dios le ha dado.
(Eduardo F. Garesche, Pensamientos siempre oportunos, 1925) (Religioso, Trabajo, pág. 621)
Sabor Inspiración: Puede que no nacieras rico o con grandes talentos. Pero si sabes como hacer buen uso de lo que se te ha dado, tu éxito será dulce. Así es como deberías ver el trabajo y el éxito.
Café Inspirador:
Consejero maravilloso,
Puede que me hayas dado ciertos talentos y recursos, pero mi éxito depende de cómo hago un buen uso de ellos. Ayúdame a ser un buen administrador de tus dones. Gracias, señor.

El que encubre el odio tiene labios mentirosos, y el que calumnia es un necio. (Proverbios 10:18) (Religioso, Odio, pág. 224)
Sabor Sabiduría: El odio trae dolor y destrucción. Mentir provoca sospechas y desconfianza. La calumnia genera escándalo y división. Ninguna de esas son cosas buenas y debes evitarlas por todos los medios.
Té de la sabiduría: Sabiduría de Dios, te pido que me ayudes a evitar llevar odio y mentiras en mi corazón. De lo contrario, tendré que mentir sobre ellos o decir tonterías. Gracias, señor.

28 de Enero

La gente puede dudar de lo que dices, pero siempre creerán lo que haces. (Sabiduría, Acción, pág. 9)
Sabor Inspiración: Puedes prometer hacer algo bueno por alguien, pero solo un acto amable hace realidad tu intención. Por eso tus acciones hablan más fuerte que tus palabras o promesas.
Café Inspirador: Consejero maravilloso, ayúdame a ser una persona de acciones y no de palabras o promesas, tal como mostraste tu amor por mí en la cruz, porque las acciones hablan más fuerte que las palabras. Gracias, señor.

No juzguéis, para que no seáis juzgados. Porque con el juicio que pronuncies serás juzgado y la medida que des será la medida que obtengas. (Mateo 7: 1) (Religioso, Juicio, pág. 282)
Sabor Sabiduría: La gente no duda en juzgar a los demás y condenar su disgusto. Pero se te ha advertido que no juzgues a otros, porque ese derecho está reservado para Dios, que usará la misma medida contigo.
Té de la Sabiduría: Sabiduría de Dios, puede que me guste juzgar a otros, pero necesito reservar ese derecho solo a ti y tener cuidado con las medidas que uso en las personas, pues las mismas medidas serán usadas en mí. Gracias, señor.

29 de Enero

El hombre ocupado es perturbado por un solo demonio, el holgazán por mil.
(Proverbio español) (Sabio, Ociosidad, pág. 75)

Sabor Inspiración: Cuando te mantienes ocupado, el único demonio al que intentas resistir es la pereza. Pero si estás inactivo, puedes ser atraído por muchas cosas y tentado en todas las direcciones. Por eso debes evitar la ociosidad.

Café Inspirador: Consejero maravilloso, ayúdame a mantenerme ocupado y evitar la holgazanería, porque una persona ocupada tiene que luchar contra un solo demonio, es decir, la pereza, mientras que el holgazán, contra mil. Gracias, señor.

A menos que aprendamos el significado de la misericordia ejerciéndola hacia los demás, nunca tendremos un conocimiento real de lo que significa amar a Cristo. (Thomas Merton, Vida y Santidad, 1963) (Religioso, Misericordia, pág. 325)

Sabor Sabiduría: La mayoría de las personas no ha conocido a Cristo o Dios, pero he visto otros seres humanos que son hermanos y hermanas. Si dices amar a Dios, debes mostrar tu amor y misericordia para con otras personas primero.

Té de la Sabiduría: Sabiduría de Dios, puedo deja escapar de mi lo mucho que te amo, Señor. Pero eso no será cierto a menos que haya actuado con misericordia hacia los demás. Te necesito, ayúdame a hacer eso. Gracias, señor.

30 de Enero

El único lugar donde el éxito viene antes que el trabajo es en el diccionario.
(Sabiduría, Éxito, pág.127)

Sabor Inspiración: Solo puedes lograr el éxito a través del trabajo duro. Si no trabajas, entonces no esperes alcanzar ningún éxito. Es por ello qué el trabajo tiene que ser lo primero, antes de que puedas ver un gran éxito.

Café Inspirador: Consejero maravilloso, necesito trabajar duro si quiero lograr el éxito en mi vida, porque el éxito no puede venir antes del trabajo. Necesito que me des una mano con mi trabajo. Gracias, señor.

La paciencia es la compañera de la sabiduría. (San Agustín, Sobre la paciencia, 425 d.C.) (Religioso, Paciencia, pág. 381)

Sabor Sabiduría: Todos quieren tener sabiduría, pero nunca se preguntan de dónde proviene o lo que se necesita para obtenerla. Si deseas tener sabiduría, debes saber que se necesita tiempo, paciencia y experiencia de por vida.

Té de la Sabiduría: Sabiduría de Dios, seguramente querrá que seas la guía de todas los decisiones y elecciones en mi vida. Pero necesito que me ayudes a darme cuenta de que esa sabiduría solo puede llegar con tiempo y paciencia. Gracias, señor.

31 de Enero

La próxima vez que Satanás le recuerde su pasado, recuérdele su futuro. (Ingenio, primavera y verano)

Sabor Inspiración: Satanás conoce tus pecados y tus antiguos hábitos. Le gusta tenerte como rehén y avergonzarte de tus pecados del pasado. Necesitas mirar hacia adelante y contarle sobre tu brillante futuro. Así es como resistes a Satanás.

Café Inspirador: Consejero maravilloso, a Satanás le gusta recordarme mis antiguos hábitos y pecados. Dame coraje para hacerle saber de mi nueva vida y brillante futuro. Gracias, señor.

La oración se trata esencialmente de fortalecer el corazón para que el miedo no pueda penetrar allí. (Matthew Fox, Creación, Espiritualidad, 1991) (Religioso, Oración, pág. 414)

Sabor Sabiduría: La gente ora por varias razones, como pedir ayuda, buscando orientación o para encontrar algo de paz. Podrías ver la oración como una forma de hacer tu corazón mas fuerte y valiente.

Té de la Sabiduría: Sabiduría de Dios, puede que use la oración para pedirte ayuda o conseguir lo que yo deseo. Debería ver la oración también como una manera de fortalecer mi corazón y mantener el miedo lejos de el. Gracias, señor.

Febrero

1 de Febrero

Hay cuatro pasos para el logro: Planifique con propósito. Prepárese con una oración. Proceda positivamente. Y persiga de forma persistente. El fracaso es el camino de menor persistencia. (Práctico, Logro, pág. 2)
Sabor Inspiración: Lograr algo requiere trabajo y persistencia. El fracaso llega cuando no persistes. Si quieres lograr algo, deberías seguir los cuatro pasos anteriores con cuidado y persistencia.
Café Inspirador: Consejero maravilloso, la escalera a mi logro tiene cuatro escalones: planificar con propósito, prepararme con una oración, proceder positivamente y perseguir de forma persistente. Necesito seguirlos cuidadosamente. Gracias, señor.

La salvación no es poner al hombre en el cielo, sino poner el cielo en el hombre. (Maltbie D. Babcock, Pensamientos para la vida cotidiana, 1901) (Religioso, Salvación, pág. 502)
Sabor Sabiduría: La salvación se trata de ayudar a alguien a encontrar una nueva vida poniendo el Cielo en la persona. Si quieres encontrar la salvación, no debes pensar en ello como ponerte a ti en el cielo, sino lo contrario.
Té de la Sabiduría: Sabiduría de Dios, puedo llegar a ver la salvación como ponerme a mi en el cielo, pero en realidad se está poniendo el cielo en mí. Te pido que me ayudes a encontrar esa transformación dentro de mí y también vida nueva. Gracias, señor.

2 de Febrero

Si no soportas el calor, mantente fuera de la cocina. (Harry Truman) (Práctico, Adversidad, pág. 7)
Sabor Inspiración: La cocina es donde se encuentra toda la acción, pero también es el lugar donde se produce un calor incómodo y posibles quemaduras. Si le temes a la adversidad, no debes entrar en la cocina o asumir cualquier tarea difícil.
Café Inspirador: Consejero maravilloso, puede que no me guste la adversidad y su calor incómodo. Si es así, tendré que mantenerme alejado de las tareas difíciles, pero en ellas es donde se encuentran las mayores recompensas. Ayúdame a abrazar la adversidad. Gracias, señor.

El que está esperando que algo se de vuelta puede empezar con sus propias mangas de camisa. (Práctica, Acción, pág. 4)
Sabor Sabiduría: Algunas personas esperan que les surjan oportunidades o bendiciones maravillosas sin trabajar por ellas. Si deseas que suceda alguna de esas cosas, debes remangarte las mangas de la camisa y empezar a trabajar.
Té de la Sabiduría: Sabiduría de Dios, puedo desear que algo espectacular aparezca para mi buena fortuna, pero me ayudarás a darme cuenta de que necesito remangarme las mangas de la camisa y empezar a trabajar. Gracias, señor.

3 de Febrero

La forma en que un hombre juega el juego muestra algo de su carácter. Cómo pierde lo demuestra todo. (Práctico, Carácter, pág. 28)

Sabor Inspiración: Puedes descubrir un poco sobre como es una persona por la forma en que juega el juego. Pero sabes todo sobre una persona por cómo lidia con las pérdidas, porque las pérdidas revelan tu verdadero carácter.

Café Inspirador: Consejero maravilloso, puedo descubrir algo sobre mí mismo por la forma en que juego el juego. Sin embargo, puedes ayudarme a aprender todo sobre mí mismo por la forma en que manejo las pérdidas. Gracias, señor.

Porque hay seis cosas que el Señor aborrece, no, siete: la soberbia, la mentira, el asesinato, la conspiración del mal, el afán de obrar mal, el falso testimonio, sembrar discordia entre hermanos. (Proverbios 6: 16-19) (Práctico, Arrogancia, pág. 14)

Sabor Sabiduría: El Señor odia los pecados y las siete cosas mencionadas anteriormente porque hacen daño a las personas. Deberías agregar "arrogancia" a esa lista, ya que esta te llevará a desafiar a Dios.

Té de la Sabiduría: Sabiduría de Dios, seguro odias las siete cosas mencionadas anteriormente por todo el daño y destrucción que podrían causar. Yo te pido que me ayudes a evitarlas todos los días, especialmente la altanería o arrogancia. Gracias, señor.

4 de Febrero

Los corazones ansiosos son muy pesados, ¡pero una palabra de aliento hace maravillas! (Proverbios 12:25) (Práctico, Desánimo, pág. 55)

Sabor Inspiración: Tus amigos pueden sentirse ansiosos por algo. Puedes calmarlos con palabras de aliento. Asimismo, cuando te sientas ansioso o desanimado, busca aliento a tu alrededor.

Café Inspirador: Consejero maravilloso, podría llegar a sentirme ansioso por algo, pero tu puedes ayudarme a encontrar una palabra de aliento a mi alrededor y así calmar mi corazón ansioso. Gracias, señor.

Un espejo refleja el rostro de un hombre, pero la clase de amigos que elige muestra cómo es realmente. (Proverbios 27:19) (Práctico, Carácter, pág. 27)

Sabor Sabiduría: Se usa un espejo para ver la cara de una persona, pero si quieres averiguar cual es su carácter, debes mirar dentro de su corazón echando un vistazo al tipo de amigos que elige.

Té de la Sabiduría: Sabiduría de Dios, el espejo refleja mi cara. Sin embargo, mis amistades mostrarán todo mi carácter y personalidad. Ayúdame a lograr un buen carácter y a elegir a los amigos apropiados.
Gracias, señor.

5 de Febrero

La fe escucha lo inaudible, ve lo invisible, cree lo increíble y recibe lo imposible. (Práctico, Fe, pág. 72)
Sabor Inspiración: Sin tus sentidos, estarías perdido en este mundo. Pero ¿que tal conseguir lo inaudible, lo invisible, lo increíble y lo imposible? Estos puedes conseguirlos solo con un sentido de fe.
Café Inspirador: Consejero maravilloso, Podría haber minimizado el valor de fe. Sin embargo, la fe me ayuda a lidiar con lo inaudible, lo invisible, lo increíble, y lo imposible. Necesito tener fe. Gracias, señor.

Un hombre que se niega a admitir sus errores nunca podrá tener éxito. Pero si los confiesa y los abandona, tendrá otra oportunidad. (Proverbios 28:13) (Práctico, Corrección, pág. 43)
Sabor Sabiduría: La mayoría de las personas odia admitir sus errores o que le corrijan. No obstante, si quieres tener éxito, debes estar dispuesto a admitir tus errores, corregirlos, y aprender de ellos.
Té de la Sabiduría: Sabiduría de Dios, podría avergonzarme de admitir mis errores y pedir perdón, pero ayúdame a saber que tendré otra oportunidad y seré exitoso si los abandono y los corrijo. Gracias, señor.

6 de Febrero

Es más fácil señalar con el dedo que ofrecer una mano amiga. (Práctico, Ayuda, pág. 106)
Sabor Inspiración: A las personas les encanta criticar y señalar problemas, pero tardan en llegar y ofrecer su ayuda. Puedes actuar en contra de esta tendencia pública criticando menos y ofreciendo más tu ayuda a los demás.
Café Inspirador: Consejero maravilloso, necesito aprender a ser lento en las críticas y rápido en ofrecer una mano amiga a las personas que lo necesitan. Así es como puedo ayudar a crear un mundo lleno de amor y paz. Gracias, señor.

El buen juicio proviene de la experiencia. La experiencia proviene del mal juicio. (Mark Twain) (Práctico, Experiencia, pág. 65)
Sabor Sabiduría: El mal juicio te lleva a cometer errores, pero también te da experiencias valiosas que te ayudaran a hacer buenos juicios en el futuro. Así que, los buenos juicios del futuro de hecho vienen de los malos juicios del pasado.
Té de la Sabiduría: Sabiduría de Dios, podría llegar a sentirme avergonzado por mis malos juicios del pasado, pero ayúdame a darme cuenta de que ellos me trajeron experiencias valiosas que me permitirán hacer buenos juicios en el futuro. Gracias, señor.

7 de Febrero

Tu propia alma se nutre cuando eres bondadoso y se destruye cuando eres cruel.
(Proverbios 11:17) (Práctico, Bondad, pág. 126)
Sabor Inspiración: Puede que no te des cuenta de que tu alma/espíritu necesita cuidado y alimento, como tu cuerpo. Las acciones bondadosas la fortalecerán y las acciones crueles la destruirán. Necesitas realizar más acciones bondadosas cada día.
Café Inspirador: Consejero maravilloso, podría no darme cuenta de que la bondad nutre mi alma, mientras la crueldad o la mezquindad la destruye. Necesito hablar y hacer mas acciones bondadosas cada día. Gracias, señor.

Los verdaderos amigos son aquellos que, cuando te has puesto en ridículo, no sienten que has hecho un trabajo permanente. (Práctico, Amistad, pág. 84)
Sabor Sabiduría: Cuando te pusiste en ridículo puede que hayas causado algún daño significativo a algo. Pero los verdaderos amigos lo pasaran por alto, se quedarán contigo y te animaran a que vuelvas a intentarlo.
Té de la Sabiduría: Sabiduría de Dios, podría no ver el valor de la amistad verdadera, pero los verdaderos amigos pasaran por alto los momentos en que me pongo en ridículo y se quedaran para animarme. Necesito valorar esas amistades. Gracias, señor.

8 de Febrero

¡El hombre que distingue el bien del mal y tiene buen juicio y sentido común es más feliz que el hombre inmensamente rico! Porque tal sabiduría es mucho más valiosa que las joyas preciosas. Nada más se compara con eso.
(Proverbios 3: 13-15) (Práctico, Hombre/Esposo, pág. 147)
Sabor Inspiración: Tener riqueza material no te traerá la felicidad. Tener buen juicio moral y sentido común te hará feliz. Necesitas buscar lo segundo si quieres ser feliz.
Café Inspirador: Consejero maravilloso, la riqueza material no me da la felicidad, porque la sabiduría divina me recuerda que el buen juicio moral y el sentido común me traerá verdadera paz y felicidad. Gracias, señor.

La sabiduría es árbol de vida para los que comen de su fruto, feliz es el hombre que la sigue comiendo.
(Proverbios 3:18) (Práctico, Felicidad, pág. 99)
Sabor Sabiduría: Si tienes sabiduría, tomarás las decisiones correctas y harás las cosas correctas. Nada puede hacerte sentir con miedo, ansioso o preocupado. Tendrás una vida larga, pacífica y feliz.
Té de la Sabiduría: Sabiduría de Dios, necesito darme cuenta de que tu sabiduría me ayudará a tomar buenas decisiones y a hacer las cosas correctas. Siguiendo tu guía, encontraré la verdadera felicidad y satisfacción. Gracias, señor.

9 de Febrero

El trabajo constante trae prosperidad, la especulación apresurada trae pobreza.
(Proverbios 21: 5) (Práctico, Persistencia, pág. 183)

Sabor Inspiración: Es posible que desees deducir y terminar las cosas rápidamente, pero eso solo lleva a la pobreza. El camino a la prosperidad requiere trabajo firme y paciencia. Tu persistencia en el trabajo te traerá prosperidad lentamente.
Café Inspirador: Consejero maravilloso, necesito tener un plan constante y trabajar persistentemente para encontrar la prosperidad ya que, la especulación apresurada y la impaciencia me traerán pobreza. Gracias, señor.

¡Adquirir sabiduría es lo más importante que puedes hacer! Y con tu sabiduría, desarrollaras el sentido común y el buen juicio.
(Proverbios 4: 7) (Práctico, Inteligencia, pág. 118)

Sabor Sabiduría: La sabiduría viene de los errores pasados y experiencias de vida que pueden darte una perspectiva valiosa para el futuro. Si tienes sabiduría, esta te ayudará a hacer buenos juicios y a desarrollar el sentido común.
Té de la Sabiduría: Sabiduría de Dios, ayúdame a ver el valor de tu don especial y a tratar de adquirirlo durante mi vida. También necesito desarrollar el sentido común y el buen juicio para lidiar con los desafíos de el día a día. Gracias, señor.

10 de Febrero

El momento para reparar el techo es cuando brilla el sol.
(John F. Kennedy) (Práctico, Preparación, pág. 194)

Sabor Inspiración: Si deseas reparar el techo o hacer algo, necesitas prepararte y hacerlo cuando esté soleado y en buenas condiciones de funcionamiento. Entonces, antes de hacer nada, debes mirar hacia adelante y prepararte para ello.
Café Inspirador: Consejero maravilloso, necesito ver la importancia de la preparación y aprender a planificar los proyectos con antelación. De lo contrario, podría reparar el techo cuando llueve y terminar arruinándolo todo. Gracias, señor.

Incluso cuando se hace un matrimonio en el cielo, el trabajo de mantenimiento debe realizarse aquí en la tierra. (Práctico, Matrimonio, pág. 150)
Sabor Sabiduría: El matrimonio es un vínculo sagrado con el que Dios ha bendecido a una pareja. Aun así, si quieres que el matrimonio dure hasta la muerte, debes realizar un trabajo de mantenimiento diario y tratarlo con tierno y amoroso cuidado.
Té de la Sabiduría: Sabiduría de Dios, mi matrimonio podría ser una combinación hecha en Cielo. Aun así, necesito tu ayuda para llevar a cabo mi trabajo de mantenimiento diario con cuidado, amor y cariño. Gracias, señor.

11 de Febrero

El secreto del éxito es ser como un pato: suave y sin arrugas en la parte superior, pero remando furiosamente por debajo.
(Práctico, Éxito, pág. 212)

Sabor Inspiración: Si quieres triunfar en algo, debes trabajar duro tras bastidores y no alborotar a los demás. De esta manera, puedes conseguir un buen apoyo y lograr mucho. Esa es la clave de tu éxito.
Café Inspirador: Consejero maravilloso, necesito ser suave y pacífico con todos en la superficie, mientras trabajo furiosamente tras bastidores. Así es como puedo conseguir un gran éxito. Gracias, señor.

El destino futuro del niño es siempre obra de la madre. (Napoleón Bonaparte) (Práctico, Madre, pág. 165)
Sabor Sabiduría: Es posible que el mundo no vea el importante papel de una madre en la crianza de un niño exitoso y formado. Pero debes saber que el destino futuro de un niño depende del importante trabajo de la madre.
Té de la Sabiduría: Sabiduría de Dios, es posible que no vea el papel importante de la madre en la educación y el éxito de un niño. Pero el destino futuro de un niño depende del trabajo cuidadoso de la madre. Gracias, señor.

12 de Febrero

Nunca podrás hacer realidad tus sueños durmiendo demasiado.
(Práctico, Trabajo, pág. 247)

Sabor Inspiración: Como la mayoría de las personas, quieres que tus sueños se hagan realidad y esperas sentirte satisfecho. Pero eso cuesta mucho trabajo y perseverancia. No puedes pasarte la vida durmiendo y esperar que tus sueños se hagan realidad.
Café Inspirador: Consejero maravilloso, no puedo quedarme dormido esperando que mis sueños se hagan realidad. Más bien, debo trabajar día y noche a pesar de todos los desafíos. Así es como puedo hacer mis sueños realidad. Gracias, señor.

La vida es frágil, maneje con oración.

(Práctica, Oración, pág. 188)
Sabor Sabiduría: La vida es frágil y está llena de incertidumbres y dificultades. Debes manejarla con oración y paciencia. De lo contrario, podría hacerte sentir frustrado y desanimado al enfrentar los desafíos.
Té de la Sabiduría: Sabiduría de Dios, mi vida es frágil e incierta. Tengo que enfrentar desafíos todos los días y puedo sentirme abrumado a veces. Necesito tu ayuda para aprender a manejarlo con muchas oraciones. Gracias, señor.

13 de Febrero

No hay fuego como la pasión, no hay tiburón como el odio, no hay trampa como la locura, ni torrente como la codicia. (Dhammapada) Citas, Emociones, pág. 77)

Sabor Inspiración: Hay cuatro emociones difíciles que necesitas conquistar: la pasión, el odio, la locura y la codicia. Son como el fuego, un tiburón, la trampa y el torrente, respectivamente. Si puedes hacer eso, encontrarás paz y felicidad.

Café Inspirador: Consejero maravilloso, necesito estar atento a estas emociones: pasión, odio, locura y codicia. De lo contrario, podrían causarme un gran daño y destrucción. Gracias, señor.

El hombre de pocas palabras y mente tranquila es sabio, por tanto, hasta el necio se considera sabio cuando resucita. Le conviene mantener la boca cerrada.
(Proverbios 17: 27-28) (Práctico, Tranquilidad, pág. 204)

Sabor Sabiduría: Cuando la gente habla, revela lo que hay en su corazón, y otros pueden ver sus fallas. Entonces, para ti es sabio tener solo unas pocas palabras o hablar menos y mantener una mente estable para futuras decisiones.

Té de la Sabiduría: Sabiduría de Dios, necesito callar y hablar menos, porque al hablar podría decir cosas lamentables y revelar todo en mi corazón. Debería ser sabio y cuidadoso con mis palabras. Gracias, señor.

14 de Febrero

El mejor predicador es el corazón; el mejor maestro, el tiempo; el mejor libro, el mundo; el mejor amigo, Dios.
(Proverbio hebreo) (Citas, Ideales, pág. 135)

Sabor Inspiración: Lo que acabas de ver arriba es el secreto de la vida. Si escuchas al corazón, dejas que el tiempo y el mundo te enseñen, y eliges que Dios sea tu mejor amigo, entonces tendrás una vida satisfactoria y significativa.

Café Inspirador: Consejero maravilloso, si yo quiero tener una vida satisfactoria y significativa, debería escuchar al corazón, dejar que el tiempo y el mundo me enseñen, y elegir a Dios como mi mejor amigo para siempre. Gracias, señor.

Aquel que olvida el lenguaje de la gratitud nunca podrá hablar en términos de la felicidad.
(Práctico, Agradecimiento, pág. 222)

Sabor Sabiduría: Las personas que están agradecidas siempre se sienten contentos con sus vidas y no tendrán que buscar constantemente algo que los haga felices. Así que si quieres felicidad, comienza a vivir en gratitud.

Té de la sabiduría: Sabiduría de Dios, ayúdame a aprender a estar agradecido por tus bendiciones diarias en mi vida. Cuando sepa hacer eso, dejaré de desear más cosas y empezaré a experimentar la felicidad. Gracias, señor.

15 de Febrero

Las crisis y los estancamientos, cuando ocurren, tienen al menos una ventaja: que nos obligan a pensar. (Jawaharlal Nehru (1889–1964), 1er primer ministro de la India) (Citas, Problemas, pág. 217)
Sabor Inspiración: Seguro que odias las crisis y los problemas, porque te preocupan y te hacen sentir incómodo. Pero también te hacen pensar en ciertos asuntos y sus soluciones. Deberías ver los problemas de esta forma.
Café Inspirador: Consejero maravilloso, puede que no me gusten las crisis y los problemas, ya que a menudo me hacen sentir ansioso y estresado. Sin embargo, debería verlos como oportunidades para resolver ciertos asuntos. Gracias, señor.

Cien hombres pueden hacer un campamento, pero se necesita una mujer para hacer un hogar. (Proverbio chino) (Práctico, Mujer/Esposa, pág. 241)
Sabor Sabiduría: Los hombres pueden presumir de su habilidad para construir enormes castillos y hacer un gran campamento, pero debes recordar que se necesita una mujer para convertir un castillo y una multitud en un hogar con su tierno cuidado.
Té de la Sabiduría: Sabiduría de Dios, podría hacer muchas cosas maravillosas, como un campamento. Pero necesito darme cuenta de que se necesita una naturaleza cariñosa y el toque gentil de una mujer para hacer un hogar. Gracias, señor.

16 de Febrero

Aquel que sea bondadoso y servicial con sus vecinos, verá que Dios aumentará su riqueza. (Fakhir al-Din al-Razi (1149-1209), filósofo musulmán sunita iraní) (Citas, riqueza, pág. 303)
Sabor Inspiración: Algunas personas pueden dudar a la hora de ayudar a sus vecinos, pero hoy se te anima a ser amable y hacerlo, porque Dios te pagará y aumentará tu riqueza cien veces.
Café Inspirador: Consejero maravilloso, podría pensar que me cuesta demasiado ser amable y servicial con mis vecinos. Sin embargo, necesito saber que Dios me pagará mucho más cuando lo haga. Gracias, señor.

La fe es la creencia del corazón en ese conocimiento que proviene de lo Invisible. (Mohammad Ibn Khafif (882-982 d.C.), poeta árabe sufí) (Citas, Fe, pág. 88)
Sabor Sabiduría: A la mayoría de las personas les resulta difícil comprender el mundo invisible y espiritual, pero si tienes fe, tu corazón te ayudará a ver lo invisible, escuchar lo inaudible y hacer que suceda lo imposible.
Té de la Sabiduría: Sabiduría de Dios, podría tener dificultades para comprender el mundo invisible y espiritual. Sin embargo, mi fe abrirá mi corazón para ver lo invisible, escuchar lo inaudible y presenciar lo imposible. Gracias, señor.

17 de Febrero

Niños, deben recordar algo. Un hombre sin ambición está muerto. Un hombre con ambición, pero sin amor está muerto. Un hombre con ambición y amor por sus bendiciones aquí en la tierra está siempre muy vivo. (Pearl Bailey, Hablar conmigo mismo, 1971) (Religioso, Ambición, pág. 25)
Sabor Inspiración: Pearl Bailey te recuerda tener ambición y sueños. Si no lo haces, o si tienes ambición y no tienes amor, no tendrás ganas de vivir y terminarás muerto. Entonces, ten ambición y amor con el fin de seguir vivo.
Café Inspirador: Consejero maravilloso, necesito tener ambición para mantener mi deseo y esperanza vivos. Yo también debería tener amor por alguien o algo para mantener mi corazón latiendo por ello. De lo contrario, terminaré muerto. Gracias, señor.

No juzgues a los demás. Sea su propio juez y será verdaderamente feliz. Si intenta juzgar a los demás, es probable que se queme los dedos. (Mahatma Gandhi) (Citas, Sentencia, pág. 145)
Sabor Sabiduría: La gente a menudo no duda en juzgar a los demás y criticar las cosas que no les gusta, pero se aconseja no juzgar a los demás, porque tu crítica podría volver para perseguirte.
Té de la Sabiduría: Sabiduría de Dios, debería juzgarme solo a mí mismo si quiero ser feliz de verdad. Necesito tener cuidado al juzgar a otros, porque mi juicio y mi crítica pueden ser contraproducentes para mí. Gracias, señor.

18 de Febrero

Una cosa le pedí al Señor, y la buscaré, para que pueda habitar en la casa del Señor todos los días de mi vida, para contemplar la hermosura del Señor y para consultar en su templo. (Salmos 27: 4) (Religioso, Belleza, pág. 43)
Sabor Inspiración: Es posible que desees muchas cosas, pero un deseo que debes tener es estar en la casa del Señor todos los días de tu vida. De esta forma, podrás contemplar la belleza del Señor y disfrutar de su compañía.
Café Inspirador: Consejero maravilloso, si se me concede un deseo, debería usarlo para pedir al Señor estar en su casa y disfrutar de su compañía todos los días de mi vida. Debería hacer todo lo que pueda para que eso suceda. Gracias, señor.

El dinero mata a más gente que un garrote. (Igbo (proverbio de África Occidental) (Citas, Dinero, pág. 184)
Sabor Sabiduría: Podría pensar que las personas usan un garrote principalmente para lastimarse y matarse unos a otros. Pero la verdad es que el dinero es la causa de todas las luchas y conflictos alrededor del mundo, y mata a más personas que un garrote.
Té de la Sabiduría: Sabiduría de Dios, podría asumir que el dinero no mata a la gente, que solo un garrote lo hace. Debería saber que el dinero es la raíz de todos los males, incluido lastimar a otros. No debo centrarme en el dinero. Gracias, señor.

19 de Febrero

No hay iluminación fuera de la vida diaria. (Thich Nhat Hanh, Zen Keys, 1974) (Religioso, Ilustración, pág. 158)
Sabor Inspiración: La iluminación es un momento espiritual y revelador. Obtendrás conocimientos maravillosos sobre esta vida y la próxima. Pero un monje budista te dice hoy que ese momento no puede ocurrir fuera de la vida diaria.
Café Inspirador: Consejero maravilloso, espero un momento de iluminación para aprender sobre esta vida o la próxima. Pero me acuerdo de que esto solo puede suceder en el contexto de mi vida diaria. Gracias, señor.

La violencia nunca arregla nada: además de herir tu propia alma, daña la mejor causa. Persiste mucho después de que el objeto de odio haya desaparecido de la escena para plagar las vidas de quienes lo han empleado contra sus enemigos. (Obafemi Awolowo (1909–1987), político nigeriano) (Citas, Violencia, pág. 294)
Sabor Sabiduría: La violencia ha sido objeto de odio y empleada durante años para amenazar e intimidar. Pero debes saber que la violencia solo resulta en lesiones y nunca resuelve nada.
Té de la Sabiduría: Sabiduría de Dios, el odio me impulsa a usar la violencia y otras formas malvadas para destruir a mi enemigo. Pero la violencia no resuelve nada, solo daña a otros. Debo denunciar la violencia y el odio. Gracias, señor.

20 de Febrero

Dios mismo no habla en prosa, sino que se comunica con nosotros a través de pistas, presagios, inferencias y semejanzas oscuras en los objetos que yacen a nuestro alrededor. (Ralph Waldo Emerson, Poesía e imaginación, 1876) (Religioso, Encontrar a Dios, pág. 189)
Sabor Inspiración: Te sientes bendecido por estar cerca de Dios. Pero es difícil encontrar y encontrarse con Dios todos los días. Hoy, se te recuerda que Dios habla contigo a menudo mediante sugerencias, presagios, inferencias y otras señales.
Café Inspirador: Consejero maravilloso, Dios me habla todo el día y toda la noche. Puede que no lo sepa, pero Dios generalmente lo hace a través de pistas, presagios, inferencias y otras señales a mi alrededor. Debo aprender a interpretarlos. Gracias, señor.

Dios no cambia lo que hay en las personas hasta que ellos cambian lo que hay en ellos mismos. (Corán, sura xiii: 10) (Citas, Autosuficiencia, pág. 258)
Sabor Sabiduría: Para las personas los cambios son difíciles de llevar a cabo y aceptar en la vida, ya que están acostumbrados a los viejos hábitos. Pero si quieres que Dios haga algunos cambios en tu vida, debes iniciarlos tú mismo.
Té de la Sabiduría: Sabiduría de Dios, no puedo esperar que Dios me cambie si no lo deseo yo mismo. Necesito comenzar a cambiarme a mí mismo, y luego Dios puede ayudarme a terminar el resto. Gracias, señor.

21 de Febrero

La alegría de un buen hombre es el testimonio de una conciencia tranquila, ten una conciencia tranquila y siempre tendrás alegría. (Thomas à Kempis, Imitación de Cristo, 1441) (Religioso, Alegría, pág. 276)
Sabor Inspiración: Puedes experimentar la alegría de varias maneras, pero la mejor manera de tener esa experiencia es formar y mantener una conciencia tranquila, porque te liberará de todas las preocupaciones de esta vida y la próxima.
Café Inspirador: Consejero maravilloso, podría buscar la alegría en muchos lugares, excepto en mi conciencia. Necesito una conciencia tranquila que me brinde alegría, porque me liberará de las ansiedades acerca de esta vida y la próxima. Gracias, señor.

Y Jesús les dijo: "... El que quiera ser grande entre ustedes debe ser su servidor, y el que quiera ser el primero entre ustedes debe ser esclavo de todos".
(Marcos 10: 42–44) (Religiosa, Autoridad, pág. 41)
Sabor Sabiduría: Los seres humanos ejercen autoridad y se gobiernan unos a otros con poder y dominio. Pero Jesús te pide que seas siervo si quieres ser grande, y esclavo de todos si quieres ser el primero, como sus discípulos.
Té de la Sabiduría: Sabiduría de Dios, podría querer ser el primero o el mejor en ejercer autoridad sobre los demás. Pero me recuerdo ser esclavo y sirviente de todos si quiero que Jesús me considere el primero. Gracias, señor.

22 de Febrero

El amor nunca termina; en cuanto a las profecías, pasarán; en cuanto a las lenguas, cesarán; en cuanto al conocimiento, pasará. (1 Corintios 13: 8) (Religioso, Amor, pág. 307)
Sabor Inspiración: Puede que te entusiasmen las profecías, las lenguas y el conocimiento por varias razones. Pero estas terminarán o morirán. Si eliges el amor y lo fomentas, dará grandes resultados y nunca terminará.
Café Inspirador: Consejero maravilloso, los dones de las profecías, las lenguas y los conocimientos son glamorosos, pero todo termina. Necesito enfocarme en el regalo del amor porque produce resultados duraderos y nunca termina. Gracias, señor.

Si bien heredamos nuestro temperamento, debemos construir nuestro carácter. (William L. Sullivan, ¡Preocupación! ¡Miedo! ¡Soledad !, 1950) (Religioso, Carácter, pág. 69)
Sabor Sabiduría:
Dios te ha creado y te bendijo con tu temperamento al nacer. Pero puedes construir tu carácter y determinar cómo serás por la forma en que vives y tratas a los demás.
Té de la sabiduría: Sabiduría de Dios, te agradezco por darme mi temperamento al nacer. Sin embargo, puedo construir mi carácter por la forma en que vivo mi vida y trato a los demás. Gracias, señor.

23 de Febrero

Un héroe da la ilusión de superar a la humanidad. El santo no lo supera, lo asume y se esfuerza por realizarlo de la mejor manera posible. (Georges Bernanos, Los últimos ensayos de Georges Bernanos, 1955) (Religiosos, santos y Pecadores, pág. 499)

Sabor Inspiración: La sociedad podría crear la imagen de un héroe glamoroso, pero debes concentrarte en la imagen de la santidad y admirarla porque abarca la totalidad de la humanidad y se esfuerza por mejorarla.

Café Inspirador: Consejero maravilloso, la sociedad puede querer que yo sea una especie de héroe, pero necesito admirar la imagen de la santidad en su lugar, porque abraza toda la humanidad y se esfuerza por hacerla mejor. Gracias, señor.

No podemos ir al cielo en lechos de plumas.
(Richard Braithwaite, The English Gentleman, 1631) (Religioso, Consuelo, pág. 87)

Sabor Sabiduría: La mejor vía y la correcta al Cielo requiere mucho auto sacrificio y obras de caridad de tu parte. No puedes descansar cómodamente en lechos de plumas y esperar que te lleven allí.

Té de la Sabiduría: Sabiduría de Dios, ciertamente quiero llegar al cielo. Pero no puedo llegar allí descansando cómodamente en lechos de plumas. Debo hacer muchos sacrificios y hacer obras de caridad. Gracias, señor.

24 de Febrero

La visión mira hacia adentro y se convierte en deber. La visión mira hacia afuera y se convierte en aspiración. La visión mira hacia arriba y se convierte en fe. (Stephen S. Wise (1847-1949), Sermones y discursos) (Religioso, Visión, pág. 597)

Sabor Inspiración: La visión puede ser hacia adentro, hacia afuera y hacia arriba. Deberías tener las tres visiones para guiarte todos los días. De esta manera, puedes tener un sentido del deber, la aspiración y la fe para seguir adelante.

Café Inspirador: Consejero maravilloso, debo tener una visión que me guíe cada día. Las tres visiones de interior, exterior y ascendente me darán un sentido del deber, la aspiración y la fe para avanzar hacia ti. Gracias, señor.

El egoísmo es la raíz más profunda de toda infelicidad... Alimenta un hambre insaciable que primero devora todo lo que pertenece a los demás y luego hace que una criatura se devore a sí misma. (Dom Hélder Pessoa Câmara) (Religiosos, Envidia y Celos, pág. 158)

bor Sabiduría: El egoísmo hace que una persona tome todo lo que pertenece a los demás y luego se devore a sí mismo. Si sufres de este problema, es la raíz más profunda de toda la infelicidad y nunca estarás satisfecho.

Té de la Sabiduría: Sabiduría de Dios, el egoísmo es la raíz de la envidia o de los celos y de toda infelicidad, porque me impulsa a tomar todo lo ajeno y luego devorarme a mí mismo. Debo deshacerme del egoísmo. Gracias, señor.

25 de Febrero

¿Qué gana el hombre con todo el trabajo que hace bajo el sol? Una generación va y otra generación llega, pero la tierra permanece para siempre. (Eclesiastés 1: 3–4) (Religioso, Trabajo, pág. 621)
Sabor Inspiración: Es posible que tengas ambición y te esfuerces todos los días para lograrlo. Necesitas hacer una pausa y preguntarte sobre el propósito de tu trabajo. De esta manera, es posible que sepas por qué trabajas y disfrutes de ello.
Café Inspirador: Consejero maravilloso, debo conocer el propósito de mi vida y mi trabajo. Así es como puedo encontrar alegría y bendición para mi éxito. De lo contrario, mi trabajo no tendrá sentido. Gracias, señor.

Los seres humanos se juzgan unos a otros por sus acciones externas. Dios los juzga por sus elecciones morales. (C .S. Lewis, Comportamiento cristiano, 1943) (Religioso, Juicio, pág. 282)
Sabor Sabiduría: Las personas juzgan por lo que ven y critican determinadas acciones que a ellos no les gusta. Pero deberías saber que Dios juzga al mundo por sus elecciones morales y lo recompensa por las correctas.
Té de la Sabiduría: Sabiduría de Dios, podría juzgar a otros por sus acciones externas, pero Dios los juzga por sus elecciones morales y los recompensa por las correctas. Necesito tener una buena vida moral. Gracias, señor.

26 de Febrero

El coraje es la capacidad de "aguantar" cinco minutos más. (Sabio, Valor, pág. 31)
Sabor Inspiración: Las personas a menudo dudan en hacer algo diferente y no tienen la paciencia para esperar algo espectacular. Necesitas tener el coraje para triunfar y sobrevivir en este mundo desafiante.
Café Inspirador: Consejero maravilloso, puede que no quiera quedarme un poco más para que algo maravilloso suceda. Pero necesito tener coraje para hacerlo y triunfar en este mundo desafiante. Gracias, señor.

El odio sigue siendo el principal enemigo de la raza humana, el combustible que calienta los hornos del genocidio. (I.F. Stone, "Cuando un sistema de dos partidos se convierte en un sistema de goma de un solo partido", en I.F. Stone's Weekly, 9 de septiembre de 1968) (Religioso, Odio, pág. 224)
Sabor Sabiduría: El odio ha sido el peor enemigo de la raza humana y un poder oscuro que mata a muchas personas. Necesitas saber como contenerlo y, con suerte, eliminarlo por el bien de la supervivencia humana.
Té de la Sabiduría: Sabiduría de Dios, el odio ha sido el archienemigo de la raza humana y un poderoso combustible que quema miles de vidas inocentes. Necesito conseguir deshacerme de él por el bien de la supervivencia humana. Gracias, señor.

27 de febrero

Un verdadero líder se enfrenta a la música incluso cuando no le gusta la melodía. (Arnold Glasow)
(Sabiduría, Liderazgo, pág. 81)
Sabor Inspiración: Es posible que escuches todo tipo de melodías todos los días, desde la decepción y frustración a la tristeza y el desánimo. Pero si quieres ser un líder, debes enfrentar esa realidad y trabajar en ello.
Café Inspirador: Consejero maravilloso, puede que no me gusten las melodías de mi vida diaria, ya que tengo que lidiar con las decepciones y frustraciones. Pero necesito actuar como líder y afrontar con valentía esa realidad. Gracias, señor.

Cuando en oración junta sus manos, Dios abre las suyas.
(Proverbio alemán) (Religioso, Oración, pág. 414)
Sabor Sabiduría: Algunas personas pueden enfrentar problemas, pero no les gusta pedir ayuda. Como creyente, cruzas tus manos antes Dios en oración para pedir algo, y Dios abrirá el suyo para derramar sus bendiciones sobre ti.
Té de la Sabiduría: Sabiduría de Dios, cuando tengo un problema, necesito ir a ti y pedir ayuda. Mientras estrecho mis manos juntas en oración, abrirás las tuyas para derramar tus bendiciones sobre mi. Gracias, señor.

28 de Febrero

El éxito a menudo proviene de dar un paso en falso en la dirección correcta.
(Sabiduría, Éxito, pág. 127)
Sabor Inspiración: Algunos podrían pensar que el éxito no viene por accidente, pero pasa más a menudo de lo que piensas. Así que, mantente en la dirección correcta y el éxito estará tan solo a un paso en falso de ti.
Café Inspirador: Consejero maravilloso, podría pensar que el éxito no se consigue por accidente, pero eso sucede a menudo. Todo lo que tengo que hacer es mantenerme en la dirección correcta y el éxito estará tan solo a un paso en falso de mi. Gracias, señor.

Donde no hay vergüenza ante los hombres, no hay temor de Dios. (Proverbio yiddish) (Religioso, Vergüenza, pág. 516)
Sabor Sabiduría: La vergüenza sirve como disuador para evitar que las personas tomen malas decisiones y lastimen a otros. Pero puedes darte cuenta de que cuando la gente no siente vergüenza ante otros, no temerán a Dios.
Té de la Sabiduría: Sabiduría de Dios, necesito la pena y la vergüenza para evitar tomar malas decisiones y herir a otros. Si no lo hago, tampoco tendré miedo de Dios. Gracias, señor.

29 de Febrero

No estamos aquí para ver a través del otro, sino para vernos unos a otros. (Ingenio, primavera y verano)

Sabor Inspiración: Las personas pueden tener varios sueños y no dudan en pasar por encima del otro para conseguirlos. Pero debes ayudarlos a darse cuenta de que estamos aquí en la tierra para vernos unos a otros.

Café Inspirador: Consejero maravilloso, tengo muchos sueños y deseos. Pero no debo pasar por encima de los otros para alcanzarlos o hacerlos realidad. Más bien, debo aprender a ver a los demás y ayudarlos. Gracias, señor.

Hay algo peor que un necio y es un hombre engreído.
(Proverbios 26:12) (Práctico, vanidad, pág. 35)

Sabor Sabiduría: Un tonto tiene poca sabiduría y sentido común, mientras que una persona engreída tiene una opinión alta y exagerada de sí mismo. Deberías evitarlos a ambos porque terminarás lastimándote.

Té de la Sabiduría: Sabiduría de Dios, necesito tu ayuda para evitar actuar como un tonto y seguir caminos necios. También te pido que evites que sea engreído y arrogante, pues ambas actitudes acabarán lastimándome. Gracias, señor.

Marzo

1 de Marzo

Quien quiera hacerse un lugar bajo el sol debe esperar ampollas. (Práctica, Logro, pág. 2)
Sabor Inspiración: Todos los logros requieren trabajo y muchos sacrificios. Si tu quieres tener logros, debes esperar lo mismo, y algunas ampollas en tus manos o pies.
Café Inspirador: Consejero maravilloso, quiero alcanzar un gran éxito y hacerme un lugar para mí en el sol. Pero eso solo puede pasar si trabajo duro y espero tener algunas ampollas en mi cuerpo. Gracias, señor.

Un amigo es una persona que sabe todo sobre ti y de todos modos te ama.
(Práctico, Amistad, pág. 84)

Sabor Sabiduría: Las personas buscan la amistad para que les traiga compañía, compartir algunos intereses divertidos, etc. Pero si encuentras un verdadero amigo, esa persona te apoyará y estará a tu lado aun después de saber todo sobre ti.
Té de la Sabiduría: Sabiduría de Dios, podría querer una amistad que me haga compañía o con la cual compartir algunos intereses divertidos. Pero si encuentro un verdadero amigo, esa persona seguirá amándome y apoyándome aún después de saber todo sobre mí. Gracias, señor.

2 de Marzo

La habilidad permitirá a un hombre llegar a la cima, pero se necesita carácter para mantenerlo allí. (Práctica, Carácter, pág. 29)
Sabor Inspiración: Es posible que necesites habilidades especiales o grandes habilidades para llegar a la cima, pero si quieres quedarte allí por un tiempo, debes tener un buen carácter y una buena personalidad para tratar con el público.
Café Inspirador: Consejero maravilloso, podría necesitar habilidades especiales para llegar a la cima y alcanzar un gran éxito. Pero se necesita mi buen carácter y mi buena personalidad para mantenerme ahí. Puedo hacerlo con tu ayuda. Gracias, señor.

Un sabio aprende de las experiencias de los demás. Un hombre corriente aprende por su propia experiencia. Un tonto aprende por experiencia de nadie. (Práctica, Experiencia, pág. 65)

Sabor Sabiduría: La experiencia es un valioso conocimiento de la vida que ayuda a una persona a afrontar los desafíos diarios y tener éxito. Si eres una persona sabia, aprenderás de tus propias experiencias y también de las de los demás.
Té de la Sabiduría: Sabiduría de Dios, ayúdame a usar mis experiencias para enfrentar mis desafíos diarios y tener éxito. Una persona sabia lo hace por experiencias de otros, mientras que un tonto usa la experiencia de nadie. Gracias, señor.

3 de Marzo

No se necesita ser un gran hombre para ser cristiano, solo toma todo lo que hay de él. (Seth Wilson) (Práctico, Compromiso con Dios, pág. 34)
Sabor Inspiración: Cualquiera puede ser cristiano cumpliendo ciertos requisitos. Sin embargo, si eliges el estilo de vida cristiano, exigirá todo tu ser y compromiso para cumplirlo.
Café Inspirador: Consejero maravilloso, un cristiano tiene que cumplir con ciertos requisitos y obedecer algunas reglas. Sin embargo, si realmente elijo el estilo de vida cristiano, tengo que entregar todo mi ser a ello. Gracias, señor.

Una gran cantidad de problemas han sido causados en el mundo por demasiada inteligencia y muy poca sabiduría.
(Práctica, Inteligencia, pág. 119)
Sabor Sabiduría: Los seres humanos han mejorado su nivel de vida con la ayuda de
la inteligencia. Pero es posible que sepas que muchos problemas como la justicia social y la política siguen estando igual debido a la falta de sabiduría.
Té de la Sabiduría: Sabiduría de Dios, la inteligencia humana ha aumentado los niveles de vida y mejorado la sociedad. Desafortunadamente, he visto muy poca sabiduría para guiar este mundo y resolver muchos problemas inminentes. Gracias, señor.

4 de Marzo

La mayoría de los hombres fracasan, no por falta de educación, sino por falta de obstinada determinación y voluntad intrépida. (Charles Swindoll) (Práctico, Desánimo, pág. 56)
Sabor Inspiración: Es posible que tengas las habilidades y educación para lograr ciertos sueños. Pero si no tienes la obstinada determinación y la voluntad intrépida, podrías enfrentar desafíos y fallar.
Café Inspirador: Consejero maravilloso, podría tener suficiente educación y grandes habilidades para lograr ciertos sueños. Pero si no tengo una obstinada determinación y una voluntad intrépida, puede que me desanime y falle. Gracias, señor.

El buen hombre encuentra la vida, el malvado, la muerte.
(Proverbios 11:19) (Práctico, Vida y Muerte, pág. 141)
Sabor Sabiduría: No es fácil saber si una persona es buena o mala por su apariencia. Si quieres saberlo, necesitas examinar su corazón y ver que el hombre bueno encuentra la vida, y el hombre malo, la muerte.
Té de la Sabiduría: Sabiduría de Dios, no puedo decir si una persona es buena o mala solo por su apariencia. Sin embargo, puedo saberlo examinando su corazón y viendo que el hombre bueno encuentra la vida, y el hombre malo, la muerte. Gracias, señor.

5 de Marzo

No tenga miedo de dar un gran paso si es necesario. No se puede cruzar un abismo en dos pequeños saltos.
(Práctico, Miedo, pág. 77)
Sabor Inspiración: La vida está llena de abismos y valles. No puedes cruzar uno de esos con pequeños saltos. Si quieres cruzar un abismo, podrías necesitar tener fe y dar un gran paso para llegar al otro lado.
Café Inspirador: Consejero maravilloso, podría tener miedo de dar un gran paso al ir por la vida. Pero debo aprender a dar un gran salto de fe para cruzar un abismo y llegar al otro lado. Gracias, señor.

Las virtudes se aprenden en las rodillas de la Madre, los vicios en alguna otra articulación.
(Práctico, Madre, pág. 165)
Sabor Sabiduría: Una madre suele enseñarles a sus niños que sean buenos y les transmite muchas lecciones de virtud. Así que, tienes que asumir que deben agarrar los vicios y aprender las cosas malas de otros lugares.
Té de la Sabiduría: Sabiduría de Dios, debo haber aprendido los buenos valores y las maravillosas lecciones de virtud en las rodillas de mi madre. Sin embargo, podría haber agarrado vicios y aprendido cosas malas en otros lugares. Gracias, señor.

6 de Marzo

Una buena forma de olvidar tus problemas es ayudar a otros a salir de los suyos.
(Práctica, Ayuda, pág. 106)
Sabor Inspiración: Ciertamente no estás exento de los problemas de la vida. Puedes intentar desear que se vayan u olvidarte de ellos, pero una buena forma de lidiar con ellos es acercarte y ayudar a otros con los suyos.
Café Inspirador: Consejero maravilloso, mi vida ciertamente no está exenta de problemas. No puedo desear que se vayan o ignorarlos. Sin embargo, puedo tratar de lidiar con mis problemas ayudando a otros. Gracias, señor.

Quien se acuesta y no reza, hace dos noches al día.
(George Herbert) (Práctica, Oración, pág. 189)
Sabor Sabiduría: Mucha gente no reza con regularidad, solo cuando necesitan ayuda con algo. Entonces, si no rezas antes de dormir por seguridad o para dar gracias, te agobiarás y tendrás una noche larga.
Té de la Sabiduría: Sabiduría de Dios, podría no ser devoto con mi vida de oración. Quizás solo rezo cuando quiero pedirle alguna cosa a Dios. Pero si no rezo antes de dormir, haré de mi noche una muy larga. Gracias, señor.

7 de Marzo

La bondad es algo que no puedes regalar, ya que siempre vuelve. (Práctico, Bondad, pág. 127)
Sabor Inspiración: Se te anima a ser amable y generoso con los demás. Lo que no sabes es que no estas regalando nada. Todas tus acciones amables y generosas siempre vuelven a ti cien veces más.
Café Inspirador: Consejero maravilloso, me siento animado a ser amable y generoso con otros. Sin embargo, no puedo regalar bondad, porque siempre vuelve a mi cien veces más. Gracias, señor.

La conversación enriquece la comprensión, pero la soledad es la escuela del genio. (Edward Gibbon) (Práctico, Tranquilidad, pág. 205)
Sabor Sabiduría: La mayoría de las personas tienen que conversar con alguien para compartir ideas y buscar comprensión todos los días. Sin embargo, puedes ser un genio permaneciendo en soledad y generar grandes ideas.
Té de la Sabiduría: Sabiduría de Dios, podría utilizar las conversaciones para intercambiar ideas y buscar comprensión. Sin embargo, no me doy cuenta de que un genio permanece en soledad y genera grandes ideas. Gracias, señor.

8 de Marzo

Aquel que no tiene miedo de enfrentarse a la música puede que en algún momento lidere la banda. (Práctica, Liderazgo, pág. 138)
Sabor Inspiración: Puedes tener todo tipo de miedos y problemas, y esperar que desaparezcan. Pero si quieres liderar algo en la vida, debes enfrentar tu miedo a ello y resolver ese problema.
Café Inspirador: Consejero maravilloso, podría tener miedos y ansiedades sobre algunos problemas y desear que desaparecieran. Pero necesito enfrentar esos miedos y resolverlos si quiero ser un líder en el futuro. Gracias, señor.

La felicidad llega cuando dejamos de lamentarnos por los problemas que tenemos y damos las gracias por todos los problemas que no tenemos. (Práctica, Agradecimiento, pág. 222)
Sabor Sabiduría: Las personas han buscado la felicidad desde su primer momento en el jardín del edén. Sin embargo, deberías saber que el secreto de la felicidad es tener una actitud optimista y agradecida.
Té de la Sabiduría: Sabiduría de Dios, puedo haber buscado la felicidad en los lugares equivocados y deseado tenerla. Debería saber que el secreto de la felicidad es tener una actitud agradecida y de esperanza. Gracias, señor.

9 de Marzo

Un error prueba que alguien al menos lo intentó.
(Práctico, Errores, pág. 156)
Sabor Inspiración: Es posible que tengas miedo de cometer un error porque te sientes avergonzado y odias ver tus fallas. Pero deberías seguir trabajando duro y aprendiendo de tus errores porque demuestra que lo estás intentando.
Café Inspirador: Consejero maravilloso, puede que no me guste cometer errores porque muestran mis debilidades y hieren mi orgullo. Pero debería abrazarlos como una experiencia de aprendizaje que me ayudan a convertirme en una persona mas sabia. Gracias, señor.

Cuando Dios quiere que ocurra un evento, establece las causas que conducirán a el.
(Babikir Badri (1861-1954), erudito sudanés, Memorias) (Citas, Destino, pág. 91)
Sabor Sabiduría: Algunos creen en la suerte o en el destino, pero es difícil saber en este mundo desafiante y confuso. Como creyente, debes saber que Dios establece causas, que llevan a un evento si él quiere que suceda.
Té de la Sabiduría: Sabiduría de Dios, podría o no creer en el destino en este mundo incierto. Sin embargo, como creyente, mi fe me dice que, si Dios quiere que un evento suceda, establece causas que conducen a ello. Gracias, señor.

10 de Marzo

El optimismo es un estado de ánimo alegre que permite que una tetera cante aún con agua caliente hasta el cuello.
(Práctico, Optimismo / Pesimismo, pág. 178)
Sabor Inspiración: Tu vida puede estar llena de problemas, pero si tienes una actitud optimista, podrás hacer frente a cualquier situación con grandes esperanzas y un espíritu alegre, no importa lo difícil que pueda ser.
Café Inspirador: Consejero maravilloso, puede que no vea lo valioso que es tener una actitud optimista. Pero si lo hago, podré hacer frente a cualquier situación desafiante con grandes esperanzas y un espíritu alegre. Gracias, señor.

Una respuesta amable apaga la ira, pero las palabras duras provocan peleas. (Proverbios 15: 1) (Práctica, Palabras, pág. 244)
Sabor Sabiduría: Las palabras son poderosas y, sin embargo, la mayoría de las personas no tiene cuidado al usarlas en sus conversaciones diarias. Debes saber que una respuesta amable puede apartar la ira, mientras las palabras duras pueden causar peleas.
Té de la Sabiduría: Sabiduría de Dios, puedo no darme cuenta de que las palabras son poderosas y consecuentes. Si no tengo cuidado con ellas, mis palabras duras pueden originar peleas. Pero una respuesta amable puede acallar la ira. Gracias, señor.

11 de Marzo

Con perseverancia, el caracol llegó al arca.
(Charles Spurgeon) (Práctico, Persistencia, pág. 184)

Sabor Inspiración: El caracol que quiere llegar al arca tiene que perseverar a través de un duro camino. Del mismo modo, si deseas llegar a algún lugar en la vida, debes perseverar y nunca dejes que nada te impida hacerlo.

Café Inspirador: Consejero maravilloso, puede que no me de cuenta de que un caracol me puede enseñar una gran lección de vida. Si puede llegar al arca por persistencia debo seguir su ejemplo y perseverar para llegar a la cima de mi montaña. Gracias, señor.

El sabio no buscará las faltas de los demás, ni lo que hayan hecho o dejado sin hacer, sino que buscará más bien su propio delito.
(Dhammapada, "Flores") (Citas, Falla, pág. 93)

Sabor Sabiduría: A las personas les gusta encontrar un chivo expiatorio y culpar a los demás cuando algo sale mal. Pero si eres una persona sabia, preferirás mirar tus propios errores, en lugar de buscar las faltas de los demás.

Té de la Sabiduría: Sabiduría de Dios, puede que me guste señalar las faltas de otros o culpar a otras personas cuando algo esta mal. Necesito ser sabio y, en su lugar, mirar mis propios errores y enmendarlos. Gracias, señor.

12 de Marzo

La preparación de hoy determina los logros de mañana.
(Práctico, Preparación, pág.194)

Sabor Inspiración: Todos los proyectos exitosos necesitan de una buena preparación y trabajo duro. Si quieres tener muchos logros en el futuro, necesitas sembrar sus semillas y comenzar a prepararte para ellos hoy.

Café Inspirador: Consejero maravilloso, puede que no disfrute el trabajo de preparación o esperar pacientemente cualquier éxito futuro. Sin embargo, hoy necesito prepararme bien para todos mis logros futuros. Gracias, señor.

El gran hombre es aquel que nunca pierde el corazón de niño.
(Mencius (390-305 aC), filósofo chino, Meng-tzu) (Citas, Grandeza, pág. 118)

Sabor Sabiduría: El corazón de un niño permite a una persona pensar creativamente, hablar libremente y soñar sin inhibiciones. Si quieres ser un gran hombre, siempre debes tener un corazón de niño y hacerlo todo con ese espíritu.

Té de la Sabiduría: Sabiduría de Dios, podría creer que me volveré grande haciendo todo de la manera rígida y aburrida de el mundo de un adulto. Pero, en realidad, puedo ser una gran persona al continuar teniendo un corazón de niño. Gracias, señor.

13 de Marzo

He aprendido que el éxito no se mide tanto por la posición que uno ha alcanzado en la vida como por los obstáculos que ha superado al intentar triunfar.
(Booker T. Washington (1856-1915), educador estadounidense, Up from Slavery) (Práctico, Éxito, pág. 212)
Sabor Inspiración: No debes medir el éxito por las posiciones que tienes. Mas bien, deberías verlo por los obstáculos que has superado, porque te han enseñado muchas lecciones de vida maravillosas.
Café Inspirador: Consejero maravilloso, no debería medir mi éxito por todas las posiciones en las que podría haber llegado en la vida. Más bien, debería mirar hacia atrás a todos los obstáculos que tuve que superar para lograrlo. Gracias, señor.

No juzgues a tus semejantes hasta que no hayas ocupado su lugar. (Talmud, Hillel) (Citas, Juicio, pág. 145)
Sabor Sabiduría: A las personas les gusta juzgar a los demás y no tienen miedo de hacer comentarios negativos sobre las cosas que odian. Sin embargo, hoy se te pide que te pongas en el lugar de una persona antes de juzgarle.
Té de la Sabiduría: Sabiduría de Dios, podría disfrutar haciendo comentarios negativos sobre algo que no me gusta o emitir juicios sobre otros. Necesito ponerme en el lugar de una persona antes de juzgarle. Gracias, señor.

14 de Marzo

Si quieres trabajar para Dios, forma un comité. Si quieres trabajar con Dios, forma un grupo de oración.
(Práctico, Trabajo, pág. 248)
Sabor Inspiración: Trabajar para Dios significa simplemente tomar una orden y llevarla a cabo. Por lo tanto, un comité es bueno para ello. Pero, trabajar con Dios significa que lo escuchas y lo dejas guiarte. Por lo tanto, un grupo de oración se adapta a ello.
Café Inspirador: Consejero maravilloso, podría formar un comité y llevar a cabo tus ordenes si me gusta trabajar para ti. Pero, podría crear un grupo de oración y dejar que me guíes si quiero trabajar contigo. Gracias, señor.

Perder la paciencia es perder la batalla. (Mahatma Gandhi) (Citas, Paciencia, pág. 199)
Sabor Sabiduría: La vida está llena de obstáculos y dificultades. Tienes que luchar y superar esos obstáculos todos los días. Sin embargo, en esas peleas no debes perder la paciencia. De lo contrario, perderás toda la batalla.
Té de la Sabiduría: Sabiduría de Dios, tengo que enfrentar muchas dificultades y superar todo tipo de obstáculos todos los días. Sin embargo, en esas peleas no debo perder la paciencia o arriesgarme a perder toda la batalla. Gracias, señor.

15 de Marzo

Si tu enemigo tiene hambre, dale de comer pan; y si tiene sed, dale de beber. Incluso si vino a matarte, dale comida si tiene hambre o agua si tiene sed.
(Talmud, Midrash Mishle 27) (Citas, Enemigos, pág. 79)
Sabor Inspiración: Tu enemigo es la última persona en la que piensas. Pero hoy se te pide tratar a tu enemigo con compasión y alimentarlo o saciarlo si tiene hambre o sed. Ese es el perdón divino.
Café Inspirador: Consejero maravilloso, puedo no tener en alta estima a mis enemigos. Sin embargo, estoy llamado a tratarlos con compasión como mi Dios y darles comida y bebida si tienen hambre y sed. Gracias, señor.

El silencio es una valla alrededor de la sabiduría. (Proverbio hebreo) (Citas, Silencio, pág. 260)
Sabor Sabiduría: A las personas les gusta estar alrededor de la sabiduría, pero les cuesta permanecer en silencio. Deberías saber que solo estando en silencio serás capaz de buscar buenas perspectivas que te llevaran a la sabiduría.
Té de la Sabiduría: Sabiduría de Dios, puede que encuentre difícil permanecer en silencio, pero ello me ayudará a encontrar buenas perspectivas y no decir tonterías. Debo saber que el silencio da buena protección en torno a la sabiduría. Gracias, señor.

16 de Marzo

Se hunde un barco con dos capitanes.
(Proverbio egipcio) (Citas, liderazgo y líderes, pág. 155)
Sabor Inspiración: Un barco se dirige en una dirección a la vez y, por lo tanto, solo puede recibir órdenes de un capitán. Asimismo, debes tomar una decisión difícil para tu vida y no puedes dejar esta decisión a otra persona.
Café Inspirador: Consejero maravilloso, como un barco que no puede tener dos capitanes, tengo que ser el único capitán de mi vida y tomar todas las decisiones difíciles que me afectan a mí y a todos los que me rodean. Gracias, señor.

Cinco cosas constituyen la virtud perfecta: gravedad, magnanimidad, seriedad, sinceridad, bondad.
(Confucio, Analectas) (Citas, Virtud, pág. 295)
Sabor Sabiduría: Se anima a todos a vivir una vida virtuosa y a buscar nuevas virtudes que imitar. Si no has seguido una vida virtuosa, las cinco virtudes anteriores son un buen comienzo.
Té de la Sabiduría: Sabiduría de Dios, he sido animado a emprender una vida de virtudes que me traerá paz verdadera y felicidad. Puedo comenzar esa forma de vida siguiendo las cinco cosas de arriba. Gracias, señor.

17 de Marzo

La creación no se terminó en los inicios de esta tierra, la creación continúa y tenemos mucho que hacer para hacer del mundo un lugar mejor. (Precio de George Cadle (1919-2011), Político beliceño) (Citas, Progreso, pág. 217)
Sabor Inspiración: La creación de Dios no finalizó en el sexto día. Estás llamado a continuar la obra de Dios y hacer del mundo un lugar mejor. Deberías enorgullecerte de tu contribución y hacer algo bueno.
Café Inspirador: Consejero maravilloso, siempre quiero crear algo y hacer del mundo un lugar mejor. Ahora puedo hacer eso continuando la creación y obra que Dios me ha dejado. Gracias Señor.

La caridad no conoce raza ni credo.
(Talmud) (Religiosa, Caridad, pág. 72)
Sabor Sabiduría:
Algunas religiones o tradiciones pasadas enseñan a las personas a practicar la caridad solo con su propio grupo religioso o raza. Pero se te recuerda que la caridad no está ligada a una raza o grupo religioso específico.
Té de la Sabiduría:
Sabiduría de Dios, algunas tradiciones o creencias pasadas pueden decirme que sea caritativo solo con mi propia raza o religión. Sin embargo, debo recordar que la caridad no se limita a cierta raza o creencia. Gracias Señor.

18 de Marzo

El general de un gran ejército puede ser derrotado, pero no se puede derrotar la mente decidida de un campesino.
(Confucio, Analectas) (Citas, Voluntad, pág. 304)
Sabor Inspiración: Se necesita un buen plan para derrotar a un general y su ejército, pero mucho más para conquistar a un campesino decidido. Así que si quieres tener éxito, debes tener la voluntad de un campesino y quedarte con tu sueño.
Café Inspirador: Consejero maravilloso, puedo derrotar a un general de un gran ejército teniendo un gran plan. Sin embargo, seguro que se necesitaré mucho más para conquistar a un campesino con determinación y alcanzar un gran éxito. Gracias, señor.

Cuatro cosas sostienen al mundo: la sabiduría de los sabios, la justicia de los grandes, las oraciones de los buenos y el valor de los valientes. (Muhammad) (Citas, El mundo, pág. 314)
Sabor Sabiduría:
Dios creó el mundo, pero los humanos están a cargo de cuidarlo. Necesitas recordar las cuatro cosas arriba para mantener el mundo girando cada día, es decir, conocimiento, justicia, oraciones y valor.
Té de la Sabiduría:
Sabiduría de Dios, me uno a toda la familia humana en mi compromiso para cuidar de tu creación. Pero debo saber que las cuatro cosas de arriba lo han sostenido y mantenido girando todos los días. Gracias, señor.

19 de Marzo

Poned la mira en las cosas de arriba, no en las de la tierra.
(Colosenses 3: 2) (Religioso, Ambición, pág. 26)
Sabor Inspiración: Todo en la tierra es corruptible y no durará. Por otro lado, las cosas celestiales son mas deseables y duraderas. Por lo tanto, debes enfocar tu vida en las cosas celestiales.
Café Inspirador: Consejero maravilloso, puede que no sepa que todo en la tierra es frágil y no es duradero. Sin embargo, debo poner mi mente en las cosas de arriba y darme cuenta de que las cosas celestiales si son duraderas. Gracias, señor.

La compasión es la ley principal de la existencia humana.
(Fyodor Dostoyevsky, El idiota, 1869) (Religioso, Compasión, pág. 91)
Sabor Sabiduría: La sociedad humana ha creado tantas leyes para mantener su existencia que han llenado cientos de edificios. Debes recordar que la ley más importante y principal de todas es la compasión.
Té de la Sabiduría: Sabiduría de Dios, puedo considerar que ciertos conjuntos de reglas o creencias religiosas son importantes en la sociedad humana. Sin embargo, ayúdame a ver que la principal ley de la existencia humana es la compasión. Gracias, señor.

20 de Marzo

La conciencia es la voz de los valores infundidos larga y profundamente en los tendones y la sangre de uno.
(Elliot L. Richardson, en la revista Life, 1973) (Religioso, Conformidad, pág. 104)
Sabor Inspiración: La conciencia es la voz interior y la brújula moral que el Creador ha incrustado en todos los seres humanos. Debes prestarle atención en tu vida diaria, especialmente en al momento de tomar decisiones.
Café Inspirador: Consejero maravilloso, puedo dar por sentado o ignorar mi conciencia, que se ha infundido en mis tendones y sangre. Necesito escuchar esta voz de valores para guiarme y tomar las decisiones correctas. Gracias, señor.

El diablo tiene el poder de sugerir el mal, pero no se le dio el poder de obligarle en contra de su voluntad. (San Cirilo de Jerusalén, Conferencias catequéticas) (Religioso, Diablo, pág. 136)
Sabor Sabiduría: Las tentaciones están a tu alrededor y el diablo nunca deja de sugerirlas. Pero él no tiene control sobre tu voluntad ni te hace aceptarlas. Puedes decidir escucharlas o no.
Té de la Sabiduría: Sabiduría de Dios, ayúdame a darme cuenta de que el diablo es real y me tienta sin descanso a hacer cosas malas todos los días. Sin embargo, no tiene ningún poder para obligarme a hacer nada en contra de mi voluntad. Gracias, señor.

21 de Marzo

Siempre que deseemos sinceramente llegar a la verdad, no debemos temer que seamos castigados por un error involuntario. (John Lubbock, Los placeres de la vida, 1887) (Religioso, Error, pág. 162)

Sabor Inspiración: El camino a la verdad esta lleno de baches y errores. No deberías dejar que estos te impidan buscar la verdad. De hecho, por el costo de los errores vale la pena probar la verdad.

Café Inspirador: Consejero maravilloso, puede que me avergüence de cometer errores y esté temeroso del castigo por ellos. Sin embargo, debo tener coraje y mantenerme avanzando en la búsqueda de la verdad. Gracias, señor.

No codiciarás la casa de tu prójimo, no codiciarás la mujer de tu prójimo, ni su criado, ni su criada, ni su buey, ni su asno, ni nada que sea de tu prójimo. (Éxodo 20:17) (Religiosos, Envidia y Celos, pág. 159)

Sabor Sabiduría: La envidia y los celos es uno de los pecados capitales que pueden destruir totalmente tu relación con Dios y tus vecinos. Cuando codicias la casa de tu vecino, te llevará a muchas cosas malas.

Té de la Sabiduría: Sabiduría de Dios, podría restar importancia al poder destructivo de la envidia y los celos. Abre mis ojos para ver que puede afectar mi relación con Dios y mis vecinos si codicio a mis vecinos. Gracias, señor.

22 de Marzo

El lugar donde el hombre encuentra vitalmente a Dios ... está dentro de su propia experiencia de bondad, verdad y belleza, y las imágenes más verdaderas de Dios, por lo tanto, se encuentran en la vida espiritual del hombre. (Harry Emerson Fosdick, Religión aventurera, 1926) (Religioso, Encontrar a Dios, pág. 189)

Sabor Inspiración: Puedes encontrarte con Dios en un lugar de culto o en tu vida espiritual. Pero la mejor manera de tener un encuentro con Dios es tu experiencia de bondad, verdad y belleza.

Café Inspirador: Consejero maravilloso, estoy emocionado de conocer a Dios, y el lugar habitual para que esto suceda es mi vida espiritual. Sin embargo, la mejor manera de encontrar Dios es mi experien cia de bondad, verdad, y belleza. Gracias, señor.

La fe se enfrenta a todo lo que incomoda al mundo -dolor, miedo, soledad, vergüenza, muerte - y actúa con una compasión con la que estas cosas se transforman, incluso se exaltan. (Samuel H. Miller, en Look, 19 de diciembre de 1961) (Religiosos, Fe, pág. 181)

Sabor Sabiduría: El mundo odia lidiar con dolor, miedo, soledad, vergüenza y muerte. Pero puedes ayudarlo a usar la fe para enfrentarlos y actuar con compasión para transformar ello en una experiencia divina.

Té de la Sabiduría: Sabiduría de Dios, puede no gustarme lidiar con el dolor, el miedo, la soledad, la vergüenza y la muerte. Sin embargo, puedo confiar en la fe para enfrentarlos y actuar con compasión para transformarlos en un encuentro divino. Gracias, señor.

23 de Marzo

Ningún hombre tiene verdadera alegría a menos que viva en amor. (Santo Tomás de Aquino (1225-1274), Summa Theologica) (Religioso, Alegría, pág. 276)

Sabor Inspiración: Si alguna vez has estado enamorado, sabrás que tu corazón esta siempre lleno de alegría y nada más te importa. Entonces, si realmente quieres conocer una vida de alegría, entonces intenta vivir una vida de amor.

Café Inspirador: Consejero maravilloso, tal vez desee tener alegría constante en mi vida, pero no se donde encontrarla, o la busco en los lugares equivocados. Debo saber que la mejor manera de encontrar una alegría duradera es vivir una vida de amor. Gracias, señor.

El dinero es un buen sirviente, pero un mal amo.
(Proverbio) (Religioso, Dinero, pág. 338)

Sabor Sabiduría: Las personas han tratado el dinero como un buen sirviente y lo han usado para servir sus necesidades. Sin embargo, si por error lo haces tu amo, controlará tu vida y te hará miserable.

Té de la Sabiduría: Sabiduría de Dios, el el mundo podría convencerme de que el dinero es todo en esta vida. Sin embargo, si cometo el error de convertirlo en mi amo, haría de mi vida una triste y miserable. Gracias, señor.

24 de Marzo

Muchas aguas no pueden apagar el amor, ni las inundaciones pueden ahogarlo.
(Cantar de los Cantares 8: 7) (Religioso, Amor, pág. 307)

Sabor Inspiración: Puedes apuntar a muchos regalos y virtudes como conocimiento, profecías, fe, esperanza, paciencia, perseverancia, etc. en. Pero deberías desear el amor porque puede soportar el tiempo y cualquier desafío.

Café Inspirador: Consejero maravilloso, puedo desear y buscar virtudes como conocimiento, profecías, fe, esperanza, paciencia o perseverancia. Sin embargo, debería abrazar el amor que puede perdurar en el tiempo y a través de lo desafíos. Gracias, señor.

En el día del juicio, no se nos preguntará qué hemos leído, sino qué hemos hecho; no lo bien que lo hemos dicho, sino lo religiosamente que hemos vivido.
(Thomas à Kempis, Imitación de Cristo) (Religioso, Juicio, pág. 283)

Sabor Sabiduría: Mucha gente no piensa sobre el Día del Juicio y se prepara para él. Pero como creyente, debes estar preparado para saber que Dios te preguntará que hiciste y cómo viviste tu vida.

Té de la Sabiduría: Sabiduría de Dios, ayúdame a que sea sabio y aprenda a prepararme para el día del juicio final mientras pueda, ya que me cuestionaras que hice y como viví, no lo que leí o con quien hable. Gracias, señor.

25 de Marzo

El santo ... quiere ser él mismo simplemente una ventana a través de la cual la misericordia de Dios brilla sobre el mundo. Y por eso se esfuerza por ser santo ... para que la bondad de Dios nunca sea oscurecida por ningún acto egoísta suyo. (Thomas Merton, Vida y santidad, 1963) (Religiosos, santos y pecadores, pág. 500)

Sabor Inspiración: Los santos son seres humanos y están llenos de pecados. Pero se esfuerzan por ser santos y convertirse en una ventana para que la misericordia de Dios brille en el mundo. Deberías esperar convertirte en santo por esa sencilla razón.

Café Inspirador: Consejero maravilloso, debería saber que los santos podrían tener sus propias faltas, pero se esfuerzan por ser santos y se convierten en ventanas para que la misericordia de Dios pueda brillar en el mundo. Debo desear ser un santo. Gracias, señor.

El establecimiento de la paz no es un compromiso opcional. Es un requisito de nuestra fe.
("El desafío de la paz, la promesa de Dios y nuestra respuesta", Carta pastoral de los obispos, 1983) (Religiosos, paz, pág. 383)

Sabor Sabiduría: La guerra ha sido parte de la historia de los seres humanos desde la lucha y asesinato de Abel a manos de Caín. Si crees en Dios, es necesario buscar la paz y comprometerse a esa solución para acabar con todas las guerras. Té de la Sabiduría: Sabiduría de Dios, sé que las guerras y las luchas han sido parte de la historia humana. Ayúdame a comprometerme como cristiano para buscar la paz y la reconciliación para acabar con todas las guerras. Gracias, señor.

26 de Marzo

Hay un sentimiento de Eternidad en la Juventud, que nos hace enmendarnos por todo. Ser joven es ser como uno de los dioses inmortales.
(William Hazlitt, "Sobre el sentimiento de inmortalidad en la juventud", 1807) (Religiosos, jóvenes, pág. 639)

Sabor Inspiración: Un joven se siente invencible, como un dios inmortal, y cree que durará para siempre, a pesar de cometer muchos errores. Es posible que desees aprovechar la fuente de la juventud cuando te sientes desanimado.

Café Inspirador: Consejero maravilloso, puede que no vea que un joven se siente invencible como un dios inmortal a pesar de cometer muchos errores. Vendré a la fuente de la juventud cuando me sienta desanimado. Gracias, señor.

El acto de orar centra la atención en la emoción superior, unifica el espíritu, cristaliza las emociones, aclara los juicios, libera poderes latentes, refuerza la confianza en que se puede hacer lo que hay que hacer. (Georgia Harkness, Prayer and the Common Life, 1948) (Religioso, Oración, pág. 415)

Sabor Sabiduría: La oración puede hacer muchas cosas por una persona, como dar paz y comodidad, orientación, etc. En caso de que quieras saber más sobre la oración, la lista de arriba te lo dice.

Té de la Sabiduría: Sabiduría de Dios, a menudo oro para pedir algo o buscar orientación y paz en el momento de tomar una decisión. Necesito maximizar el poder de la oración y la lista arriba comparte conmigo mucho más al respecto. Gracias, señor.

27 de Marzo

Un hombre debe pensar mucho antes de tomar una decisión repentina.
(Sabiduría, Decisión, pág. 37)
Sabor Inspiración: Tomas muchas decisiones todos los días. Una decisión apresurada resultará en todo tipo de problemas futuros. Entonces, deberías dedicar el tiempo para considerar todos los hechos y ver todos los ángulos antes de tomar una decisión.
Café Inspirador: Consejero maravilloso, puedo llegar a apresurarme y tomar decisiones rápidas sin considerar sus consecuencias. Necesito dedicar un tiempo para deliberar y considerar todos los hechos antes de tomar una decisión. Gracias, señor.

¿Cómo puedes esperar que Dios hable con esa voz suave e interior que derrite el alma cuando estás haciendo tanto ruido con tus rápidos reflejos? Guarda silencio y Dios volverá a hablar.
(Francois Fenelon, (1651-1715), Cartas espirituales, no. XXII) (Religioso, Silencio, pág. 517)
Sabor Sabiduría: La Biblia te dice que Dios fue encontrado en un viento susurrante. La única manera para que escuches la suave y gentil voz de Dios es obligarte a hacer silencio y dejar de hacer tanto ruido.
Té de la Sabiduría: Sabiduría de Dios, quiero escuchar tu dulce y suave voz hablándome todos los días. La mejor manera para que eso suceda es que me quede en silencio y deje de hacer tanto ruido en mi vida diaria. Gracias, señor.

28 de Marzo

Un hombre que se niega a admitir sus errores nunca podrá tener éxito. Pero si confiesa y los abandona, tiene otra oportunidad. (Proverbios 28:13) (Sabio, Errores, pág. 86)
Sabor Inspiración: Se necesita humildad y coraje para aprender de los errores y volver a intentarlo. Entonces, si quieres una segunda oportunidad y ser exitoso, debes ser humilde, admitir tus errores y aprender de ellos.
Café Inspirador: Consejero maravilloso, puede resultarme difícil admitir mis errores. Pero si lo hago con valentía y humildad, tendré otra oportunidad y podré lograr el éxito en el futuro. Gracias, señor.

Lo que tejemos en la tierra, lo usaremos en el cielo.
(Práctica, Acción, pág. 5)
Sabor Sabiduría: Las personas a menudo no se preocupan por sus acciones en la tierra y no pueden ver la conexión entre la tierra y el cielo. Pero sinceramente, lo que haces en la tierra estará contigo en el cielo.
Té de la Sabiduría: Sabiduría de Dios, puedo no prestar atención a mis acciones en la tierra o ver su conexión con mi vida en el cielo. Sin embargo, recuerdo que lo que hago en la tierra es lo que llevaré en el cielo. Gracias, señor.

29 de Marzo

La cooperación determina la tasa de progreso.
(Sabiduría, Trabajo en Equipo, pág. 133)
Sabor Inspiración: No pasa nada cuando las personas discuten y pelean por una tarea, o simplemente la ignoran. Entonces, si quieres progresar en algo, debes hacer que todos valoren el trabajo en equipo y cooperen.
Café Inspirador: Consejero maravilloso, me gusta tener un buen progreso en mi trabajo y espero lograr un gran éxito. Pero eso sucederá solo si puedo convencer a todos de cooperar y valorar el trabajo en equipo. Gracias, señor.

El que desprecia a sus vecinos suele vivir en un acantilado.
(Práctico, Arrogancia, pág. 15)
Sabor Sabiduría: Las personas que menosprecian a sus vecinos generalmente asumen que son superiores. Entonces, si eres arrogante, por lo general, vives en un acantilado y crees que eres mejor que tus vecinos.
Té de la Sabiduría: Sabiduría de Dios, puedo tener una actitud arrogante y disfrutar despreciando a mis vecinos. Debo bajar del acantilado y mirar en los ojos de mis vecinos para ver su alegría y sus preocupaciones. Gracias, señor.

30 de Marzo

Es imposible seguir adelante mientras se da una palmada en la espalda.
(Ingenio, primavera y verano)
Sabor Inspiración: Es importante ser reconocido, pero eso solo mantiene a una persona en un solo lugar. Si quieres impulsarte hacia adelante, debes agacharte y esforzarte por mover las piernas y los brazos hacia adelante.
Café Inspirador: Consejero maravilloso, me gustaría ser reconocido y darme una palmadita en la espalda. Sin embargo, debo inclinarme hacia abajo y tratar de mover mis brazos y piernas hacia adelante si quiero seguir avanzando. Gracias, señor.

La vanidad generalmente se asume como un regalo de Dios para las personas pequeñas.
(Práctico, Vanidad, pág. 36)
Sabor Sabiduría: La vanidad generalmente hace que la gente sobreestime sus habilidades y pase por alto todo lo demás. Debes evitar la vanidad actuando con humildad y pidiendo ayuda a Dios en todo lo que haces.
Té de la Sabiduría: Sabiduría de Dios, a las personas pequeñas les gusta usar la vanidad para sobrestimar sus habilidades y pasar por alto otros hechos de la vida. Debo evitar la vanidad y pedir humildemente a Dios que me ayude con todo mi trabajo. Gracias, señor.

31 de Marzo

Lo que no puede matarnos nos hace más fuertes.
(Ingenio, Desconocido, pág. 3)
Sabor Inspiración: Como la mayoría de las personas, pueden no gustarte los retos y contratiempos en tu vida diaria. Pero deberías pensar en ellos como una forma eficaz de endurecerte y condicionarte para el maratón de la vida.
Café Inspirador: Consejero maravilloso, pueden no gustarme las dificultades y desgracias en mi vida, porque pueden herirme y matarme. Pero también pueden ser una excelente manera de condicionarme y endurecerme para el maratón de la vida. Gracias, señor.

El árbol más robusto no se encuentra al abrigo del bosque, sino en lo alto de un peñasco rocoso, donde su batalla diaria con los elementos lo convierte en un objeto de belleza.
(Práctica, Corrección, pág.44)
Sabor Sabiduría: El árbol más fuerte se encuentra en la cima de la montaña, donde lucha con todo tipo de condiciones climáticas. Igualmente, si eres la persona más fuerte, debes aprender a luchar con muchos desafíos de la vida.
Té de la Sabiduría: Sabiduría de Dios, el árbol más fuerte se encuentra en la cima de la montaña, donde batalla con todo tipo de condiciones climáticas. Como el, necesito tu ayuda para ser fuerte y luchar contra todos mis desafíos. Gracias, señor.

Abril

1 de Abril

Haz algo. Ya sea liderar, seguir o quitarte de en medio.
(Ted Turner) (Práctico, Acción, Pág. 5)
Sabor Inspiración: A algunas personas les gusta criticar, señalar lo negativo, ponerse en medio, y no hacer nada con un problema. Si eres una persona de acción, necesitas encontrar la solución a ello y luego liderar o seguir.
Café Inspirador: Consejero maravilloso, no debo ser como las personas a las que les gusta criticar, ponerse en medio, y no hacer nada con un problema. Tengo que encontrar una solución para el problema y luego liderar o seguir. Gracias, Señor.

Las tormentas hacen que los robles echen raíces más profundas.
(Práctico, Corrección, pág. 44)
Sabor Sabiduría: Es difícil saber cual árbol durará más en el bosque. Pero las tormentas los separarán y los robles echarán raíces más profundas. Así mismo, los desafíos de la vida te harán más fuerte y profundizarán tu fe.
Te de la Sabiduría: Sabiduría de Dios, ciertamente no me gustan los desafíos y los problemas en mi vida. Sin embargo, me hacen más fuerte y me ayudan a profundizar mi fe en Dios. Gracias, Señor.

2 de Abril

Dios no nos pregunta acerca de nuestra habilidad o incapacidad, nos pregunta por nuestra disponibilidad.
(Práctico, Compromiso con Dios, Pág. 34)
Sabor Inspiración: Algunas personas piensan que necesitan ser buenos en algo para que Dios esté en contacto con ellos. En realidad, si deseas que Dios esté en contacto contigo solo debes estar disponible para él.
Café Inspirador: Consejero maravilloso, puedo pensar que Dios requiere de mí ciertas habilidades o destrezas para seguirle. Sin embargo, todo lo que Dios necesita de mí es mi disponibilidad y disposición para comprometerme con él. Gracias, Señor.

Una persona se vuelve sabia al observar lo que sucede cuando no lo es.
(Práctico, Experiencia, Pág. 68)
Sabor Sabiduría: La Sabiduría viene de experiencias pasadas y por los errores cometidos. Mirar hacia atrás a experiencias pasadas y las ocasiones en las que tomaste decisiones insensatas, eventualmente, te hará más sabio.
Te de la Sabiduría: Sabiduría de Dios, me hago más sabio al observar mis errores del pasado y aprendiendo de mis experiencias personales. Esas experiencias y errores me dan el conocimiento para hacerme más sabio. Gracias, Señor.

3 de Abril

No es el tamaño del perro en la pelea, mas el tamaño de la pelea en el perro lo que hace la diferencia.
(Práctico, Desaliento, pág. 56)
Sabor Inspiración: Puedes asumir que el perro más grande ganará la pelea. Pero en realidad, cualquier perro con la voluntad de pelear ganará. Asimismo, tienes que tener la voluntad y el coraje de pelear si quieres tener éxito.
Café Inspirador: Consejero maravilloso, puedo pensar que el perro más grande ganará la pelea. Pero, cualquier perro con espíritu de pelea ganará. Asimismo, debo tener el coraje y la voluntad de luchar contra mis desafíos para tener éxito. Gracias, Señor.

La razón por la que un perro es el mejor amigo del hombre es porque él no pretende: él lo prueba.
(Práctico, Amistad, Pág. 85)
Sabor Sabiduría: La amistad es una parte vital de la vida en la tierra. Un perro se convierte en el mejor amigo de un hombre porque prueba esa amistad a través de acciones reales. Asimismo, puedes saber si alguien es tu verdadero amigo por la forma en que te trata.
Te de la Sabiduría: Sabiduría de Dios, mi perro prueba su amistad hacia mi a través de acciones reales, y necesito muchas amistades como esa para sobrevivir. Por lo tanto, puedo saber si una persona es mi mejor amigo por la forma en que me trata. Gracias, Señor.

4 de Abril

Dios nos dio a cada uno de nosotros dos extremos: uno para sentarnos y otro con el cual pensar. El éxito o fracaso de una persona dependerá de a cual de más uso. (Práctico, Fracaso, pág. 70)
Sabor Inspiración: Las personas que fracasan en algo generalmente se sientan sobre sus manos y no pasan ningún tiempo pensando o planificando. Asimismo, tienes que usar tu cabeza todo el tiempo si quieres ser exitoso en lugar de un fracasado.
Café Inspirador: Consejero maravilloso, debo usar constantemente mi cabeza para crear grandes planes para tener éxito. De lo contrario, si me siento sobre mis manos y no hago nada, ciertamente terminaré fracasando. Gracias, Señor.

El secreto de la felicidad es contar tus bendiciones mientras otros suman sus dificultades.
(Práctico, Felicidad, pág. 101)
Sabor Sabiduría: Los seres humanos han hecho investigaciones para descubrir el secreto de la felicidad, pero no han encontrado nada. Hoy, te digo cual es ese secreto: recuerda contar tus bendiciones, no las dificultades.
Te de la Sabiduría: Sabiduría de Dios, debo contar mis bendiciones cada día en lugar de las dificultades. Ese es el secreto de mi felicidad. Mientras más bendiciones pueda ver a mi alrededor, más feliz seré. Gracias, Señor.

5 de Abril

El miedo es el cuarto oscuro donde el demonio te lleva a revelar tus negativos.
(Práctico, Miedo, pág. 77)
Sabor Inspiración: Cuando las personas temen por algo, sus mentes se llenan de pensamientos oscuros y sus corazones de pensamientos negativos. Debes dejar de lado cualquier miedo confiando tu vida a Dios.
Café Inspirador: Consejero maravilloso, puede que tenga ciertos miedos que me paralizan a la hora de perseguir mis sueños y esperanzas. No debo permitir que el demonio me lleve a esos cuartos oscuros y revele mis negativos. Gracias, Señor.

¡El hombre que se aleja del sentido común acabará muerto!
(Práctico, Vida y Muerte, pág. 142)
Sabor Sabiduría: La tierra está llena de trampas y peligros. Por ello, Dios ha equipado a los seres humanos con cinco sentidos, además del sentido común, para evitarlos. Pero si te alejas del sentido común, terminarás muerto.
Te de la Sabiduría: Sabiduría de Dios, he sido bendecido con el sentido común, además de mis otros cinco sentidos, para evitar los peligros de esta vida. Si no lo sigo y lo uso sabiamente, terminaré muerto. Gracias, Señor.

6 de Abril

Un corazón alegre hace el bien como la medicina, pero un espíritu quebrantado enferma.
(Práctico, Humor, pág. 113)
Sabor Inspiración: Un corazón alegre trae gozo y buena salud, mientras que un espíritu quebrantado nos hace sentir enfermos y deprimidos. Por lo que, tienes que tener un corazón alegre y evitar tener el espíritu quebrantado si deseas tener una larga vida.
Café Inspirador: Consejero maravilloso, debo fomentar tener un corazón alegre y evitar tener un espíritu quebrantado si deseo tener una larga vida ya que, un corazón alegre sana como la medicina, mientras que el espíritu quebrantado me enferma. Gracias, Señor.

La muestra de tolerancia más impresionante es un aniversario de bodas de oro.
(Práctico, Matrimonio, pág. 152)
Sabor Sabiduría: En el matrimonio, dos personas tienen que sacrificarse y aguantarse el uno al otro para crear una vida en común. Si ves un aniversario de bodas de oro, es un gran ejemplo de tolerancia y amor verdadero.
Te de la Sabiduría: Sabiduría de Dios, tengo que hacer sacrificios y aguantar a mi pareja si deseo un matrimonio duradero y feliz. Si veo un aniversario de bodas de oro, es una buena evidencia de tolerancia. Gracias, Señor.

7 de Abril

La persona que siembra la semilla de la bondad tendrá cosecha perpetua. (Práctico, Bondad, pág. 128)
Sabor Inspiración: Puedes elegir vivir de la forma que quieras. Pero, la mejor manera de dejar detrás de ti un gran legado es vivir por medio de la bondad, ya que tus acciones bondadosas continuarán influenciando el futuro.
Café Inspirador: Consejero maravilloso, seguramente quiero una cosecha perpetua y un legado duradero. La mejor forma en la que puedo lograr eso es sembrando semillas de la bondad que se extenderán como un incendio forestal. Gracias, Señor.

Detrás de cada trabajo de Dios, siempre encontrarás alguna forma de arrodillarse. (Dwight L. Moody) (Práctico, Oración, pág., 191)
Sabor Sabiduría: Las personas usualmente se ponen de rodillas para pedir por algo o mostrar respeto hacia alguien. De modo que, si deseas que Dios haga algo por ti, tienes que ponerte de rodillas y pedirlo en oración con humildad.
Te de la Sabiduría: Sabiduría de Dios, cuando quiero mostrar respeto o pedir por algo, a menudo me pongo de rodillas. Del mismo modo, si quiero que Dios me conceda un milagro o ayuda divina, necesito arrodillarme en oración y pedir por ello. Gracias, Señor.

8 de Abril

Mientras mas perezoso es un hombre, mas tendrá por hacer mañana. (Práctico, Pereza, pág. 136)
Sabor Inspiración: La pereza no es una virtud ni una buena forma de vivir. Si eliges el camino de la pereza, mañana tendrás mucho por hacer. Pero, si decides trabajar duro ahora, puedes disfrutar y relajarte en el futuro.
Café Inspirador: Consejero maravilloso, la pereza es un mal hábito que me dejara con mucho trabajo sin terminar para mañana. Necesito trabajar duro ahora para completar mis deberes y disfrutar de un cómodo futuro. Gracias, Señor.

Para todo hay una estación, y un tiempo para cada propósito bajo el cielo. (Eclesiastés 3:1) (Práctico, Tiempo, pág. 223)

Sabor Sabiduría: Todo en la tierra esta gobernado por el tiempo y la estación, pues Dios ha planeado y destinado todo para un propósito. Si te preguntas acerca de un evento en particular, debes saber que Dios lo ha planeado de esa forma.
Te de la Sabiduría: Sabiduría de Dios, puede que no me de cuenta de que todo en la tierra esta gobernado por el tiempo y las estaciones. Necesito confiar en que Dios ha planeado y destinado todos los eventos de mi vida con un propósito. Gracias, Señor.

9 de Abril

La mayoría de las personas aprenderían de sus errores si no estuvieran tan ocupados tratando de culpar a otros.
(Práctico, Errores, pág. 156)
Sabor Inspiración: No es fácil admitir los errores y tratar de aprender de ellos. Si quieres aprender de tus errores, trata de pasar menos tiempo culpando a otros y más tiempo aprendiendo como evitarlos en el futuro.
Café Inspirador: Consejero maravilloso, tengo que ser humilde para admitir mis errores y estar dispuesto a aprender de ellos. Puedo hacerlo si paso más tiempo evitándolos y menos tiempo culpando a otros. Gracias, Señor.

Las palabras dichas son como las flechas. No puedes echarlas para atrás. (Práctico, Palabras, pág. 244)
Sabor Sabiduría: La Mayoría de las personas no piensan antes de hablar. Pero las palabras son poderosas y más filosas que un cuchillo. Una vez salen de tu boca, no puedes regresarlas. Así que, piensa con cuidado antes de hablar.
Te de la Sabiduría: Sabiduría de Dios, tengo que saber que las palabras dichas son como flechas que no se pueden regresar una vez han salido de mi boca. Debo pensarlo dos veces y ser cuidadoso acerca de todo antes de hablar. Gracias, Señor.

10 de Abril

El hombre que remueve una montaña comienza cargando pequeñas piedras.
(Proverbio Chino) (Práctico, Persistencia, Pág. 184)
Sabor Inspiración: Requiere trabajo duro y resiliencia mover una montaña. Ese trabajo comienza moviendo pequeñas piedras. Asimismo, si quieres tener éxito en algo, debes hacer pequeñas cosas persistentemente.
Café Inspirador: Consejero maravilloso, puede que quiera conquistar grandes cosas, como mover una montaña. Podría comenzar cargando pequeñas piedras, una piedra a la vez y hacer esas cosas pequeñas de forma persistente. Gracias, Señor.

Es fácil ver los fallos de los demás, pero resulta difícil ver los propios. Los hombres señalan los fallos de los demás para cubrir los suyos, así como un jugador deshonesto esconde un tiro perdedor de los dados. (Dhammapada, "Corrupción") (Citas, Culpa, pág. 93)
Sabor Sabiduría: A las personas les gusta criticar y señalar las faltas de los demás, pero se les dificulta admitir los propios. Tienes que ser honesto contigo mismo acerca de tus fallos si quieres conquistar grandes cosas.
Te de la Sabiduría: Sabiduría de Dios, puede que actúe como el resto de la humanidad y disfrute señalando las fallas de otros. No obstante, necesito admitir mis propias faltas si quiero conquistar y alcanzar grandes cosas. Gracias, Señor.

11 de Abril

Aquel que no pueda llegar al campo de la misión de pie puede hacerlo de rodillas.
(Práctico, Oración, pág. 189)
Sabor Inspiración: Es admirable ver a alguien arriesgarlo todo y asumir un campo de misión por una causa noble. Pero si no puedes ser misionero para algunos desafortunados, al menos puedes llegar allí con oraciones.
Café Inspirador: Consejero maravilloso, puedo soñar con ser misionero en tierras extranjeras y ayudar a los menos afortunados. Si ese sueño no se puede hacer realidad por alguna razón, aún puedo llegar al campo de misión con oraciones. Gracias, Señor.

No podemos hacer grandes cosas, solo cosas pequeñas con gran amor. (Santa Madre Teresa, Vida en el Espíritu) (Citas, grandeza, pág.118)
Sabor Sabiduría: Las personas generalmente sueñan con hacer cosas grandes y maravillosas y lograr gran fama. No obstante, se te aconseja hacer pequeñas cosas con gran amor si deseas alcanzar un gran éxito.
Te de la Sabiduría: Sabiduría de Dios, puedo soñar con hacer cosas maravillosas y lograr gran fama. No obstante, si deseo lograr un gran éxito, todo lo que tengo que hacer es trabajar en cosas pequeñas con gran amor. Gracias, Señor.

12 de Abril

Un hombre sensato se adelanta a los problemas que pudieran surgir en el futuro y se prepara para afrontarlos. Un hombre simplón nunca mira y sufre las consecuencias. (Proverbios 27:12) (Práctico, Problemas, pág. 197)

Sabor Inspiración: La vida está llena de problemas. Debes ser una persona sensata que se anticipa a los problemas y encuentra soluciones a ellos. De lo contrario, terminarás como un hombre simplón y enfrentaras las consecuencias.
Café Inspirador: Consejero maravilloso, tengo que actuar como una persona sensata y prepararme para enfrentar los problemas futuros con buenas soluciones. De lo contrario, terminaré como un hombre simplón y sufriré las malas consecuencias. Gracias, Señor.

Si deseas saber lo que es la justicia, deja que la injusticia te persiga. (Eugenio María de Hostos (1839-1903), Patriota Puertorriqueño) (Citas, Justicia, pág. 146)
Sabor Sabiduría: Las personas pueden hablar de justicia, pero no la aprecian hasta que experimentan una injusticia. Así que, si quieres saber todo acerca de la justicia, ponte en medio de algunas situaciones injustas y averígualo.
Te de la Sabiduría: Sabiduría de Dios, puedo soñar con un mundo donde la justicia está distribuida de forma igualitaria para todos. Sin embargo, la mejor forma que tengo de saber acerca de la justicia es poniéndome en situaciones de injusticia y averiguarlo. Gracias, Señor.

13 de Abril

Trabaja para el Señor. La paga no es mucha, pero el plan de retiro es fuera de este mundo.
(Práctico, Trabajo, pág. 248)
Sabor Inspiración: Puedes pasar toda tu vida trabajando por el propósito, los beneficios y las recompensas de esta vida. Pero esas cosas solo duran un corto período de tiempo. Si trabajas para el Señor, tus recompensas serán eternas.
Café Inspirador: Consejero maravilloso, he pasado toda mi vida enfocado en el trabajo de esta vida y en sus recompensas que duran un corto período de tiempo. Debo considerar mejor trabajar para el Señor, porque el plan de retiro es eterno. Gracias, Señor.

El poder es de dos tipos: uno es obtenido por el miedo al castigo y el otro por actos de amor.
(Mahatma Gandhi) (Citas, Poder, pág. 211)
Sabor Sabiduría: Las personas utilizan el poder y la influencia unos con otros cada día. Pero debes saber que hay dos formas en las que pueden obtenerlo es por miedo al castigo y a través de actos de amor. Este último es poderoso y duradero.
Te de la Sabiduría: Sabiduría de Dios, a menudo veo lideres ejercer el poder para imponer el miedo al castigo en las personas. Sin embargo, se me anima a usar el poder que atrae el amor y la admiración de las personas. Gracias, Señor.

14 de Abril

Si cierras tu puerta a todos los errores, la verdad será dejada fuera. (Rabindranath Tagore (1861–1941), escritor Indio y filosofo, Pájaros Perdidos) (Citas, Errores, pág. 81)
Sabor Inspiración: Ser humano es errar. Pero solo al cometer errores serás capaz de encontrar la verdad. Así que, sí deseas encontrar la verdad, tienes que estar dispuesto a cometer errores y a pedir perdón.
Café Inspirador: Consejero maravilloso, puede que me guste estar rodeado de la verdad y odie cometer errores que puedan causarme problemas. Pero la única forma que tengo de encontrar la verdad es estando abierto a cometer errores. Gracias, Señor.

Todos los pecados son cometidos en secreto. El momento en que nos demos cuenta de que Dios es testigo incluso de nuestros pensamientos, seremos libres.
(Mahatma Gandhi) (Citas, Pecado, pág. 260)
Sabor Sabiduría: Las personas cometen pecados en secreto y luego tratan de esconderlo. Así es como los pecados los mantienen secuestrados. Puedes liberarte de los pecados al darte cuenta de que Dios es testigo, incluso, de nuestros pensamientos.
Te de la Sabiduría: Sabiduría de Dios, los pecados son cometidos en secreto y me mantienen escondido. Sin embargo, cuando me de cuenta de que Dios es testigo incluso de mis pensamientos, seré liberado de los grilletes de los pecados. Gracias, Señor.

15 de Abril

Un hombre noble y valiente se reconoce por la paciencia que demuestra en la adversidad.
(Pachacutec Inca Yupanqui (1438-1471), Líder Inca) (Citas, paciencia, pág. 199)
Sabor Inspiración: Las personas son elogiadas por su carácter noble y su naturaleza valiente en varios contextos. Si quieres ser considerado una persona noble y valiente, debes mostrar paciencia en la adversidad.
Café Inspirador: Consejero maravilloso, puede que vea a un hombre noble y valiente ser elogiado en varias ocasiones. Sin embargo, una persona verdaderamente noble y valiente muestra paciencia en la adversidad. Gracias, Señor.

El hombre superior siempre piensa en la virtud, el hombre común piensa en la comodidad.
(Confucio, Analectas) (Citas, Virtud, pág. 295)
Sabor Sabiduría: La gente común pasan todos sus días buscando la manera de tener una vida más cómoda. Pero, si eres una persona superior, pensarás en una vida virtuosa y tratarás de reunir tantas virtudes como sea posible.
Te de la Sabiduría: Sabiduría de Dios, puedo ver a la gente común pasar la mayor parte de su vida buscando una vida divertida y cómoda. No obstante, tengo que tratar de ser una persona superior siguiendo una vida virtuosa. Gracias, Señor.

16 de Abril

Las personas cautelosas y cuidadosas, que siempre hablan de preservar la reputación y el estatus social, nunca pueden traer una reforma. (Susan B. Anthony (1820-1906), Sufragista Americana) (Citas, reformas y Reformadores, pág. 230)
Sabor Inspiración: Las personas que realmente desean una reforma tienen que estar dispuestas a alterar el status quo y no preocuparse por su reputación o estatus social. Si eres cauteloso y cuidadoso, no puedes ser un reformista.
Café Inspirador: Consejero maravilloso, puedo ser una persona cautelosa y cuidadosa tratando de preservar mi reputación o estatus social. Pero si quiero ser un reformista, debo estar dispuesto a alterar el status quo. Gracias, Señor.

El mundo existe en tres cosas: la verdad, la justicia y la paz.
(Talmud, Aboth1:18) (Citas, El Mundo, pág. 315)
Sabor Sabiduría: Puedes pensar que el mundo existe porque tiene agua, oxígeno y el sol. Pero realmente, el mundo se volverá caótico y dejaría de existir si no tuviera estas tres cosas: la verdad, la justicia y la paz.
Te de la Sabiduría: Sabiduría de Dios, puedo pensar que el mundo sobrevive por el agua, el oxígeno y el sol. Pero se me recuerda que el mundo dejaría de existir si no tuviera la verdad, la justicia y la paz. Gracias, Señor.

17 de Abril

Aquellos que están dispuestos a pelear por cualquier causa rara vez son derrotados.
(Jawaharlal Nehru) (Citas, Éxito, pág. 272)
Sabor Inspiración: Las personas tienen algunas causas que les motivan a trabajar duro y morir por ellas. Así que, si estas dispuesto a morir por cualquier causa, rara vez serás derrotado. Esta es la actitud y la receta para tu éxito.
Café Inspirador: Consejero maravilloso, puede que tenga ciertas causas o razones que me motiven a trabajar duro y morir por ellas. No obstante, si estoy dispuesto a morir por cualquier causa, generalmente tendré éxito en el futuro. Gracias, Señor.

Creer en Dios debe significar vivir de tal manera que, la vida no pudiese ser vivida si Dios no existiese. (Jacques Maritain, en La Revisión de la Política, Julio 1949) (Religioso, Creencias y Creyentes, pág. 47)
Sabor Sabiduría: Todos dicen creer en Dios, pero viven cada día sin ninguna necesidad de Dios. Así que, sí realmente crees en Dios, debes demostrar que Dios es una parte esencial de tu vida diaria.
Te de la Sabiduría: Sabiduría de Dios, sí creo en Dios, debo demostrar que mi vida no sería la misma sin él, pues Dios me ayuda a mantenerme alejado de las malas influencias y me motiva a hacer cosas buenas. Gracias, Señor.

18 de Abril

La fuerza no viene por la capacidad física. Viene de una voluntad indomable.
(Mahatma Gandhi) (Citas, Voluntad, pág. 304)
Sabor Inspiración: La Mayoría de las personas a menudo equiparan la fuerza con la capacidad física. Se olvidan de la tremenda fuerza que proviene de la fuerza de voluntad. Si tienes una voluntad inquebrantable, tu fuerza es enorme.
Café Inspirador: Consejero maravilloso, mi fuerza no debería venir sólo de mi capacidad física, sino también de mi voluntad inquebrantable, de la cual no me debo olvidar en tiempos difíciles. Gracias, Señor.

El que da limosna en secreto es más grande que Moisés.
(Talmud) (Religioso, caridad, pág. 72)
Sabor Sabiduría: Moisés hizo muchos actos heroicos y de caridad por las personas de Dios en su camino a la Tierra Prometida, sin esperar nada a cambio. Si das limosna en silencio eres, definitivamente, más grande que él.
Te de la Sabiduría: Sabiduría de Dios, Moisés fue una de las figuras más generosas y caritativas en la Biblia, que siempre ayudó a las personas de Dios. Si doy limosna en secreto, seré mas grande que Moisés. Gracias, Señor.

19 de Abril

No descuides mostrar hospitalidad a los extraños, porque algunos han entretenido a ángeles sin saberlo.
(Hebreos 13:2) (Religioso, Ángeles, pág. 26)
Sabor Inspiración: La Sabiduría convencional les dice a las personas que deben enfocarse en la familia y los amigos. Pero hoy, la sabiduría de Dios te llama a acercarte y ser hospitalario con los extraños, sí quieres conocer ángeles inesperados.
Café Inspirador: Consejero maravilloso, puede que no se haya aparecido ante mi un ángel anteriormente. No obstante, sí realmente quiero tener esa experiencia divina, todo lo que tengo que hacer es mostrar hospitalidad a los extraños siempre que pueda. Gracias, Señor.

La bondad ha convertido a más personas que el fervor, la ciencia y la elocuencia.
(Santa Madre Teresa, Contemplativo en el Corazón del Mundo, 1985) (Religioso, Compasión, pág. 92)
Sabor Sabiduría: Los seres humanos han usado la elocuencia, la ciencia y el fervor para convencer y poner a otros de su lado. Hoy se te recuerda que, la bondad y la compasión pueden cambiar a más personas que todo lo mencionado arriba.
Te de la Sabiduría: Sabiduría de Dios, puedo poner personas de mi lado con la ayuda de la elocuencia, la ciencia y el fervor. Sin embargo, me dicen que la compasión y la bondad pueden convertir a más personas que los anteriores. Gracias, Señor.

20 de Abril

Se fuerte y valiente.
(Deuteronomio 31:23) (Religioso, Valentía, pág. 112)
Sabor Inspiración: Tu vida puede ser abrumadora y estar llena de desafíos. Puedes sentirte perdido o deprimido acerca del futuro. Pero sé valiente y fuerte, porque tu Dios no te abandonará ni te olvidará.
Café Inspirador: Consejero maravilloso, puedo sentirme abrumado por las presiones de la vida, desalentado por los desafíos del día a día, o perdido por las distracciones a mi alrededor. La Biblia me recuerda ser fuerte y valiente. Gracias, Señor.

La voluntad del mal atrae al hombre en este mundo, luego testifica en su contra en el mundo venidero. (Talmud) (Religioso, Diablo, pág. 136)
Sabor Sabiduría: La mayoría de las personas no conocen bien al Diablo, pero caen fácilmente en sus atractivos señuelos en este mundo. Hoy se te advierte que el Diablo usará sus tentaciones en tu contra en la otra vida.
Te de la Sabiduría: Sabiduría de Dios, puedo no darme cuenta de que el Diablo es real y nunca parará de tentarme en este mundo. Sin embargo, el usará esas tentaciones para testificar en mi contra en el otro mundo. Gracias, Señor.

21 de Abril

Cuando negamos la maldad dentro de nosotros, nos deshumanizamos, y nos privamos a nosotros mismos no sólo de nuestro propio destino, sino de la posibilidad de tratar con la maldad de los demás.
(J. Robert Oppenheimer, dirección, Nueva York, Marzo 1963) (Religioso, Maldad, pág.169)
Sabor Inspiración: Toda persona tiene habilidad de actuar con maldad y ser influenciado por la oscuridad. Si no admites eso, no verás la necesidad de salvación, entonces no podrás ayudar a los otros para hacer frente a su propia maldad.
Café Inspirador: Consejero maravilloso, debo saber que tengo el potencial para hacer cosas malvadas. Si no me doy cuenta de ello, no veré la necesidad de salvación ni tampoco ninguna posibilidad de hacer frente a la maldad de otros. Gracias, Señor.

Con Dios todas las cosas son posibles.
(Mateo 19:26) (Religioso, Dios, pág. 208)
Sabor Sabiduría: Los seres humanos son finitos en sus habilidades y cuentan con recursos limitados. A menudo sueñan en grande, pero no pueden hacer esos sueños realidad. Hoy se te recuerda que, con Dios a tu lado, todo es posible.
Te de la Sabiduría: Sabiduría de Dios, se que soy imperfecto y tengo limitaciones en mis habilidades para hacer cualquier cosa por mí mismo. Pero con la ayuda de Dios, puedo hacer todo y alcanzar lo que quiera, incluso lo imposible. Gracias, Señor.

22 de Abril

Me buscarás y me encontrarás, cuando me buscas con todo tu corazón. (Jeremías 29:13) (Religioso, Encontrar a Dios, pág. 190)
Sabor Inspiración: Dios sigue siendo esquivo para el público. Algunos consideran difícil buscar a Dios en sus vidas. Pero hoy, la Biblia te recuerda que puedes encontrar a Dios si lo buscas fervientemente con todo tu corazón.
Café Inspirador: Consejero maravilloso, Dios me traerá seguridad, orientación, y muchas bendiciones maravillosas. La Biblia me recuerda buscar a Dios fervientemente con todo mi corazón y, eventualmente, encontraré a Dios. Gracias, Señor.

La fe significa ser captados por un poder que es mayor que nosotros, un poder que nos sacude y nos vuelve, y nos transforma y nos sana. Ríndete a este poder de fe. (Paul Tillich, El Nuevo Ser, 1955) (Religioso, Fe, pág. 182)
Sabor Sabiduría: La fe tiene muchas definiciones. Hoy se te dice que, la fe, significa ser captado por un poder que es más grande que tú. Te sacude y te da vuelta hasta que eventualmente te rindes a ella.
Te de la Sabiduría: Sabiduría de Dios, puedo definir la fe en términos de denominaciones religiosas. Pero se trata realmente de ser captado por un poder que es ayor de lo que soy y me sacude hasta que me rindo a ella. Gracias, Señor.

23 de Abril

El conocimiento es la llave que abre primero el corazón duro, amplia los afectos, y abre el camino para los hombres en el reino de los cielos.
(Jonathan Edwards (1703-1758), Trabajos, V, 151) (Religioso, Conocimiento, pág. 287)
Sabor Inspiración: La mejor forma de convencer a escéptico es con la ayuda del conocimiento. Puede mover a la gente a admirarse unos a otros. También señala a la gente a su Creador. De modo que, tienes que apreciar el conocimiento.
Café Inspirador: Consejero maravilloso, debo darme cuenta de que el conocimiento es la llave que me ayudará a convencer a los escépticos, mueve a la gente a admirar a los otros, y dirige a las personas a su Creador. Debo apreciarlo. Gracias, Señor.

Descansar en Dios eternamente es el gozo supremo del Cielo. De hecho, el Cielo no tiene ningún otro significado más que ese.
(Bede Jarrett, Meditaciones para Laicos, 1915) (Religioso, Cielo e Infierno, Pág. 228)
Sabor Sabiduría: Cuando alguien se muere y va al Cielo, todos le desean a esa persona que descanse en paz. Hoy se te dice que, el gozo supremo para ti en el Cielo es descansar en Dios eternamente.
Te de la Sabiduría: Sabiduría de Dios, puede que mire al Cielo por otras razones. Pero el gozo supremo para mí en el Cielo está en descansar en los amorosos brazos de Dios en paz y eternamente. Ese es el objetivo final para mi. Gracias, Señor.

24 de Abril

El amor que regalamos es y único amor que guardamos.
(Elbert Hubbard (1859-1915), Cuaderno) (Religioso, Amor, pág. 307)
Sabor Inspiración: A las personas no les gusta regalar nada. Cuando regalan algo, esperan algo a cambio. Sin embargo, si regalas amor, regresará a ti cien veces mas.
Café Inspirador: Consejero maravilloso, como la mayoría de las personas, no me gusta regalar nada. Pero cuando regalo algo como el amor regresará a mi mayor cantidad de lo que puedo guardar y esperar. Gracias, Señor.

Nunca se nos prometió una vida libre de miedos y luchas. Se nos ofreció la esperanza de que, al comprometernos a la lucha por una sociedad justa en solidaridad con los desdichados de la tierra, descubriríamos el secreto de la vida.
(Sheila Collins, "Teología en las Políticas de las mujeres Apalaches" Aumento del Espíritu de la Mujer, 1979) (Religioso, Justicia, pág. 284)
Sabor Sabiduría: Todos desean tener una vida libre de miedos y luchas. Pero se te recuerda que, encontrarás el secreto de la vida luchando por una sociedad justa y por los desdichados.
Te de la Sabiduría: Sabiduría de Dios, deseo tener una vida libre de miedos y luchas. Sin embargo, se me ha prometido que descubriré el secreto de la vida luchando por una sociedad humilde y justa. Gracias, Señor.

25 de Abril

Una de las principales funciones de los santos es proveernos a nosotros y a otros Cristianos con ejemplos vivos próximos de como Cristo aplicaría su pensamiento y acciones a las circunstancias específicas de nuestras propias vocaciones. (John J. Wright, en El Camino, Octubre 1962) (Religioso, Santos y Pecadores, pág. 501)

Sabor Inspiración: Los Santos son héroes cristianos quienes te inspiran a ser mejor y también son el canal para verter la gracia de Dios en tu vida. Lo más importante, son los ejemplos vivos de Dios que debes imitar.

Café Inspirador: Consejero maravilloso, puede que no vea mucho valor de los santos en mis luchas diarias. Sin embargo, debo saber que ellos me dan a mi y a otros Cristianos ejemplos vivos de Dios que imitar. Gracias, Señor.

Cuando el dinero habla, la verdad calla.
(Proverbio Ruso) (Religioso, Dinero, pág. 338)

Sabor Sabiduría: Cuando las personas utilizan el dinero como sus altavoces, ciertamente no tienen interés en la verdad. Así que, si quieres escuchar la verdad, el dinero no es en donde deberías enfocar tus oídos.

Te de la Sabiduría: Sabiduría de Dios, puede que quiera saber la verdad y escuchar todo acerca de ella. Sin embargo, cada vez que el dinero habla, por lo general tiene su propia agenda y me mantiene alejado de conocer la verdad. Gracias, Señor.

26 de Abril

Los jóvenes buscan modelos vivos que puedan imitar y que sean capaces de despertar su entusiasmo y atraerlos a una vida mas profunda. ... Necesitan guías seguros que vayan con ellos por los caminos de liberación que Dios traza para ellos.
(Bakole Wa Ilunga, Caminos de Liberación, 1984) (Religioso, Juventud, pág. 639)

Sabor Inspiración: Haces la diferencia en la vida de los jóvenes al ayudarlos a canalizar su entusiasmo a un tipo de vida más profunda. Debes guiarlos por el camino correcto a sus propias vocaciones.

Café Inspirador: Consejero maravilloso, los jóvenes necesitan modelos vivos y guías conocedores que despierten su entusiasmo y los dirijan a un tipo de vida mas profundo. Gracias, Señor.

No pidas que los eventos sucedan como quieres, mas bien permite que tu voluntad sea que los eventos sucedan como lo hacen, y tendrás paz. (Epíteto, El Enchiridion, 125 AD) (Religioso, Paz, pág. 383)

Sabor Sabiduría: Todos quieren tener paz, mientras demandan que los eventos sucedan según su voluntad. Pero estos dos no pueden coexistir. Si tu voluntad es que los eventos sucedan como lo hacen, entonces tendrás paz.

Te de la Sabiduría: Sabiduría de Dios, puedo querer paz, mientras espero que todo suceda a mi modo. Pero, la única manera en la que puedo tener paz es si dejo ir todo y permito que los eventos de mi vida sucedan como lo hacen. Gracias, Señor.

27 de Abril

Nadie aprende a tomar buenas decisiones sin tener la libertad de tomar las equivocadas.
(Sabiduría, Decisión, pág. 37)
Sabor Inspiración: A nadie le gusta tomar decisiones equivocadas, porque pueden ser dolorosas. Pero la única forma en la que puedes llegar a la decisión correcta es sabiendo que posiblemente tomarás las equivocadas. Mejorarás con el tiempo.
Café Inspirador: Consejero maravilloso, puedo tener miedo de tomar decisiones equivocadas que me causarán dolor y tristeza. Sin embargo, sólo puedo aprender a tomar las decisiones correctas si soy libre de tomar las equivocadas. Gracias, Señor.

La oración no se doblega a mi voluntad, sino que pone mi voluntad en conformidad con la voluntad de Dios, para que sus obras puedan obrar en y a través de mi.
(E. Stanley Jones, Cómo Orar, 1943) (Religioso, Orar, pág. 417)
Sabor Sabiduría: Las personas ven la oración como una forma de doblegar la voluntad de Dios y conseguir lo que quieren. Pero deberías ver la oración como una manera de hacer que tu voluntad esté en conformidad con la voluntad de Dios y dejando que Dios trabaje por ti.
Te de la Sabiduría: Sabiduría de Dios, a menudo veo la oración como hacer un esfuerzo para que la voluntad de Dios se convierta en la mía. Sin embargo, debería ver la oración como el tiempo de poner mi voluntad en conformidad con la voluntad de Dios. Gracias, Señor.

28 de Abril

Si alguna vez ves a una tortuga en un tronco, sabrás que no llego allí sola.
(Sabiduría, Trabajo en Equipo, pág. 133)
Sabor Inspiración: Una tortuga no puede subirse a un tronco por si misma. Necesita que alguien le ayude a llegar allí. Del mismo modo, no puedes tener éxito en algo o hacer nada sin tener algún tipo de trabajo en equipo.
Café Inspirador: Consejero maravilloso, sé que una tortuga no podría saltar a un tronco por si misma. Necesita que otras la lleven allí. Similarmente, no puedo llegar a la cima y tener éxito sin la ayuda del trabajo en equipo. Gracias, Señor.

Nuestra alma esta hecha para ser la morada de Dios, y la morada del alma es Dios, lo cual está deshecho.
(Juliana de Norwich, Revelaciones del Divino Amor, 1670) (Religioso, Alma, pág. 531)
Sabor Sabiduría: A los seres humanos les cuesta ver el Alma o a Dios. Pero hoy, aprenderás que tu alma es la mejor morada humana para Dios, mientras que Dios es la perfecta morada deshecha para tu alma.
Te de la Sabiduría: Sabiduría de Dios, no puedo ver mi alma o a Dios. Sin embargo, creo que mi alma está hecha para ser la morada de Dios en la tierra, mientras que Dios es la morada perfecta para mi alma en el Cielo. Gracias, Señor.

29 de Abril

Señor, cuando estamos equivocados, haznos dispuestos a cambiar; y cuando tengamos la razón, haznos fáciles de sobrellevar.
(Ingenio, Primavera y Verano)
Sabor Inspiración: El cambio no llega fácilmente, pero es mucho mas difícil sobrellevar a una persona difícil cada día. Así que, necesitas rezar para poder cambiar cuando estés equivocado y ser amable cuando tengas la razón.
Café Inspirador: Consejero maravilloso, rezo para poder ser capaz de admitir mis errores y cambiar cuando estoy equivocado. Además, espero ser fácil de sobrellevar y de estar cerca cuando tengo la razón. Gracias, Señor.

Una persona engreída nunca llega a ninguna parte, porque cree que ya esta allí.
(Práctico, Engreído, pág. 36)
Sabor Sabiduría: Una persona engreída siempre piensa que lo sabe todo y asume que ya esta ahí. Sin embargo, debes evitar ser esa persona si quieres lograr algo y llegar a algún lado.
Te de la Sabiduría: Sabiduría de Dios, una persona engreída puede pensar que ya ha llegado, pero realmente nunca ha ido a ningún lado. No debo ser esa persona si quiero ir a algún lado y alcanzar algo. Gracias, Señor.

30 de Abril

Toma tiempo para reír, es la música del alma.
(Ingenio, Desconocido, pág. 1)
Sabor Inspiración: La vida esta llena de momentos tristes y retadores. Esos momentos hacen que tu alma llore y sufra. Es por ello por lo que tienes que sonreír o reírte tanto como sea posible. Es la música del alma.
Café Inspirador: Consejero maravilloso, puede que no me de cuenta que tan importante es la risa para el alma. Necesito tomarme tiempo para reír, ya que es la música del alma, la cual esta llena de momentos tristes y retadores. Gracias, Señor.

Nuestra Sabiduría generalmente viene de nuestra experiencia, y nuestra experiencia viene en gran medida de nuestra estupidez. (Práctico, Experiencia, pág. 68)
Sabor Sabiduría: No deberías tener miedo de tomar decisiones tontas, ya que es la única forma en la que ganarás experiencia y sabiduría. De hecho, la sabiduría viene de las experiencias pasadas y muchas elecciones tontas.
Te de la Sabiduría: Sabiduría de Dios, puede que no me guste admitir mis momentos tontos y mis malas decisiones. Sin embargo, la única forma en la que puedo ganar algo de sabiduría es por las experiencias pasadas y las muchas elecciones tontas. Gracias, Señor.

Mayo

1 de Mayo

Aquel que es demasiado cauteloso alcanzará poco en la vida.
(Práctico, Acción, pág. 5)
Sabor Inspiración: pero no esperaran hasta que seas bueno y estés listo para aceptarlas. Por lo tanto, no puedes ser demasiado cauteloso y temeroso de correr riesgos si quieres lograr mucho.
Café Inspirador: Consejero maravilloso, puede que desee ser cauteloso y considerado acerca de ciertas decisiones de la vida. Sin embargo, la vida esta llena de oportunidades, y necesito agarrarlas si quiero lograr grandes éxitos. Gracias, Señor.

Las ganancias mal habidas no traen felicidad duradera, la vida correcta si.
(Proverbios 10:2) (Práctico, Satisfacción, pág. 87)
Sabor Sabiduría: Las ganancias mal habidas son beneficios que puedes adquirir de forma poco ética o ilegal. Esos beneficios podrán traerte un momento de alegría breve, pero la felicidad duradera viene de vivir correctamente.
Te de la Sabiduría: Sabiduría de Dios, puede que adquiera ganancias mal habidas de forma poco ética, pero eso sólo me traería una breve alegría. Si deseo tener una vida satisfactoria y felicidad duradera, debo seguir una vida correcta. Gracias, Señor.

2 de Mayo

Un buen líder inspira a los hombres a tener confianza en él, un gran líder los inspira a tener confianza en ellos mismos.
(Práctico, Confianza, pág. 38)
Sabor Inspiración: Un buen líder puede inspirar a otros a creer en el y seguirlo. Pero si quieres ser un gran líder, tienes que saber como inspirar a los demás a creer en ellos mismos y hacer las cosas correctas.
Café Inspirador: Consejero maravilloso, puedo ser capaz de inspirar a otros a tener confianza en mí como un buen líder. Pero si quiero ser un gran líder, necesito inspirar a las personas a tener confianza en ellos mismos. Gracias, Señor.

El padre es la cabeza de la casa, la madre es el corazón de la casa.
(Práctico, Madre, pág. 164)
Sabor Sabiduría: El padre es a menudo considerado la cabeza del hogar y quien toma todas las decisiones familiares. No obstante, debes saber que la madre es el corazón de la familia y la mantiene viva.
Te de la Sabiduría: Sabiduría de Dios, puede que considere al padre la cabeza del hogar, tomando todas las decisiones familiares. Pero debo reconocer que la madre es el corazón del hogar y lo cuida. Gracias, Señor.

3 de Mayo

No permitas que nos cansemos de hacer lo que es correcto, porque con el tiempo recogeremos una cosecha de bendiciones si no nos desanimamos y renunciamos.
(Gálatas 6:9) (Práctico, Desmotivación, pág. 56)
Sabor Inspiración:
No es fácil seguir haciendo las cosas correctas cuando el resto del mundo hace lo que quiere. Si no te rindes ante esta misión, disfrutarás de una rica cosecha de bendiciones al final.
Café Inspirador: Consejero maravilloso, puede que no reciba elogios por hacer lo que es correcto mientras que el resto del mundo hace lo que quiere. Pero no debo desmotivarme, porque recogeré una cosecha de bendiciones. Gracias, Señor.

Aquellos que sufren injusticias de forma crónica tienen la visión mas verdadera acerca de lo que es la justicia.
(Práctico, Justicia, pág.125)
Sabor Sabiduría: Todos sueñan con un buen sistema de justicia para mantener una sociedad justa y en paz. Pero debes saber que sólo aquellos que sufren injusticias realmente entenderán lo que debe hacer ese sistema.
Te de la Sabiduría: Sabiduría de Dios, puedo desear un buen sistema de justicia para mantener un mundo justo y en paz. Pero a menos que sufra crónicamente la injusticia, no sabré lo que realmente debe hacer ese sistema. Gracias, Señor.

4 de Mayo

Alimenta tu fe y tus miedos morirán de hambre.
(Práctico, Miedo, pág. 77)
Sabor Inspiración: Las personas temen a todo tipo de cosas cuando se separan de Dios. Pero si alimentas tu fe con oraciones y actos de caridad, estarás cerca de Dios y no tendrás nada que temer o de que preocuparte.
Café Inspirador: Consejero maravilloso, tengo muchos miedos, los cuales se pueden intensificar cuando estoy lejos de Dios. Necesito alimentar mi fe con oraciones y actos de caridad para estar cerca de Dios y alejar mis lagrimas. Gracias, Señor.

El odio provoca viejas peleas, pero el amor pasa por alto los insultos. (Proverbios 10:12) (Práctico, Amor, pág. 143)
Sabor Sabiduría: Las personas que tienen odio en su corazón a menudo se aferran a resentimientos y peleas del pasado. No obstante, si tienes amor en tu corazón, pasaras por alto todos los insultos dolorosos y ofensas del pasado.
Te de la Sabiduría: Sabiduría de Dios, puede que no sepa que albergar odio en mi corazón hace que me aferre a viejas peleas y heridas. Pero tener amor en mi corazón me permite pasar por alto ofensas e insultos del pasado. Gracias, Señor.

5 de Mayo

Puedes ganar mas amigos con tus oídos que con tu boca.
(Práctico, Escuchar, pág.104)
Sabor Inspiración: Los desacuerdos y los malentendidos a menudo ocurren cuando la gente habla. Así que, si quieres ganar más amigos, necesitas pasar mas tiempo escuchando y menos tiempo hablando en público.
Café Inspirador: Consejero maravilloso, cuando hablo, puedo causar malentendidos y desacuerdos. Necesito pasar mas tiempo escuchando y menos tiempo hablando con otros si quiero ganar más amigos. Gracias, Señor.

Un matrimonio exitoso es aquel en el cual te enamoras muchas veces, siempre de la misma persona.
(D. W. McLaughlin) (Práctico, Matrimonio, pág. 152)
Sabor Sabiduría: Muchos matrimonios estos días se desmoronan y terminan divorciados o separados. No obstante, debes saber que un matrimonio exitoso surge cuando te enamoras muchas veces de la misma persona.
Te de la Sabiduría: Sabiduría de Dios, algunos matrimonios pueden desmoronarse y terminar en divorcio por distintas razones. Si quiero un matrimonio exitoso, necesito enamorarme muchas veces de la misma persona. Gracias, Señor.

6 de Mayo

El sentido del humor es el polo que le agrega equilibrio a nuestros pasos mientras caminamos por la cuerda floja de la vida.
(William Arthur Ward) (Práctico, Humor, pág. 114)
Sabor Inspiración: Las presiones y las expectativas de la vida pueden hacer que una persona este tensa e insoportable. Por lo tanto, es muy importante que tengas un buen sentido del humor e intercambiar sonrisas a menudo para aligerar el animo.
Café Inspirador: Consejero maravilloso, mi vida puede ser tensa e insoportable debido a las presiones y expectativas. Necesito tener un buen sentido del humor y aligerar el animo con algunas risas y bromas. Gracias, Señor.

Podremos justificar cada una de nuestras acciones, pero Dios mira nuestros motivos.
(Proverbios 21:2) (Práctico, Motivación, pág. 167)
Sabor Sabiduría: Los seres humanos pueden dar excusas por cada acción y rara vez aceptan sus responsabilidades. Pero debes recordar que Dios conoce tu corazón y ve tus motivos detrás de cada acción.
Te de la Sabiduría: Sabiduría de Dios, puedo tener justificaciones y excusas para cada acción. No obstante, necesito aceptar mi responsabilidad y recordar que Dios mira a mi corazón y sabe mis motivos. Gracias, Señor.

7 de Mayo

Una sola palabra amable puede calentar tres meses de invierno.
(Proverbio Japonés) (Práctico, Bondad, pág. 128)
Sabor Inspiración: Las duras condiciones del invierno y sus frías temperaturas pueden deprimir el espíritu humano. Pero si puedes escuchar una palabra amable, ayuda a levantar tu espíritu y mantenerte cálido durante los meses de invierno.
Café Inspirador: Consejero maravilloso, las temperaturas frías y las duras condiciones del invierno pueden hacerme sentir deprimido. Pero una palabra amable puede levantar mi espíritu y mantenerme cálido en el invierno. Gracias, Señor.

Los hombres orgullosos terminan en vergüenza, pero los mansos se vuelven sabios.
(Proverbios 11:2) (Práctico, Orgullo, pág. 195)
Sabor Sabiduría: Los orgullosos asumen que están a cargo, pero Dios lo está, y terminarán en vergüenza. Sin embargo, aprenderás que el manso se vuelve sabio porque actúa humildemente y se da cuenta de que Dios está a cargo.
Te de la Sabiduría: Sabiduría de Dios, puedo asumir que estoy a cargo, como los orgullosos, y terminar en vergüenza. Sin embargo, si actúo como los mansos y me doy cuenta de que Dios esta a cargo, entonces seré humilde y me convertiré en sabio. Gracias, Señor.

8 de Mayo

La risa es el cepillo que barre las telarañas del corazón.
(Mort Walker) (Práctico, Risa, pág. 133)
Sabor Inspiración: Tu corazón puede acumular bolas de polvo y telarañas como resultado de eventos tristes y encuentros difíciles en tu vida. Pero puedes barrerlos con la risa y un espíritu alegre.
Café Inspirador: Consejero maravilloso, mi corazón puede acumular telarañas y preocupaciones por los problemas y desafíos del día a día. Sin embargo, puedo usar la risa y un espíritu alegre para limpiarlas. Gracias, Señor.

Si tienes que elegir, toma un buen nombre en lugar de grandes riquezas, porque ser tenidos en amorosa estima es mejor que el oro y la plata. (Proverbios 22:1) (Práctico, Reputación, pág. 206)
Sabor Sabiduría: La mayoría de las personas en estos días no están preocupadas por la reputación o la vergüenza, mas se enfocan en las grandes riquezas. Si tienes que elegir, elije un buen nombre y estima amorosa en lugar de oro y plata.
Te de la Sabiduría: Sabiduría de Dios, puedo enfocarme en las grandes riquezas y estar menos preocupado por mi nombre y reputación. Si tengo que elegir, debo elegir un buen nombre y calurosa admiración en lugar de la riqueza. Gracias, Señor.

9 de Mayo

Los entrenadores que pueden esbozar las jugadas en una pizarra están a diez centavos por docena. Los que ganan, se meten dentro de sus jugadores y los motivan. (Vince Lombardi) (Práctico, Motivación, pág.168)
Sabor Inspiración: Un entrenador típico puede esbozar un buen plan de juego y todos los trucos de las jugadas en una pizarra. Pero si quieres ser un entrenador ganador, necesitas saber como entrar en tus jugadores y motivarlos.
Café Inspirador: Consejero maravilloso, puedo ser un entrenador o profesor típico y saber como esbozar jugadas o lecciones en una pizarra. Pero un entrenador ganador puede entrar en sus jugadores o estudiantes y motivarlos. Gracias, Señor.

La mayoría de nuestros problemas provienen de tener demasiado tiempo entre manos y no el suficiente en nuestras rodillas. (Práctico, Tiempo, pág. 225)
Sabor Sabiduría: Cuando las personas tienen demasiado tiempo en sus manos, a menudo lo desperdician en malos hábitos. Así que, si quieres reducir tus problemas, tienes que pasar mas tiempo de rodillas, orando.
Te de la Sabiduría: Sabiduría de Dios, puede que tenga mucho tiempo en mis manos y lo desperdicie en malos hábitos y elecciones equivocadas. Puedo reducir mis problemas y pasar mas tiempo de rodillas, orando. Gracias, Señor.

10 de Mayo

Debemos hacer planes, contando con Dios para dirigirnos. (Práctico, Planes, pág. 185)
Sabor Inspiración: Es sabio que hagas planes y trates de averiguar como hacer frente a tu futuro y a los problemas de tu vida. Pero también debes contar con que Dios te guíe y te muestre el camino hacia adelante.
Café Inspirador: Consejero maravilloso, tengo que ser sabio y tratar de hacer planes para saber como hacer frente a mi futuro y potenciales problemas. También debo aprender a contar con que Dios me guíe y me muestre el camino. Gracias, Señor.

Un hombre sabio se adapta a las circunstancias como el agua se amolda al envase que la contiene. (Proverbio Chino) (Citas, Adaptabilidad, pág. 4)
Sabor Sabiduría: A la mayoría de las personas no les gusta los cambios o adaptarse a nuevas circunstancias. No obstante, si eres una persona sabia, debes aprender a adaptarte a las circunstancias e ir con la corriente.
Te de la Sabiduría: Sabiduría de Dios, el agua tiene mucho poder porque sabe como moldearse y adaptarse a sus alrededores. Puedo ser sabio y aprender a adaptarme y cambiar de acuerdo con las nuevas circunstancias. Gracias, Señor.

11 de Mayo

Aquel que no se ha preparado para el viaje no debería de comenzar su recorrido.
(Práctico, Preparación, pág. 194)
Sabor Inspiración: Antes de irte de viaje, deberías tomarte el tiempo de prepararte para el. De lo contrario, puedes terminar en desastre y hacerte daño. La vida es un viaje, y es mejor que te prepares cuidadosamente para ella.
Café Inspirador: Consejero maravilloso, mi vida es un largo y duro viaje. Antes de cualquier viaje debo prepararme cuidadosamente para el. De lo contrario puedo hacerme daño o quedarme varado al lado de la carretera. Gracias, Señor.

El tonto tiene sed en medio del agua. (Proverbio Etíope) (Citas, Tontos y Tonterías, pág. 99)
Sabor Sabiduría: Algunas personas son tontas y continúan pidiendo por otras cosas en medio de sus bendiciones actuales. Debes evitar ser un tonto y tratar de ser agradecido por todo lo que tienes ahora mismo.
Te de la Sabiduría: Sabiduría de Dios, tengo que dejar de actuar como un tonto que se mantienen pidiendo por otras cosas en medio de todas sus bendiciones actuales. Debo aprender a ser agradecido por todo lo que tengo ahora mismo. Gracias, Señor.

12 de Mayo

Nuestros problemas deberían hacernos mejores, no amargados. (Práctico, Problemas, pág. 198)
Sabor Inspirador: Las personas a menudo se vuelven amargadas en la vida por los problemas con los que se han encontrado en el camino. Deberías ver los problemas como la forma de Dios de moldearte en una mejor persona.
Café Inspirador: Consejero maravilloso, mi vida está llena de problemas que pueden hacerme amargado y enojado. No obstante, debo aceptarlos y verlos como la manera sutil que tiene Dios de hacerme una mejor persona. Gracias, Señor.

Nada destruye el respeto de uno en los corazones de los otros más que la codicia. (Muhammad Taqi (811-835), líder religioso árabe) (Citas, Codicia, pág. 119)
Sabor Sabiduría: La codicia hace que las personas solo se preocupen por ellos mismos y muestren poco respeto e interés por los demás. Deberías evitar la codicia si quieres que las personas te den su respeto y se preocupen por ti.
Te de la Sabiduría: Sabiduría de Dios, puede que no vea el poder destructivo de la codicia en mi vida. Necesito tu ayuda para evitar la codicia y aprender a mostrar respeto e interés por los otros y por sus necesidades. Gracias, Señor.

13 de Mayo

¿No sabes que este buen hombre, aunque lo hagas caer siete veces, se levantará otra vez, una vez más?
(Proverbios 24:16) (Práctico, Tenacidad, pág. 218)
Sabor Inspiración: La vida tiene una manera de hacerte tropezar con varios obstáculos. Algunas personas malvadas hacen lo mismo contigo. No obstante, si has tropezado, debes levantarte otra vez y continuar con tu misión.
Café Inspirador: Consejero maravilloso, los obstáculos de la vida y las personas malvadas pueden tratar de hacerme tropezar y evitar que siga adelante. No obstante, cada vez que tropiece y caiga, tengo que levantarme de nuevo y seguir adelante. Gracias, Señor.

Cocinar es imposible sin fuego, y la liberación es imposible sin el conocimiento.
(Shankara (788-820), filosofo indio) (Citas, Conocimiento, pág. 149)
Sabor Sabiduría: Tienes que iniciar un fuego y mantenerlo ardiendo si quieres cocinar algo. Del mismo modo, necesitas conocimiento y desearlo si quieres iniciar un movimiento de liberación y mantenerlo en marcha.
Te de la Sabiduría: Sabiduría de Dios, no puedo cocinar nada sin hacer un fuego y mantenerlo ardiendo. Asimismo, no puedo comenzar un movimiento de liberación sin tener conocimiento y desearlo. Gracias, Señor.

14 de Mayo

El deber sin entusiasmo se vuelve laborioso, el deber con entusiasmo se vuelve glorioso.
(William Arthur Ward) (Práctico, Entusiasmo, pág. 251)
Sabor Inspiración: Imagina hacer algo que no te gusta. La tarea se vuelve laboriosa, y el tiempo parece no avanzar. No obstante, si llevas a cabo tu deber con entusiasmo se vuelve glorioso y pasa rápido.
Café Inspirador: Consejero maravilloso, debo aprender a llevar a cabo mis deberes diarios con entusiasmo y encontrarlos como un tiempo glorioso y agradable. De otro modo, se vuelven laboriosos y agobiantes para mi. Gracias, Señor.

La armonía entre dos personas nunca se concede, tiene que ser conquistada indefinidamente.
(Simone de Beauvoir (1908-1986), escritor y filosofo francés, Le Force de lÁge) (Citas, Relaciones, pág. 232)
Sabor Sabiduría: Los seres humanos desean tener armonía en todas sus relaciones. Pero esta gran bendición nunca fue concedida en la creación. Si quieres armonía a tu alrededor, tienes que trabajar en ella cada día.
Te de la Sabiduría: Sabiduría de Dios, puede que sueñe con armonía entre los seres humanos. Sin embargo, Dios nunca concedió esa bendición en la creación. Tengo que trabajar arduamente para alcanzarla en todas mis relaciones. Gracias, Señor.

15 de Mayo

El fracaso no es nada mas que el beso de Jesús.
(Santa Madre Teresa, Vida en el Espíritu) (Citas, Fracaso, pág. 87)
Sabor Inspiración: Cuando fracasas en algo, te sientes devastado y quieres renunciar a todo. Hoy se te recuerda ver el fracaso como un beso alentador de Jesús, y un llamado para que sigas adelante.
Café Inspirador: Consejero maravilloso, ciertamente me encontraré con muchos fracasos en mi vida y querré renunciar a todo. No obstante, se me alienta a verlos como besos de Jesús y a seguir intentándolo. Gracias, Señor.

Una vez que has hablado, incluso los caballos más veloces no podrán retractar tus palabras.
(Proverbio Chino) (Citas, Discurso, pág. 266)
Sabor Sabiduría: Las palabras son poderosas y tienen consecuencias mortales, como flechas. Debes tener cuidado con las palabras pues pueden herir o sanar a una persona. Una vez que salen de la boca, no se las puede regresar.
Te de la Sabiduría: Sabiduría de Dios, generalmente no presto mucha atención a las palabras que digo cada día. Debo tener cuidado con ellas porque no se pueden retractar y pueden herir o sanar a alguien. Gracias, Señor.

16 de Mayo

Los héroes se hacen en la hora de la derrota. El éxito es, por lo tanto, bien descrito como una serie de gloriosas derrotas.
(Mahatma Gandhi) (Citas, éxito, pág. 271)
Sabor Inspiración: No puedes tener éxito sin enfrentarte a una serie de dolorosas derrotas. Pero es en esas horas oscuras de la derrota que se hacen los héroes. Si quieres tener éxito y ser un héroe, tienes que enfrentar la derrota.
Café Inspirador: Consejero maravilloso, quiero ser un héroe y celebrar el éxito. Pero debo recordar que los héroes se hacen en las horas de derrota y debo enfrentarlas antes de ver el éxito. Gracias, Señor.

Los hombres deben cuidarse de codiciar riqueza, cuando las riquezas vienen a través de la codicia, las calamidades del Cielo le siguen. (Proverbio Chino) (Citas, Riqueza, pág. 302)
Sabor Sabiduría: Las riquezas codiciosas no provienen del trabajo duro y del descubrimiento. Provienen de formas ilegales y pecaminosas. No debes adquirir riquezas por codicia, porque las calamidades del Cielo te seguirán.
Te de la Sabiduría: Sabiduría de Dios, las riquezas codiciosas provienen de formas ilegales y pecaminosas, no por el trabajo duro. Debo ser cuidadoso acerca de obtener riqueza por codicia, pues las calamidades del Cielo a menudo le siguen. Gracias, Señor.

17 de Mayo

Si desarrollamos una fuerza de voluntad, descubriremos que no necesitamos la fuerza de los brazos. (Mahatma Gandhi) (Citas, Voluntad, pág. 314)

Sabor Inspiración: Las personas a menudo cuentan con la fuerza de los brazos y las armas como una forma de darles ventaja. Pero Gandhi te llama a desarrollar una fuerza de voluntad como alternativa y una mejor forma de vencer al final.

Café Inspirador: Consejero maravilloso, los seres humanos les gusta usar la fuerza de sus brazos y las armas para conseguir lo que quieren. Se me ha sugerido que desarrolle la fuerza de voluntad como otra manera de encontrar la solución a un problema. Gracias, Señor.

Y esto creo, sobre todo, especialmente en tiempos de gran desaliento, debo CREER en mis semejantes, en mi mismo, y en Dios si la vida ha de tener algún significado.
(Margaret Chase Smith, para la serie "Esto Creo", 1954) (Religioso, Creer y Creyentes, pág. 49)

Sabor Sabiduría: Es difícil para ti creer en un mundo incierto en momentos de desaliento. Pero si tu vida ha de tener cualquier significado, tienes que aprender a creer en ti mismo, tus semejantes, y en tu Dios.

Te de la Sabiduría: Sabiduría de Dios, vivo en un mundo que poco a poco se vuelve secular, y encuentro difícil creer en momentos desalentadores. Pero tengo que tratar de creer en mi mismo, mis semejantes, y en mi Dios. Gracias, Señor.

18 de Mayo

Nadie come mejor alimento que aquel que come por el trabajo de sus manos. (Muhammad, Hadith) (Citas, Trabajo, pág. 314)

Sabor Inspiración: La Mayoría de las personas prefieren la comida de casa a la de los restaurantes porque esta hecha con amor y trabajo duro. Del mismo modo, cuando trabajas y sudas por tu éxito, sus frutos sabrán más dulces y satisfactorios.

Café Inspirador: Consejero maravilloso, puedo preferir las cosas hechas en casa a los productos fabricados en serie porque fueron creados con amor y sudor. Cuando trabajo por mi éxito, sus frutos sabrán mas dulces. Gracias, Señor.

Una sociedad que pone las necesidades de sus niños en último lugar es una sociedad que "progresa" rápidamente hacia la ruina moral. (Jean Methke Elshtain, "Solo Guerra y Política Americana" El Siglo Cristiano, Enero 15, 1992) (Religioso, Niños, pág. 74)

Sabor Sabiduría: Los niños son el sustento y el futuro de una sociedad. Si ves una sociedad que pone las necesidades de sus niños en último lugar, no está interesada en su futuro y se dirige rápidamente hacia la ruina moral.

Te de la Sabiduría: Sabiduría de Dios, puedo darme cuenta si una sociedad está interesada en su futuro o se dirige rápidamente hacia la ruina moral por la forma en que pone las necesidades de sus niños en último lugar, pues ellos son sus esperanzas y su futuro. Gracias, Señor.

19 de Mayo

No nos damos cuenta, como Chesterton nos recordó, que los ángeles vuelan porque se toman a sí mismos tan a la ligera.
(Alan Watts, La Forma de Liberación, 1983) (Religioso, Ángeles, pág. 27)
Sabor Inspiración: Puede que necesites tomarte en serio tu trabajo y obtener el resultado que quieres. Sin embargo, debes imitar a los ángeles y tomarte a ti mismo a la ligera si quieres volar suavemente como ellos.
Café Inspirador: Consejero maravilloso, puede que no me de cuenta como pueden volar los ángeles. Es porque ellos se toman a sí mismos tan a la ligera. Debo imitarlos y tomarme a mí mismo a la ligera si espero volar alto como ellos. Gracias, Señor.

Nuestra falta de compasión, nuestra crueldad hacia otros hombres es una cortina impenetrable entre nosotros y Dios.
(Alexander Yelchaninov (1881-1934), Fragmentos de un Diario) (Religioso, Compasión, pág. 93)
Sabor Sabiduría: Todos quieren ver a Dios y estar cerca de Dios todo el tiempo. Eso pasará si puedes quitar la cortina impenetrable entre tu y Dios al mostrar mas compasión hacia los otros.
Te de la Sabiduría: Sabiduría de Dios, deseo conocer a Dios y estar cerca de Dios. La mejor manera en la que eso puede suceder es si puedo quitar la cortina entre Dios y yo al mostrar compasión hacia otros. Gracias, Señor.

20 de Mayo

El valor es nunca dejar que tus acciones sean influenciadas por tus miedos.
(Arthur Koestler, Flecha en el Azul, 1951) (religioso, Valor, pág. 113)
Sabor Inspiración: La mayoría de las personas tiene algún tipo de miedo que los mantienen preocupados y les impide hacer ciertas cosas. Pero si tienes valor, no dejarás que tus acciones estén influenciadas por tus miedos.
Café Inspirador: Consejero maravilloso, puede que tenga miedos que me mantienen ansioso y evitan que viva a mi máximo potencial. Rezo por tener valor y no permitir que mis acciones se vean influenciadas por ninguno de mis miedos. Gracias, Señor.

Resiste al Diablo y se alejará de ti.
(Santiago 4:7) (Religioso, Diablo, pág. 137)
Sabor Sabiduría: El Diablo generalmente tienta y encanta a las personas a seguir sus planes malvados. Las personas se sienten alagadas por su encanto ofensivo y le permiten quedarse. Para alejarlo, debes resistir las tentaciones del Diablo.
Te de la Sabiduría: Sabiduría de Dios, no debo subestimar las tentaciones y el encanto ofensivo del diablo. Con tu ayuda, trataré fuertemente de resistir sus tentaciones y lo mantendré alejado de mi. Gracias, Señor.

21 de Mayo

Ser humano es ser desafiado a ser mas divino. Ni siquiera tratar de enfrentar tal desafío es la mayor derrota imaginable.
(Maya Angelou, 1993) (Relimioso, Fracaso y Derrota, pág. 175)
Sabor Inspiración: Si eres humano, tendrás imperfecciones y cometerás errores. Rezarás por ayuda divina y desearás ser fuerte y perfecto como un ser divino. Ese es el desafío que no puedes fallar.
Café Inspirador: Consejero maravilloso, puedo estar lamentablemente lleno de imperfecciones y errores humanos. Sin embargo, tengo el desafío de ser más divino y trabajar en mis pensamientos y acciones para ser perfecto. Gracias, Señor.

En una sociedad de consumo existen inevitablemente dos tipos de esclavos: los prisioneros de la adicción y los prisioneros de la envidia.
(Ivan Illich, Herramientas para la Convivencia, 1973) (Religioso, Envidia y Celos, pág. 159)
Sabor Sabiduría: La adicción convierte a las personas en esclavos de un mal habito que los mantiene aprisionados por años. La envidia es otra prisión que debes evitar, porque te hará su esclavo por un largo tiempo.
Te de la Sabiduría: Sabiduría de Dios, no me sorprende que la adicción es una prisión que mantiene esclavos de malos hábitos por años. Pero debo estar preocupado por otra prisión que mantiene esclavos de la envidia indefinidamente. Gracias, Señor.

22 de Mayo

Dios sólo viene a aquellos que le piden venir; y el no se puede negar a venir con aquellos que le imploran largo, constante y ardientemente.
(Simone Weil, Esperando a Dios, 1951) (Religioso, Encontrando a Dios, pág. 191)
Sabor Inspiración: Las personas a veces se quejan de que no pueden encontrar a Dios, especialmente en tiempos difíciles. Pero la verdad es que si le imploras a Dios largo, constante, y ardientemente, Dios no puede negarse a venir a verte.
Café Inspirador: Consejero maravilloso, puedo sentir que Dios no está alrededor mío en momentos difíciles. Sin embargo, si le imploro y busco a Dios, largo, constante, y ardientemente, Dios no puede negarse a venir a verme. Gracias, Señor.

Desde el ejemplo amoroso de una familia, todo un estado se vuelve amoroso.
(Confucio, El Gran Aprendizaje, 500BC) (Religioso, Familia, pág. 185)
Sabor Sabiduría: La familia es la piedra angular de una sociedad o nación. Si puedes hacer que una familia sea amorosa y amable uno con otros, serás capaz de ayudar una sociedad o nación a hacer lo mismo unos con otros.
Te de la Sabiduría: Sabiduría de Dios, puede que no sepa que la familia es la piedra angular de una sociedad o nación. Si puedo ayudar a una familia a ser amorosa unos con otros, seré capaz de hacer que una sociedad o nación haga lo mismo. Gracias, Señor.

23 de Mayo

El principio del conocimiento es el temor del Señor, pero los necios desprecian la Sabiduría y la instrucción.
(Proverbios 1:7) (Religioso, Conocimiento, pág. 288)
Sabor Inspiración: El conocimiento es poder y la llave al corazón de Dios, y el temor al Señor es el comienzo de esto. Si no eres un tonto, aprenderás a temer al Señor y absorber tanto conocimiento como sea posible.
Café Inspirador: Consejero maravilloso, puede que no me de cuenta de que el conocimiento es la llave al corazón de Dios, y el temor al Señor es el inicio. Debo no ser un tonto y aprender a absorber tanto conocimiento como sea posible. Gracias, Señor.

Dios... no es un ser trascendente viviendo en un cielo lejano desde donde de vez en cuando interviene en los asuntos de la tierra. El es un espíritu siempre presente trayendo todo lo que sucede a un fin sabio y santo.
(David Hume, Diálogos sobre la Religión Natural, 1779) (Religioso, Dios, pág. 209)
Sabor Sabiduría: En el Antiguo Testamento, Dios era un ser trascendente que vivía en un Cielo distante. Luego, como sabrás, Dios vino a la tierra como Jesús y se convirtió en un espíritu siempre presente con su pueblo.
Te de la Sabiduría: Sabiduría de Dios, ya no eres mas un ser trascendente que vive en un distante Cielo como se menciona en el Antiguo Testamento. Sé que has venido a la tierra y te has convertido en un ser siempre presente. Gracias, Señor.

24 de Mayo

No muchos hombres estarían dispuestos a morir por amor estos días. Pero no puedes escapar al hecho de que millones están muriendo a diario por la falta de esto.
(John E. Large, La Pequeña Aguja de Doctor Largo, 1962) (Religioso, Amor, pág. 308)
Sabor Inspiración: Las personas tienden a centrarse en sí mismas y no están dispuestas a compartir el amor de Dios con un mundo roto. Si tienes un corazón cariñoso, puedes comprometerte a llenar el mundo de amor y bondad.
Café Inspirador: Consejero maravilloso, muchas personas no están dispuestas a compartir el amor de Dios con otros estos días. Pero si tengo un corazón cariñoso, trataré de llenar el mundo con tanta bondad y amor como sea posible. Gracias, Señor.

El infierno tiene tres puertas: lujuria, rabia y codicia.
(Bhagavad-Gita) (Religioso, Infierno, pág. 229)
Sabor Sabiduría: A nadie le gusta terminar en el Infierno. Pero tres formas seguras que pueden llevarte allí son la lujuria, la rabia y la codicia. Esos son llamados pecados mortales, que destruirán tu relación con Dios y los demás.
Te de la Sabiduría: Sabiduría de Dios, puede que no quiera terminar en el Infierno después de esta vida. Sin embargo, debo tener cuidado y evitar tres cosas eso me llevara directo a las puertas del Infierno, concretamente, la lujuria, la rabia, y la codicia. Gracias, Señor.

25 de Mayo

Nada grandioso en el mundo ha sido logrado sin pasión. (G. W. F. Hegel (1770- 1831), Filosofía de la Historia) (Religioso, Pasión, pág. 379)
Sabor Inspiración: La pasión impulsa a las personas a esforzarse por hacer algo y hacer grandes sacrificios por ello. Si quieres tener éxito en algo, primero debes sentir pasión por algo y luego seguirlo.
Café Inspirador: Consejero maravilloso, la pasión me lleva fuera de mi zona de confort y me empuja a hacer cosas nuevas. Si quiero alcanzar algo, primero debo tener pasión por ello y luego seguirlo. Gracias, Señor.

No dirás falso testimonio contra tu prójimo. (Éxodo 20:16) (Religioso, Mentira y Mentirosos, pág. 294)
Sabor Sabiduría: La Biblia alaba a las personas que tratan a sus vecinos con cuidado y respeto, pero condena a cualquiera que lastime a otros con mentiras o falsos testimonios. Por lo tanto, no debes decir mentiras en contra de tus vecinos.
Te de la Sabiduría: Sabiduría de Dios, puede que no me gusten las personas que me mienten y tratan de hacerme daño. No obstante, las personas pueden herirme del mismo modo al levantar falsos testimonios en mi contra. Necesito evitar hacer eso. Gracias, Señor.

26 de Mayo

Se paciente con todos, pero sobre todo contigo mismo. Es decir, no te desanimes por tus imperfecciones, pero siempre levántate con nuevo valor.
(St. Francis De Sales (1567 1622), en El Espíritu de St. Francis De Sales de Jean-Pierre Camus) (Religioso, Paciencia, pág. 382)
Sabor Inspiración: Puede que necesites mucha paciencia para lidiar con las personas cada día. Pero necesitas mas que paciencia para lidiar con las imperfecciones. Necesitas valor y una visión fresca para levantarte de nuevo.
Café Inspirador: Consejero maravilloso, necesito de mucha paciencia para manejar a las personas cada día, especialmente a mí mismo. Pero también necesito valor y una visión fresca para levantarme otra vez de mis imperfecciones y fracasos.

Se dice que la música es el discurso de los ángeles.
(Thomas Carlyle, Ensayos: La Opera, 1857) (Religioso, Música, pág.348)
Sabor Sabiduría: Los ángeles son la criatura celestial más interesante para los seres humanos a parte de Dios. Ellos hablan más en navidad con sus gloriosos cánticos. Así que, la música es lo más cercano al discurso de los ángeles que puedes escuchar.
Te de la Sabiduría: Sabiduría de Dios, escucho que los ángeles hablan mas alto en navidad. De hecho, ellos estuvieron cantando la Gloria esa santa noche. Ahora sé que la música es el discurso de los ángeles hablando en la tierra. Gracias, Señor.

27 de Mayo

Un espíritu sereno acepta placer y dolor con una mente serena, y no se inmuta por ninguno de los dos. Solo ñel es digno de la inmortalidad.
(Bhagavad-Gita) (Religioso, Serenidad, pág. 509)
Sabor Inspiración: La vida puede ser abrumadora porque esta llena de tristeza y dolor. Además, es caótica e impredecible. Por lo que tienes que rezar es por un espíritu sereno para manejar toda esa presión con gracia.
Café Inspirador: Consejero maravilloso, mi vida es una mezcla de placer y dolor, y puedo sentirme abrumado a veces. Necesito un espíritu sereno para aceptar todas esas emociones y momentos con una mente serena. Gracias, Señor.

Es absurdo buscar la paz mientras rechazas a Dios. Porque donde Dios es dejado fuera, la justicia es dejada fuera, y donde falta la justicia, no puede haber paz ni esperanzas. (Pio X, "E Supremi" 4 de Octubre 1903) (Religioso, Paz, pág. 385)
Sabor Sabiduría: Todos quieren paz y justicia para el mundo, pero mantienen a Dios fuera de la discusión. Así que, si quieres paz en casa o en el mundo, primero debes buscar a Dios, quien te guiara sobre como conseguirlo.
Te de la Sabiduría: Sabiduría de Dios, el mundo quiere paz y justicia, pero tratan de mantenerte fuera de esa conversación. Si quiero esos regalos, primero debo de buscarte, que eres quién me enseñara como obtenerlos. Gracias, Señor.

28 de Mayo

No hay viento favorable para el navegante que no sabe hacia donde va.
(Sabio, Dirección, pág. 41)
Sabor Inspiración: Un viento suave es favorable para un navegante si sabe hacia donde va. De lo contrario, es inútil. Del mismo modo, si sabes el propósito de tu vida, entonces una oportunidad de toda la vida te importaría.
Café Inspirador: Consejero maravilloso, un navegante que no sabe su destino no le importa si el viento es favorable. También, necesito saber el propósito de mi vida si puedo apreciar una oportunidad de toda la vida. Gracias, Señor.

[Prejuicio es] nuestro método de transferir nuestra propia enfermedad a otros. Es nuestro truco para que no nos gusten los otros en lugar de a nosotros mismos.
(Ben Hecht, Guía para el Atormentado, 1944) (Religioso, Prejuicio, pág. 429)
Sabor Sabiduría: El mundo está lleno de prejuicios y a menudo asume que la ignorancia y el odio están en su raíz. Estas llamado a deshacerte de tus prejuicios, que es un truco para transferir tu propia enfermedad a otros.
Te de la Sabiduría: Sabiduría de Dios, puede que no me de cuenta de que el prejuicio es mi forma de transferir mi propia enfermedad a los otros. Necesito eliminar mis prejuicios y dejar mis trucos para que no me gusten los demás. Gracias, Señor.

29 de Mayo

Aprende de los errores de los otros, no puedes vivir lo suficiente como para cometerlos tú mismo. (Sabiduría, Errores, pág. 87)
Sabor Inspiración: La vida en la tierra es corta y está llena de desafíos. Quieres evitar esos momentos dolorosos aprendiendo de los errores de los demás, de esa forma, puedes aprovechar tu vida y disfrutarla.
Café Inspirador: Consejero maravilloso, mi vida en la tierra es corta y esta llena de desafíos. Necesito evitar esos momentos difíciles tratando de aprender de los errores de los demás y disfrutando mucho de ello. Gracias, Señor.

El tiempo cura las penas y las disputas porque todos cambiamos y ya no somos las mismas personas. Ni el ofensor ni el ofendido son iguales. (Blaise Pascal, Pensées, 1670) (Religioso, Tiempo, pág. 563)
Sabor Sabiduría: Las personas recurren a la medicina y a los métodos tradicionales para curar sus penas y otros problemas. Hoy, se te es revelado un secreto del tiempo, el cual puede curar las penas y muchos problemas de la vida.
Te de la Sabiduría: Sabiduría de Dios, puede que haya aprendido acerca de medicina del oeste y métodos orientales que pueden curar mis problemas. Hoy, se me habla sobre el secreto del tiempo que puede curar las penas y disputas. Gracias, Señor.

30 de Mayo

Ganar no les es todo, pero querer ganar lo es. (Vince Lombardi, en la Revista Esquire, Noviembre 1962) (Sabiduría, Ganar/ Perder, pág. 145)
Sabor Inspiración: Todos quieren ganar algo en la vida. Cuando ese momento llega, también se va muy rápido. Pero requiere todo lo que tienes el prepararse para ese momento de triunfo. Eso hace del ganar algo emocionante.
Café Inspirador: Consejero maravilloso, puede que realmente desee ganar y crea que ganar lo es todo. Pero realmente, querer ganar lo es todo porque tendré que prepararme por mucho tiempo para ello. Gracias, Señor.

La confianza es mantener la barbilla hacia arriba, el exceso de confianza es sacar hasta el cuello. (Práctico, Confianza, pág. 38)
Sabor Sabiduría: El exceso de confianza puede hacer que una persona sea arrogante y que tropiece. Esa no es la actitud que debes tener cuando lleves a cabo tu deber. En cambio, necesitas rezar por confianza y valor para completarlo.
Te de la Sabiduría: Sabiduría de Dios, no debo tener exceso de confianza y tener una actitud arrogante acerca de realizar mis tareas. Mas bien, puedo tener algo de confianza y mucho valor para mantener mi barbilla levantada y terminar mis tareas. Gracias, Señor.

31 de Mayo

No mires hacia abajo a las personas a menos que los estés ayudando a levantarse.
(Ingenio, Desconocido, pág. 1)
Sabor Inspiración: Cuando las personas miran hacia abajo a los demás, por lo general piensan que son mejores y muestran poco respeto y preocupación por ellos. Así que, si alguna vez has mirado hacia abajo a alguien, será mejor que haya sido apara ayudarlo.
Café Inspirador: Consejero maravilloso, puede que el mundo no enfatice en la importancia de mostrar respeto y cuidado por los otros. No obstante, tengo que tratar de ayudar a las personas a levantarse no mirarlos hacia abajo. Gracias, Señor.

Tomar decisiones es simple: conoce los hechos, busca la guía de Dios, emite un juicio, actúa en base a ello, no te preocupes mas.
(Charles E. Bennett) (Práctico, Tomar Decisiones, pág. 50)
Sabor Sabiduría: Tienes que tomar muchas decisiones cada día. Algunas de ellas pueden acarrear grandes consecuencias. Pero si sabes como tomar decisiones correctamente (como se muestra arriba), no tienes nada de que preocuparte.
Te de la Sabiduría: Sabiduría de Dios, tomo muchas decisiones cada día y a menudo no pienso cuidadosamente en ellas. Hoy se me recuerda deliberar cada decisión según el proceso mas arriba y descansar tranquilo. Gracias, Señor.

Junio

1 de Junio

Dios lleva a los hombres a aguas profundas, no para ahogarlos, sino para limpiarlos.
(Práctico, Adversidad, pág. 7)
Sabor Inspiración: Puede que odies la adversidad, ya que es dolorosa y hace que te preguntes si Dios esta dejando que te ahogues en aguas profundas. Pero realmente, Dios solo quiere pulirte para el glorioso momento futuro.
Café Inspirador: Consejero maravilloso, puede que no me guste la adversidad o las aguas profundas en mi vida. Pero debo darme cuenta de que Dios no me lleva a aguas profundas para ahogarme sino para pulirme para la gloria del futuro. Gracias, Señor.

El hombre sabio ahorra para el futuro, pero el hombre tonto gasta todo lo que consigue.
(Proverbios 21:20) (Práctico, Futuro, pág. 89)
Sabor Sabiduría: Las personas tontas no piensan en el futuro y desperdician todo lo que consiguen ahora. Pero si eres una persona sabia, debes trabajar duro ahora y tratar de guardar algo para el futuro.
Te de la Sabiduría: Sabiduría de Dios, no debo ser un tonto y gastar todo lo que consigo ahora. Debo ser una persona sabia y tratar de ahorrar para el futuro parte de mis ingresos conseguidos con esfuerzo. Gracias, Señor.

2 de Junio

Los ladrones están celosos del botín del otro, mientras que los buenos hombres anhelan ayudarse unos a otros. (Proverbios 12:12) (Práctico, Cooperación, pág. 41)
Sabor Inspiración: las personas deshonestas y malvadas a menudo se ponen celosas y pelean por lo que otros podrían tener. Pro si eres una persona buena y virtuosa, siempre compartirás tus bendiciones y ayudarás a otros.
Café Inspirador: Consejero Maravilloso, las personas deshonestas y malvadas se ponen celosas del botín del otro y pelean por ello. Sin embargo, como una persona buena y virtuosa, aprenderé a compartir mis bendiciones y ayudar a los demás. Gracias, Señor.

El Señor odia el engaño y se deleita en la honestidad.
(Proverbios, Honestidad, pág. 107)
Sabor Sabiduría: Todos odian a las personas que engañan y les gusta las que son honestas. El Señor se siente de la misma manera. Debes evitar todas las acciones engañosas y abrazar una actitud honesta si quieres que el Señor te ame.
Te de la Sabiduría: Sabiduría de Dios, tu odias el engaño y te deleitas en la honestidad como todo el mundo. Tengo que evitar todas las acciones engañosas y hacer de una actitud honesta una parte importante de mi vida para ganar tu amor. Gracias, Señor.

3 de Junio

Aquellos que esperan en el Señor renovaran sus fuerzas. Se levantarán con alas como águilas, correrán y no se cansarán, andarán y no se fatigarán. (Isaías 40:31) (Práctico, Resistencia, pág. 62)
Sabor Inspiración: Esperar por el día del Señor y su salvación es una prueba de resistencia. Pero si puedes hacerlo, tendrás el maravilloso poder de elevarte como un águila y una increíble fuerza para correr sin cansarte.
Café Inspirador: Consejero maravilloso, debo esperar por ti y por el día de tu salvación. Si puedo soportar eso, seré bendecido con el poder de elevarme como un águila y la fuerza para correr sin cansarme. Gracias, Señor.

Si una causa es justa, eventualmente triunfara a pesar de toda la propaganda en su contra.
(Práctico, Justicia, pág. 125)
Sabor Sabiduría: Por cualquier causa, verás personas de ambos lados para crear una discusión animada. Pero si la causa es justa, debes estar seguro de que eventualmente triunfará, a pesar de las oposiciones en su contra.
Te de la Sabiduría: Sabiduría de Dios, las personas se alinean en ambos lados de una causa para discutirla. Sin embargo, si una causa es justa, puedes estar seguro de que eventualmente triunfará, a pesar de toda la propaganda lanzada en su contra. Gracias, Señor.

4 de Junio

Hacemos nuestro futuro por el mejor uso de nuestro presente.
(Práctico, Futuro, pág. 91)
Sabor Inspiración: Como la mayoría de las personas, se te ha dado un número limitado de recursos y dones. El tipo de futuro que crees para ti depende de como hagas un buen uso de esos recursos y dones.
Café Inspirador: Consejero maravilloso, estoy agradecido por todas las bendiciones y dones que me has dado hasta ahora. Debo hacer buen uso de esos recursos actuales para alcanzar cosas maravillosas en el futuro. Gracias, Señor.

El amor perdona los errores, quejarse de ellos separa a los mejores amigos.
(Proverbios 17:9) (Práctico, Amor, pág. 143)
Sabor Sabiduría: Tus amistades durarán mucho tiempo si su amor mutuo puede pasar por alto los errores. Pero si sigues quejándote por cada error, esa actitud negativa separará incluso a los mejores amigos.
Te de la Sabiduría: Sabiduría de Dios, el amor puede hacer maravillas y cambiar vidas. Hoy se me recuerda que el amor también puede olvidar los errores y construir amistades duraderas. Pero quejarse destruye incluso las mejores amistades. Gracias, Señor.

5 de Junio

El sentido del humor reduce a las personas y a los problemas a sus proporciones apropiadas.
(Práctico, Humor, pág. 115)
Sabor Inspiración: Un buen sentido del humor ayuda a poner las cosas en perspectiva y a no tomarte a ti mismo en serio o hacer una gran cosa de una situación. De esa forma puedes reírte de ti mismo o de un problema fácilmente.
Café Inspirador: Consejero maravilloso, mi vida está llena de problemas y preocupaciones que me tensan y abruman. Quizás el humor me puede relajar y reducir mis problemas a sus proporciones apropiadas. Gracias, Señor.

Entre los atributos de Dios, aunque son todos iguales, la misericordia brilla mucho mas que la justicia.
(Práctico, Misericordia, pág. 154)
Sabor Sabiduría: Es difícil que encuentres justicia en la tierra. Por lo tanto, puede que desees justicia divina para el Último Día. Pero debes rezar por misericordia divina, porque brilla aún ma´s que la justicia divina.
Te de la Sabiduría: Sabiduría de Dios, tienes muchos atributos que realmente admiro. Tu justicia divina es lo que muchas personas esperan que suceda en la tierra. Pero es tu brillante misericordia lo que más aprecio. Gracias, Señor.

6 de Junio

Sea amable con todos. Nunca sabe quien se presentará en el jurado en su juicio.
(Práctico, Amabilidad, pág. 128)
Sabor Inspiración: Las personas a menudo ven las relaciones como una transacción. Son amables con alguien solo si pueden obtener algo. Debes ser amable con todos como si fueran a estar en el jurado de tu juicio.
Café Inspirador: Consejero maravilloso, puede que sea amable con las personas solo si ellos me dan el mismo trato o si obtengo algo de ello. Pero debo serlo porque podrían estar en el jurado de mi juicio. Gracias, Señor.

La motivación es lo que te hace comenzar. El habito es lo que te mantiene haciéndolo.
(Práctico, Motivación, pág. 168)
Sabor Sabiduría: Debes tener buena motivación y propósito en tu vida para que puedas comenzar varios sueños. Pero también debes de tener buenos hábitos y disciplina para mantenerte en el camino correcto hacia el éxito.
Te de la Sabiduría: Sabiduría de Dios, necesito tu ayuda para motivarme a hacer las cosas correctas y a soñar en grande. No obstante, sé que debo tener buenos hábitos para mantenerme en el camino correcto hacia mi éxito. Gracias, Señor.

7 de Junio

Tienes que conocer las cuerdas para tirar de los hilos.
(Práctico, Conocimiento, pág. 131.)
Sabor Inspiración: Debes de educarte en la vida y tener tanto conocimiento como sea posible sobre varios asuntos. De esa forma, si debes tomar una decisión sobre un asunto, lo sabrás bien de antemano.
Café Inspirador: Consejero maravilloso, necesito educarme y tener tanto conocimiento como sea posible sobre varios asuntos. Eso me ayudara a conocer el bien el asunto y tomar una buena e informada decisión. Gracias, Señor.

Una cura segura para la vanidad y el orgullo es una visita al cementerio, donde los cerebritos y los imbéciles reciben la misma factura.
(Práctico, Orgullo, pág. 196)
Sabor Sabiduría: No es fácil hacer que una persona orgullosa sea humilde. Sin embargo, se te ha prometido que la cura segura para la vanidad y el orgullo es una visita al cementerio para ayudarte a ver que todos terminan igual.
Te de la Sabiduría: Sabiduría de Dios, la vanidad y el orgullo pueden causarme muchos problemas. Pero la cura segura para ello es una visita al cementerio, donde todos terminan igual. Tengo que aprender a evitar ser orgulloso. Gracias, Señor.

8 de Junio

La risa es el sol que aleja el invierno del rostro humano.
(Víctor Hugo) (Práctico, Risa, pág. 133)
Sabor Inspiración: La vida diaria puede desanimarte o hacerte sentir como un día de invierno frío y nublado. Pero la risa puede iluminar tu espíritu como el glorioso sol y hacerte olvidar todos los problemas de tu día.
Café Inspirador: Consejero maravilloso, mi vida puede tener algunos días de invierno fríos y nublados que pueden desalentar mi espíritu. Sin embargo, la risa es el sol que ilumina y aleja el invierno. Gracias, Señor.

Asóciate con hombres de buena calidad si estimas tu reputación, porque es mejor estar solo que mal acompañado.
(George Washington) (Práctico, Reputación, pág. 207)
Sabor Sabiduría: Puede que no te des cuenta lo importante que es pasar el tiempo con personas de buena calidad y carácter. Pero si quieres proteger tu reputación, debes evitar las malas compañías.
Te de las Sabiduría: Sabiduría de Dios, si me preocupo por mi reputación, quiero estar con personas de buena calidad y buen carácter. De lo contrario, es mejor que estÉ solo a estar mal acompañado. Gracias, Señor.

9 de Junio

La Mayoría de las personas pierde una oportunidad porque esta viene vestida con un mono y parece un trabajo.
(Thomas Edison) (Práctico, Oportunidad, pág. 174)
Sabor Inspiración: Puede que no reconozcas una oportunidad cuando se aparece frente a ti. Usualmente está disfrazada de trabajo y una apuesta de alto riesgo. Así que, presta atención y agárrala, pues las oportunidades no se presentan a menudo.
Café Inspirador: Consejero maravilloso, puede que no reconozca la oportunidad cada día porque usualmente está disfrazada de trabajo o de una apuesta de alto riesgo. Pero debo identificarla y agarrar cada oportunidad que pueda. Gracias, Señor.

El tiempo es un gran sanador, pero un pobre esteticista.
(Lucille S. Harper) (Práctico, Tiempo, pág. 225)
Sabor Sabiduría: Puede que no sepas todos los secretos sobre el tiempo. Hoy, se te recuerda que el tiempo te ayudará a sanar cuando estas herido, pero el tiempo no te hará lucir bien mientras tienes que luchar con los desafíos de la vida.
Te de la Sabiduría: Sabiduría de Dios, el tiempo puede curar todas las heridas y tiene muchos secretos que aún debo descubrir. Sin embargo, no me ayudará a verme bien, mientras tengo que luchar con los muchos desafíos de la vida. Gracias, Señor.

10 de Junio

Aquel que no hace planes para el futuro tendrá una vejez vacía.
(Práctico, Planes, pág. 186)
Sabor Inspiración:
El futuro está lleno de incertidumbres y desafíos. Tienes que preparar planes reflexivos y detallados para ayudarte a manejarlos con gracia. De lo contrario, enfrentarás una vejez caótica y vacía.
Café Inspirador: Consejero maravilloso, sería tonto no tener planes para mi futuro y enfrentar una vejez caótica y vacía. Tengo que ser sabio y preparar cuidadosos planes para enfrentar mis desafíos futuros. Gracias, Señor.

Cuidado con aquel que te aconseja según sus propios intereses.
(Talmud, Sanhedrin 76ª) (Citas, Consejo, pág. 7)

Sabor Sabiduría: Necesitarás consejos y ayuda de otros cada día. Pero debes tener cuidado con las personas que te amonestan con su propia agenda, porque no tienen tu interés en el corazón.
Te de la Sabiduría: Sabiduría de Dios, puede que necesite ayuda y consejos de otros cada día. Sin embargo, debo tener cuidado de aceptar consejos de personas con su propia agenda, ya que no guardan mis intereses. Gracias, Señor.

11 de Junio

Dios se deleita en aquellos que mantienen sus promesas y aborrece a los que no. (Proverbios 12:22) (Práctico, Promesas, pág. 199)

Sabor Inspiración: es fácil para alguien hacer todo tipo de promesas sin tener ninguna intención de cumplirlas. Pero si quieres que Dios no te aborrezca y se deleite en ti, mas te vale cumplir con tus promesas.

Café Inspirador: Consejero maravilloso, me regocijo y deleito en aquellos que mantienen sus promesas, igual que to. Pero aborrezco y detesto a las personas que no lo hacen. Así que, mantendré mis promesas y las cumpliré. Gracias, Señor.

El tonto más grande es aquel que ha aprendido mucho, ha enseñado mucho, y aún está descontento. (Thiruvalluvar, escritor Indio Tamil, Kural) (Citas, Tontos y Tonterías, pág. 100)
Sabor Sabiduría: Se te anima a aprender más sobre la vida y a compartir tus conocimientos con el mundo mientras mantienes un espíritu agradecido. Sin embargo, será el mayor tonto si aún está descontento en el proceso.
Te de la Sabiduría: Sabiduría de Dios, se me exhorta a aprender mas de la vida y a compartir mis conocimientos con otros. Pero seré el mayor tonto si aún estoy descontento y no estoy agradecido con ese proceso. Gracias, Señor.

12 de Junio

La diferencia entre lo imposible y lo posible radica en la determinación de un hombre. (Tommy Lasorda) (Práctico, Tenacidad, pág. 219)

Sabor Inspiración: El éxito nunca llega fácilmente, pues siempre hay obstáculos en el camino. Puedes ver esas dificultades y rendirte, o puedes ser determinado y hacer lo imposible una realidad.
Café Inspirador: Consejero maravilloso, puede que tenga un sueño maravilloso, pero muchos obstáculos se encuentran entre ellos y el éxito. Sin embargo, puedo convertir ese sueño imposible en un éxito posible por mi tenacidad.

Aquel que es culpable es el que tiene mucho que decir. (Proverbio Ashanti (Oeste Africano)) (Citas, Culpa, pág. 120)
Sabor Sabiduría: Puede que te sea difícil discernir quien es culpable y quien inocente en una audiencia. Hoy, se te ha dado una gran información para saber quien es culpable, aquel que tiene mucho que decir.
Te de la Sabiduría: Sabiduría de Dios, puede que encuentre difícil saber quién es culpable sin ver su corazón. Ahora se me ha dicho que aquel que tiene mucho que decir es el culpable por todas sus excusas. Gracias, Señor.

13 de Junio

La persona que no tiene fuego dentro suyo no podrá encender a otros. (Práctico, Fervor, pág. 251)
Sabor Inspiración: Un buen líder sabe como motivar a sus seguidores a creer en una misión y llevarla a cabo. Pero si no tienes ese fuego de la motivación en ti, no podrás encenderlo y hacerlo arder en otros.
Café Inspirador: Consejero maravilloso, si quiero ser un líder, necesito saber como motivar a otros a creer en la tarea y completarla. Pero necesito tener ese fuego en mi primero antes de que pueda encenderlo en otros. Gracias, Señor.

Dale a un hombre un pez y lo habrás alimentado un día. Enseña a un hombre a pescar y lo alimentarás de por vida.
(Proverbio chino) (Citas, Aprendizaje y Educación, pág. 159)
Sabor Sabiduría: Se te anima a ayudar a las personas que lo necesitan y también a enseñarles a cuidar de si mismos. Si le das un pescado, solo durará un día. Pero si le enseñas a pescar, esa lección les dura toda la vida.
Te de la Sabiduría: Sabiduría de Dios, siempre se me anima a ayudar a los necesitados y a darles algo. Sin embargo, la mejor manera que tengo para ayudarles es enseñándoles como ganarse la vida. Gracias, Señor.

14 de Junio

Ganas fuerza, valentía, y confianza con cada experiencia en la cual realmente paras a ver el miedo a la cara.
(Eleanor Roosevelt (1884-1962) Humanitaria Americana y Primera Dama) (Citas, Miedo, pág.93)
Sabor Inspiración: El miedo puede hacer a una persona débil, lo desanima, y lo vuelve dudoso de hacer lo que sea. La mejor forma de ganar fuerza, valentía, y confianza para completar una tarea es ver al miedo a la cara y solo hacerlo.
Café Inspirador: Consejero maravilloso, puede que tenga miedo y me sienta débil, desanimado, y dudoso de hacer lo que sea. Pero puedo ganar mi fuerza, valentía, y confianza mirando al miedo a la cara. Gracias, Señor.

Lo mas importante en una relación no es lo que recibes, sino lo que das. (Eleanor Roosevelt (1884-1962) Humanitaria Americana y Primera Dama) (Citas, Relaciones, pág.232)
Sabor Sabiduría: Las personas a menudo esperan obtener algo de una relación. Debes tener en mente que la cosa más importante en cualquiera de tus relaciones es lo que das, no lo que obtienes de ella.
Te de la Sabiduría: Sabiduría de Dios, a menudo veo a las personas tratar de explotar una relación y obtener algo de ella. Sin embargo, la cosa más importante en una relación es lo que doy en ella. Gracias, Señor.

15 de Junio

El hombre pequeño es aquel que tira sus oportunidades, considerando que los hechos se logran a través del uso de los errores [de otros] y siguiéndolos de manera inflexible.
(Li Ssu (280-208 AC), oficial y escritor chino) (Citas, Éxito, pág. 272)
Sabor Inspiración: Un tonto tira una oportunidad y no logra nada. Pero si eres una persona sabia, aprendes de los errores de los otros y haces buen uso de las oportunidades para obtener el éxito.
Café Inspirador: Consejero maravilloso, una persona tonta tira las oportunidades y no obtiene nada. Pero puedo ser una persona sabia que aprende de los errores de los otros y uso mis oportunidades para tener éxito. Gracias, Señor.

Los hombres sólo ven el presente, los Cielos el futuro.
(Proverbio Chino) (Citas, Tiempo, pág. 277)
Sabor Sabiduría: los seres humanos solo pueden ver las cosas en el presente y se les dificulta comprender cualquier cosa que suceda en el futuro. Necesitas confiar en que el conocimiento divino te ayudará a ver el futuro.
Te de la Sabiduría: Sabiduría de Dios, como ser humano sólo puedo ver las cosas en el momento presente. Pero si quiero comprender y ver cualquier cosa que suceda en el futuro, necesito contar con el conocimiento divino. Gracias, Señor.

16 de Junio

Nada llega a uno que vale la pena tener, excepto como resultado de un trabajo duro.
(Booker T. Washington, Desde la esclavitud) (Citas, Trabajo, pág. 314)
Sabor Inspiración: Puede que heredes una fortuna o ganes la lotería, pero se gran tesoro no significará mucho para ti. Sin embargo, si trabajas duro para ganarte la vida, ese pequeño ingreso es más para ti que cualquier otra cosa.
Café Inspirador: Consejero maravilloso, puede que haya adquirido una gran fortuna por herencia o por ganar la lotería. Pero eso no significa mucho comparado con algo por lo que he trabajado duro para conseguir. Gracias, Señor.

La riqueza no viene por la abundancia de bienes mundanos, mas si por una mente satisfecha.
(Muhammad) (Citas, Riqueza, pág. 303)
Sabor Sabiduría: Las personas piensan que la riqueza es adquirir una abundancia de bienes mundanos y, por lo tanto, hacen todo lo posible por lograrlo. Pero la riqueza verdadera para ti debe venir de tu mente satisfecha.
Te de la Sabiduría: Sabiduría de Dios, puede que asuma que la riqueza se trata de tener abundancia de bienes mundanos y hacer lo que sea para obtenerlos. Pero la riqueza verdadera realmente viene de una mente satisfecha. Gracias, Señor.

17 de Junio

No tengáis ansiedad por nada, sino en todo por oración y súplica con agradecimiento permitid que Dios sepa su pedido. Y la paz de Dios, que sobrepasa todo entendimiento, guardará vuestros corazones y mentes en Cristo Jesús. (Filipenses, 4:6-7) (Religioso, Ansiedad y Miedo, pág. 30)

Sabor Inspiración: 'a ansiedad y el miedo son un par de problemas que puede que enfrentes cada día. Pero hoy, eres llamado a poner todos tus problemas y pedidos de oración en Dios para que la paz de Dios esté contigo.
Café Inspirador: Consejero maravilloso, puede que enfrente miedo y ansiedad cada día. Sin embargo, se me anima a poner esos problemas y mis pedidos en oración a Dios si quiero la paz de Dios en mi corazón. Gracias, Señor.

Amaos unos a otros con afecto fraternal, superaos unos a otros en mostrar honor. (Romanos 12:10) (Religioso, Ágape, pág. 20)
Sabor Sabiduría: Lo que podría ayudar a este mundo a poner un alto al odio y a traer sanación es el amor y el respeto. De hecho, puedes ayudar a transformar este mundo mostrando amor y respetando a las personas a tu alrededor.
Te de la Sabiduría: Sabiduría de Dios, el mundo está lleno de odio y venganza. Puedo poner un alto a esos actos y cambiar al mundo actual aprendiendo a mostrar amor y respetar a las personas a mi alrededor cada día. Gracias, Señor.

18 de Junio

Da a aquel que ruega de ti, y no rechaces aquel que te pide prestado. (Mateo 5:42) (Religioso, Conducta y Comportamiento, pág. 95)
Sabor Inspiración: Prestar y compartir no es algo inherente en la naturaleza humana. Pero hoy, se te pide que le prestes a cualquiera que te lo pida y le des a cualquiera que te lo ruegue.
Café Inspirador: Consejero maravilloso, puede que no esté en mi naturaleza humana querer prestar y compartir las bendiciones de Dios con otros. Pero hoy, se me pide que les preste a aquellos que desean tomar prestado y le de a aquellos que me ruegan. Gracias, Señor.

La Biblia, el mayor cofre de medicina de la humanidad.
(Heinrich Heine, Ludwig Marcos, 1844) (Religioso, Biblia, pág. 53)
Sabor Sabiduría: La Biblia es considerada la palabra Inspiradora de Dios y Jesús, y la tradición escrita de las vidas de las personas de Dios. Hoy, se te dice que es también la mayor fuente de sanación para la humanidad.
Te de la Sabiduría: Sabiduría de Dios, se que la Biblia es la palabra Inspiradora de Dios y Jesús, y la tradición escrita de las personas de Dios. Hoy, se me informa que también es la mayor fuente de sanación para la humanidad. Gracias, Señor.

19 de Junio

Devuelve el mal con bien, y he aquí, entre tu y quienes había enemistad se convertirá en una cálida amistad.
(Corán) (Religioso, Maldad, pág. 168)
Sabor Inspiración: Puede que hayas escuchado el dicho "ojo por ojo, y diente por diente". Sin embargo, hoy eres llamado a seguir una nueva forma de vivir y devolver la maldad con bondad para convertir la enemistad en amistad.
Café Inspirador: Consejero maravilloso, puede que se me haya dicho, "ojo por ojo, y diente por diente". Pero hoy, soy llamado a abrazar un nuevo pensamiento y devolver la maldad con bondad para convertir la enemistad en amistad. Gracias, Señor.

El verdadero contentamiento es una virtud real, incluso activa, no solo afirmativa sino también creativa. Es el poder de sacar de una situación todo lo que hay en ella. (G. K. Chesterton, Una Miscelánea de Hombres, 1912) (Religioso, Contentamiento, pág. 109)
Sabor Sabiduría: La mayoría de las personas hablan de la felicidad personal y como maximizarla. Pero nadie puede definir que es. Hoy, te enfocas en la virtud del contentamiento real que te traerá la verdadera felicidad.
Te de la Sabiduría: Sabiduría de Dios, puede que haya escuchado acerca de la felicidad personal y como todo el mundo la he buscado larga y arduamente. Pero hoy, se me hace un llamado a encontrar el contentamiento real como una forma de verdadera felicidad. Gracias, Señor.

20 de Junio

Ningún hombre se puede convertir en santo mientras duerme.
(Henry Drummond, La Cosa Mas Grande del Mundo, 1890) (Religioso, Obras, pág. 128)
Sabor Inspirador: Como cualquier logro, la santidad demanda compromiso, sacrificio, y trabajo duro. Si quieres ser un santo, tienes que hacer grandes sacrificios, hacer trabajos extraordinarios, y comprometerte a ti mismo con ello.
Café Inspirador: Consejero maravilloso, puede que quiera ser un héroe del deporte, un magnate, una estrella de cine, o una figura glamorosa. Quizás puedo intentar convertirme en santo haciendo sacrificios y haciendo trabajos extraordinarios. Gracias, Señor.

Instruye al niño en el camino que debe seguir, y cuando sea viejo no se apartará de él.
(Proverbios 22:6) (Religioso, Niños, pág. 74)
Sabor Sabiduría: Los seres humanos son criaturas de hábito. Si quieres que los niños crezcan con un buen hábito y no se separen de él, tienes que enseñarles ese hábito y entrenarlo temprano en su niñez.
Te de la Sabiduría: Sabiduría de Dios, los niños son como esponjas que pueden absorber buenos y malos hábitos. Mientras más temprano se me entrena en buenos hábitos, mejor persona seré mas tarde en la vida. Gracias, Señor.

21 de Junio

Lo importante es comenzar de nuevo, con humildad y valentía, después de cada caída. (Dom Helder Camara (1909-1999)) (Religioso, Fracaso y Derrota, pág. 175)
Sabor Inspiración: Siempre es difícil levantarse después de una caída. Por lo tanto, la cosa más importante que tienes que hacer después de cada caída o derrota es comenzar de nuevo con humildad y valentía en medio de otros desafíos.
Café Inspirador: Consejero maravilloso, seguro me voy a tambalear y caer a lo largo de mi vida. Sin embargo, necesito levantarme y comenzar de nuevo con humildad y valentía después de cada fracaso o derrota para enfrentar más desafíos. Gracias, Señor.

Una persona celosa es doblemente infeliz, por lo que tiene, lo cual juzga como inferior, y por lo que no tiene, que es juzgado como superior. Una persona así es doblemente removida de conocer las verdaderas bendiciones de la creación.
(Desmond Tutu, 1988) (Religioso, Envidia y Celos, pág. 160)
Sabor Sabiduría: Los celos son unos de los pecados mortales que pueden herir seriamente a una persona. Hoy, se te advierte que una persona celosa es doblemente infeliz y removida de ver las verdaderas bendiciones de la vida.
Te de la Sabiduría: Sabiduría de Dios, puede que no me de cuenta de que tan dañinos pueden ser los celos. Hoy, se me advierte que los celos pueden hacerme doblemente infeliz y doblemente removido de ver mis verdaderas bendiciones. Gracias, Señor.

22 de Junio

El Mayor poder que Dios nos ha dado es el poder de elegir. Tenemos la oportunidad de elegir si vamos a actuar o a procrastinar, creer o dudar, rezar o maldecir, ayudar o sanar, ser feliz o estar triste. (Lou Holtz, comienzo Universidad Gonzaga, Monitor Cristiano de Ciencia, 12 de Junio, 1989) (Religioso, Libre Albedrio, pág. 199)
Sabor Inspiración: Como la libertad, el libre albedrio es un regalo valioso que el Creador nos ha confiado a todos los seres humanos, y puede traer resultados serios y a largo plazo. Debes usarlo con cuidado para tomar sabias decisiones.
Café Inspirador: Consejero maravilloso, el libre albedrío es un regalo maravilloso que he recibido de mi Creador. Es una magnífica oportunidad para mi de elegir de la lista de arriba. Debo usarlo sabiamente. Gracias, Señor.

La astucia mas ingeniosa del diablo es hacer creer a los humanos que no existe.
(Gerald C. Treacy, ¡El Diablo!, 1952) (Religioso, Diablo, pág. 138)
Sabor Sabiduría: El Diablo tiene una gran bolsa de trucos para desplegar en contra de los seres humanos y alejarlos de Dios. Debes saber que su astucia más ingeniosa es hacerte creer que no existe, para esconder su feo trabajo.
Te de la Sabiduría: Sabiduría de Dios, el Diablo tiene muchos trucos para alejarme de Dios y mantenerme de su lado. Pero su astucia más ingeniosa es convencerme de creer que no existe, para seguir con su trabajo. Gracias, Señor.

23 de Junio

El conocimiento es el alimento del alma.
(Sócrates, "Protágoras", en los Diálogos de Platón, 399 AC) (Religioso, Conocimiento, pág. 289)
Sabor Inspiración: Tu cuerpo necesita alimento y agua que lo nutran para sobrevivir. Así mismo, debes proveer a tu alma o espíritu de conocimiento para que se refresque y ayudarla a tomar las decisiones y elecciones correctas.
Café Inspirador: Consejero maravilloso, necesito alimento y agua para que mi cuerpo físico sobreviva. Del mismo modo, mi alma o espíritu debe tener suficiente conocimiento para ayudarle a tomar la decisión correcta y refrescarse. Gracias, Señor.

No tenemos elección sobre quienes son nuestros padres y como nos han tratado, pero podemos elegir si perdonamos a nuestros padres y sanamos.
(Bernie Siegel, en el New Age Journal, Mayo/ Junio 1989) (Religioso, Familia, pág. 186)
Sabor Sabiduría: Puede que no seas bendecido con una familia amorosa y un buen comienzo. Pero ahora puedes elegir dejar el pasado doloroso te tenga apresado o aprender a perdonar a los que te ofendieron y sanarte a ti mismo.
Te de la Sabiduría: Sabiduría de Dios, puede que mis padres o mi familia me hayan maltratado. Sin embargo, tengo la opción de perdonarlos y sanarme a mí mismo o dejar que el pasado doloroso me mantenga prisionero. Gracias, Señor.

24 de Junio

El pozo de la vida es el amor, y aquel que no habita en el amor esta muerto. (John Tauler (1300-1361), sermón del jueves en semana santa.) (Religioso, Amor, pág. 311)
Sabor Inspiración: El amor trae alegría a la rutina diaria y hace que merezca la pena vivir la vida. Tiene uN poder increíble para energizar y rejuvenecer a una persona. Si no te mantiene enamorado, te secarás y morirás de soledad.
Café Inspirador: Consejero maravilloso, el amor puede hacer muchas cosas maravillosas por mi. Pero lo que más aprecio del amor es el pozo de vida que me trae. Tengo que mantenerme enamorado o entonces moriré. Gracias, Señor.

La codicia es el más grande de todos los monstruos, así como el inicio de todo mal. (William Penn, Algunas Frutas de Soledad, 1963) (Religioso, Codicia, pág. 218)
Sabor Sabiduría: Un monstruo es una criatura aterradora que puede herir las personas y causar daños colaterales. Hoy, se te advierte que la codicia puede convertirte en un monstruo malvado que codicia y devora los recursos de los otros.
Te de la Sabiduría: Sabiduría de Dios, la codicia hace que me olvide de las bendiciones de mi vida y despierta el infinito deseo de devorar las posesiones de mis vecinos. Debo de tener cuidado con este monstruo codicioso. Gracias, Señor.

25 de Junio

La serenidad no viene solo por remover las causas externas y las situaciones de miedo, viene del descubrimiento de reservas internas a las cuales recurrir.
(Rufus M. Jones El Testimonio del Alma, 1936) (Religioso, Serenidad, pág. 510)
Sabor Inspiración: La vida puede ser estresante e insoportable. Pero no puedes encontrar serenidad solo removiendo las causas externas. La serenidad solo puede ser alcanzada al descubrir tus reservas internas a las cuales recurrir.
Café Inspirador: Consejero maravilloso, mi vida está llena de presiones y estrés. No puedo encontrar la serenidad solo removiendo las causas externas de miedos. También necesito encontrar reservas internas a las cuales recurrir por fuerza. Gracias, Señor.

El Cielo tiene un camino, pero nadie lo recorre; el Infierno no tiene puerta, pero los hombres atravesaran para llegar ahí.
(Proverbio Chino) (Religioso, Infierno, pág. 229)
Sabor Sabiduría: El camino al Cielo está lleno de lagrimas y cruces pesadas, mientras que el camino al Infierno está pavimentado con promesas vacías y alegría fugaz. Hoy, se te aconseja a elegir el camino al Cielo y evitar el Infierno.
Te de la Sabiduría: Sabiduría de Dios, el Infierno no tiene puerta, pero las personas siguen cavando su camino para llegar allí. Necesito evitarlo y mantenerme en el camino al Cielo, donde las lagrimas y pesadas cruces lo llenan, pero nadie lo recorre. Gracias, Señor.

26 de Junio

A menos que trates de hacer algo mas allá de lo que ya dominas, nunca crecerás.
(Ronald E. Osborn) (Sabiduría, Sueños, pág. 45)
Sabor Inspiración: A la mayoría de las personas les gusta sus rutinas diarias y se vuelven complacientes con su crecimiento. Tienes que retarte a ti mismo a crecer y maximizar tu potencial creando nuevos sueños y esperanzas.
Café Inspirador: Consejero maravilloso, no debo conformarme con lo que ya domino. Mas bien, debo retarme a crecer cada día y maximizar mi potencial con nuevos sueños y esperanzas.

Las palabras falsas no son solo maldad en si mismas, sino que infectan el alma con maldad.
(Sócrates, "Apología" en Diálogos de Platón, 399AC) (Religioso, Mentiras y Mentirosos, pág. 294)
Sabor Sabiduría: Las palabras falsas hacen una burla de la verdad y engañan al público sobre el tema actual. Pero lo que te debe preocupar es que infectan el alma con su poder de maldad.
Te de la Sabiduría: Sabiduría de Dios, las palabras falsas y los pecados son malvados en sí mismos y pueden alejarme del camino correcto hacia Dios, la verdad. Pero también pueden infectar mi alma con virus malvados y destruirla para siempre. Gracias, Señor.

27 de Junio

Aquel que se recoge las mangas rara vez pierde su camisa.
(Sabiduría, Pereza, pág. 79)
Sabor Inspiración: Cuando te recoges las mangas, usualmente trabajas duro para ganarte la vida. En ese caso, no puedes volverte pobre y perder tu camisa. No obstante, si eres perezoso, eventualmente perderás tu camisa.
Café Inspirador: Consejero maravilloso, si trabajo duro para ganarme la vida, tendré que recoger mis mangas y rara vez perderé mi camisa. No obstante, si soy perezoso y no trabajo bajo el sol, pronto perderé mi camisa. Gracias, Señor.

Todos los hombres desean la paz, pero pocos desean las cosas que hacen la paz.
(Thomas á Kempis, Imitación de Cristo, 1441) (Religioso, Paz, pág.385)
Sabor Sabiduría: Los seres humanos desean la paz, entre otras cosas. Pero verás que ellos no siempre se mueven, mas allá de los pensamientos y los hacen una realidad. De otro modo, vendrán a Dios para encontrar el camino a la paz.
Te de la Sabiduría: Sabiduría de Dios, puede que desee paz dentro de mi y a mi alrededor. No obstante, si realmente sueño con que se haga realidad, debo de acercarme a Dios para descubrir como puedo lograrla. Gracias, Señor.

28 de Junio

Los hombres impíos obedecen por temor, los hombres buenos por amor. (Aristóteles) (Sabiduría, Obediencia, pág. 93)
Sabor Inspiración: Las personas impías pondrán un alto a sus malas acciones solo cuando se sienten con miedo o amenazados. Pero si eres una buena persona, obedecerás y harás las cosas correctas por amor y respeto.
Café Inspirador: Consejero maravilloso, no debo obedecer por miedo o temor al castigo, como lo hacen los impíos. En su lugar, debo aprender la obediencia y a seguir las reglas por amor y respeto. Gracias, Señor.

La tolerancia implica el respeto hacia otra persona, no porque esté equivocado o esté en lo correcto, solo porque es humano.
(John Cogley, en Bien Común, 24 de Abril de 1959) (Religioso, Tolerancia, pág. 565)
Sabor Sabiduría: La tolerancia esta considerada una palabra sucia estos días, pues nadie se quiere comprometer. Pero se te pide que muestres tolerancia cada día dándole respeto a alguien porque es humano.
Te de la Sabiduría: Sabiduría de Dios, la palabra que escucho mucho es "luchar" por mis derechos, la cual a menudo provoca odio e irrespeto. Necesito en su lugar aprender a tolerar y mostrar respeto a los demás, por el bien de la humanidad. Gracias, Señor.

29 de Junio

Los ganadores son personas que no tienen miedo de arriesgarse de vez en cuando. Los perdedores se sientan y esperan a que las probabilidades mejoren.
(Sabio, Ganar/ Perder, pág. 145)
Sabor Inspiración: A muchas personas no les gusta apostar y prefieren esperar a que las probabilidades mejoren. Pero esa es la actitud de un perdedor. Si quieres ser un ganador, deberás de arriesgarte de vez en cuando.
Café Inspirador: Consejero maravilloso, puede que continúe con mis viejas maneras de perdedor y espere a que mejoren mis probabilidades. O puede que me arriesgue de vez en cuando, y hacer algo diferente para ayudarme a mi mismo a ser un ganador. Gracias, Señor.

Pequeñas gotas de agua desgastan grandes piedras.
(Proverbio ruso) (Práctico, Adversidad, pág. 7)
Sabor Sabiduría: Nadie pensaría que pequeñas gotas de agua podrían desgastar una piedra. Pero eso es posible con el tiempo. Así mismo, serás capaz de superar cualquier adversidad con tu persistencia en el tiempo.
Te de la Sabiduría: Sabiduría de Dios, hoy se me asegura que pequeñas gotas de agua pueden desgastar grandes piedras con el tiempo. Así mismo, mi paciente resistencia y mi persistencia pueden superar todas las adversidades con el tiempo. Gracias, Señor.

30 de Junio

Para tener éxito, primero debemos creer que podemos.
(Ingenio, Desconocido, pág. 1)
Sabor Inspiración: La mayoría de las personas que han tenido éxito no han llegado hasta allí dudando de su habilidad para superar los desafíos y completar las tareas. Si deseas tener éxito, primero tienes que creer que puedes hacerlo.
Café Inspirador: Consejero maravilloso, viviendo en un mundo incierto y con desafíos diarios, sigo dudando de mi habilidad para alcanzar algo. Pero con tu ayuda, creo que puedo tener éxito con todos mis sueños. Gracias, Señor.

Una actitud relajada alarga la vida de un hombre, los celos lo pudren. (Proverbios 14:30) (Práctico, Actitud, pág. 17)
Sabor Sabiduría: Todo el mundo ama tener una actitud relajada, pero las batallas internas con vicios, como los celos, causan caos. Verás también que los celos acortan tu vida, mientras que una actitud relajada la alarga.
Te de la Sabiduría: Sabiduría de Dios, sueño con una actitud relajada pero los vicios, como los celos, me causan una batalla interna. Pero se me recuerda que una actitud relajada alarga mi vida, mientras que los celos la pudren. Gracias, Señor.

Julio

1 de Julio

Amonesta a tus amigos en privado, pero alábalos abiertamente.
(Cyrus el Joven, Príncipe Persa)
(Práctico, Consejo, pág. 9)
Sabor Inspiración: No es fácil lidiar con la familia y los amigos. La mejor manera para lidiar con ellos es que los amonestes en privado y los alabes abiertamente en público. Hacer lo opuesto será problemático.
Café Inspirador: Consejero maravilloso, puede que encuentre difícil lidiar con mi familia y amigos. Hoy, me es sugerido que los amoneste en privado, pero que los alabe en público. Cualquier otra forma es problemática. Gracias, Señor.

La conciencia de un hombre es la luz de búsqueda del Señor que expone sus motivos ocultos.
(Proverbios 20:27) (Práctico, Conciencia, pág. 39)
Sabor Sabiduría: Es difícil ver lo que hay en el corazón humano. Allí es donde una persona puede esconder sus malvados deseos y sus malas intenciones. Pero sabes que Dios usa tu conciencia para buscar y exponer esos motivos.
Te de la Sabiduría: Sabiduría de Dios, puede que intente esconder mis motivos y malvados deseos en mi corazón. Pero puedes usar mi conciencia como si buscaras luz para ver dentro de mi corazón y exponer esos motivos. Gracias, Señor.

2 de Julio

Reunirse es un comienzo, permanecer juntos es progreso, trabajar juntos es éxito.
(Práctico, Cooperación, pág. 42)
Sabor Inspiración: Si eres líder de un grupo, es un buen comienzo para sus miembros juntarse, un maravilloso progreso para ti lograr que se mantengan juntos, y un gran éxito convencerlos de trabajar juntos.
Café Inspirador: Consejero maravilloso, puedo ser un líder si se cómo juntar a las personas y hacer que se queden juntas. Seré un líder exitoso si puedo hacer que trabajen juntos. Gracias, Señor.

Una fe vital nos da el valor de enfrentar el presente con confianza y el futuro con expectación.
(Práctico, Futuro, pág. 91)
Sabor Sabiduría: Los no creyentes no saben lo importante que es para una persona tener fe en esta vida. Pero sabes que tu fe puede ayudarte a encarar el presente con confianza y ver el futuro con esperanza.
Te de la Sabiduría: Sabiduría de Dios, puede que no me de cuenta de lo vital que puede ser mi fe para mi en esta vida. Pero me ayuda a encarar los desafíos del presente con confianza y las incertidumbres del futuro con esperanza. Gracias, Señor.

3 de Julio

El poderoso roble de hoy es solo la nuez de ayer que se mantuvo firme.
(Práctico, Resistencia, pág. 63)
Sabor Inspiración: Todas las cosas maravillosas usualmente tienen un inicio humilde y, con el tiempo se convierten en la realidad probada. Así mismo, tu éxito actual era una pequeña idea de ayer que resistió muchas pruebas y sobrevivió.
Café Inspirador: Consejero maravilloso, tengo que saber que el poderoso roble de hoy es solo la nuez de ayer que sobrevivió las pruebas difíciles. Así mismo, si mi pequeña idea puede resistir la prueba del tiempo, me traerá un gran éxito. Gracias, Señor.

Las mentiras meterán a cualquiera en problemas, pero la honestidad es su propia defensa.
(Proverbios 12:13) (Práctico, Honestidad, pág. 107)
Sabor Sabiduría: Las mentiras llevan a las personas por el camino del engaño y los meten en todo tipo de problemas. La honestidad es la mejor política para que sigas y la gran virtud que te trae honor y respeto de otros.
Te de la Sabiduría: Sabiduría de Dios, tengo que saber que las mentiras me pueden meter en muchos problemas y llevarme por el camino del engaño. Pero la honestidad me trae...(Text incomplete in original document/ Texto incompleto en documento original)

4 de Julio

¡Es posible dar y volverse más rico! También es posible aferrarse demasiado y perderlo todo. ¡Si, el hombre liberal será rico! Al regar a otros, se riega si mismo.
(Proverbios 11:24-25) (Práctico, Dar. Pág. 95)
Sabor Inspiración: Es la naturaleza humana aferrarse fuertemente a sus posesiones. Pero puedes actuar contrario a esa naturaleza y ayudar a otros al regalar algunas de tus posesiones, porque podrán devolverte más.
Café Inspirador: Consejero maravilloso, puede que no sea mi naturaleza compartir mis bendiciones con otros. Sin embargo, seré mas rico y feliz si aprendo a regalar algunas de mis posesiones y ayudo a otros. Gracias, Señor.

Justicia demorada, es justicia denegada. (William Gldstone)
(Práctico, Justicia, pág. 125)
Sabor Sabiduría: Cuando la justicia se tarda, le dice al mundo que otra cosa es más importante que si mismo. Si crees en la justicia, no debes retrasarlo o esconderlo. En su lugar, tienes que dejarlo prevalecer y promoverlo.
Te de la Sabiduría: Sabiduría de Dios, tengo que recordar que la justicia es el valor importante que mantiene a la sociedad unida. Si es retrasada o escondida de alguna forma, me dice que otra cosa es más importante que sí misma. Gracias, Señor.

5 de Julio

Lo que mas cuenta en la búsqueda de la felicidad es elegir el compañero de viaje adecuado.
(Práctico, Felicidad, pág. 101)
Sabor Inspiración: En la búsqueda de la felicidad, puede que encuentres ciertas cosas que te hagan sentir satisfecho. Pero lo que mas importa es que elijas el compañero de viaje adecuado que comparta tu sentido de la aventura.
Café Inspirador: Consejero maravilloso, puede que esté en la búsqueda de la felicidad como el resto del mundo. Pero necesito saber que lo que más importa en esa búsqueda es elegir el compañero de viaje adecuado. Gracias, Señor.

Un joven sabio hace heno mientras brilla el sol, pero que vergüenza ver a un joven que pasa durmiendo su hora de oportunidad.
(Proverbios 10:5) (Práctico, Pereza, pág. 135)
Sabor Sabiduría: las personas perezosas se duermen cuando tienen una buena oportunidad y grandes condiciones laborales. Pero si eres una persona sabia, aprovecharas las bendiciones de Dios y harás buen uso de ellas.
Te de la Sabiduría: Sabiduría de Dios, una persona perezosa duerme cuando tiene grandes oportunidades y buenas condiciones laborales. Sin embargo, si soy una persona sabia, hare buen uso de esas bendiciones para mi éxito. Gracias, Señor.

6 de Julio

Una idea es una pequeña cosa divertida que no trabajará al menos que tú lo hagas.
(Práctico, Ideas, pág. 117)
Sabor Inspiración: Siempre es maravilloso tener una gran idea para un proyecto futuro. Pero si no lo conviertes en acción y trabajas en ello, es solo un bonito pensamiento que no tiene gran impacto en tu vida o en la de los otros.
Café Inspirador: Consejero maravilloso, me emociona tener una gran idea sobre algo. Sin embargo, si no trabajo en ello y lo hago realidad, es simplemente un bonito pensamiento que no tiene valor real o impacto en mi vida. Gracias, Señor.

Ama a Dios completamente, ama a los demás con compasión, ámate a ti mismo correctamente.
(Práctico, Amor, pág. 144)
Sabor Sabiduría: Los seres humanos han soñado, hablado y cantado acerca del amor desde la creación. Pero no saben que hacer con él. Hoy, se te aconseja sobre como amarte a ti mismo, a los demás, y a Dios. **Te de la Sabiduría:** Sabiduría de Dios, el amor es un bello regalo que Dios me da en esta vida. Tengo que aprender a amarme a mi mismo correctamente, amar otros con compasión, y amar a Dios completamente. Así es como debo manejar el amor. Gracias, Señor.

7 de Julio

El dinero puede comprar un buen perro, pero sólo la bondad lo hará mover su cola.
(Práctico, Bondad, pág. 127)
Sabor Inspiración: El dinero puede comprarte muchas cosas, incluso a un perro inteligente que puede hacer trucos. Pero solo tu trato bondadoso hará que el perro mueva su cola, pues la bondad es un lenguaje que todos pueden entender.
Café Inspirador: Consejero maravilloso, puedo pensar que el dinero lo es todo. El dinero puede comprarme incluso un perro inteligente, pero es mi trato bondadoso a ese perro lo que hará que mueva su cola. Necesito pensar y actuar bondadosamente cada día. Gracias, Señor.

El que hace el bien por amor de Dios no busca alabanza ni recompensa; está seguro de ambos al final.
(William Penn) (Práctico, Motivación, pág. 168)
Sabor Sabiduría: La mayoría de las personas hacen cosas buenas por todo tipo de razones, pero usualmente por alabanzas y recompensas. Si haces algo bueno en nombre de Dios, tu motivación no es ni la alabanza ni la recompensa, es por Dios.
Te de la Sabiduría: Sabiduría de Dios, puede que tenga distintas motivaciones para hacer cosas buenas mientras el mundo siempre las hacer por alabanzas o recompensas. Hoy se me anima a hacer algo bueno en tu nombre en su lugar. Gracias, Señor.

8 de Julio

Hay cuatro cosas que nunca regresan: la palabra hablada, la flecha lanzada, la vida pasada, y la oportunidad abandonada.
(Proverbio Árabe) (Práctico, Oportunidad, pág. 174)
Sabor Inspiración: Centre las cosas que nunca regresan encontrarás la palabra hablada y la oportunidad abandonada. Tienes que ser cuidadoso con las palabras que hablas y no perder una oportunidad que Dios te da.
Café Inspirador: Consejero maravilloso, la lista de arriba me dice cuatro cosas que no regresaran una vez las he dejado ir. Tengo que ser cuidadoso con las palabras que hablo y las oportunidades que Dios me ha dado. Gracias, Señor.

Una buena reputación es más valiosa que un perfume caro.
(Eclesiastés 7:1) (Práctico, Reputación, pág. 207)
Sabor Sabiduría: Las personas usan los perfumes para impresionar y agradar a otros. Pero debes saber que tu buena reputación puede hacer que le gustes a las personas. Es mucho más valioso que el perfume más caro.
Te de la Sabiduría: Sabiduría de Dios puede que use los perfumes y las joyas para oler y verme bien en público. Pero se me ha dio que una buena reputación perdurará más que el perfume más caro. Gracias, Señor.

9 de Julio

Cuando te estás muriendo de sed, es muy tarde para pensar en cavar un pozo.
(Proverbio Japonés) (Práctico, Planes, pág. 186)
Sabor Inspiración: Es siempre sabio planificar con antelación y prepararse para el futuro. No debes esperar hasta que haya una emergencia para hacer algo al respecto. De lo contrario, será demasiado tarde.
Café Inspirador: Consejero maravilloso, debo planificarme con antelación y prepararme para una emergencia lo mejor que pueda. Si espero por una emergencia, como morir de sed, para hacer algo al respecto, será muy tarde para cavar un poso. Gracias, Señor.

La ira es la base de todo mal.
(Muhammad Husan Askari (1919–1978), Escritor Paquistani) (Citas, Ira, pág. 16)
Sabor Sabiduría: La ira es uno de los pecados mortales que destruye tu relación con Dios y los demás. La ira provoca que digas cosas hirientes y lleves a cabo acciones destructivas. Debes evitar esta raíz de todo mal.
Te de la Sabiduría: Sabiduría de Dios, la ira es la raíz de todo mal y puede provocar que diga y haga cosas hirientes a los demás. Debo evitar este pecado mortal que puede destruir mi relación con Dios y los otros.

10 de Julio

La reputación se hace en un momento, el carácter se construye a lo largo de la vida.
(Práctico, Reputación, pág. 207)
Sabor Inspiración: Puede que te guste ser famoso y tener una buena reputación, la cual se puede adquirir en poco tiempo. Pero si quieres tener un buen carácter, puede que tengas que pasar toda una vida para alcanzarlo.
Café Inspirador: Consejero maravilloso, el mundo a menudo está interesado en una buena reputación, la cual se hace en un corto tiempo. Sin embargo, si quiero tener un buen carácter, puede que necesite toda una vida para construirlo. Gracias, Señor.

Aquel que perdona pone fin a la pelea. (Proverbio Africano) (Cita, Perdón, pág. 100)
Sabor Sabiduría: Las peleas ocurren a tu alrededor cada día. Estas no terminan en el momento en que ambos lados se retiran. Pero puedes poner fin a una pelea si puedes perdonar a la otra parte y olvidarlo todo.
Te de la Sabiduría: Sabiduría de Dios, puede que vea o me vea envuelto en una pelea en mi día a día que no termina cuando ambas partes de retiran. La mejor forma de ponerle fin es perdonando a la otra persona. Gracias, Señor.

11 de Julio

Si no defiendes algo, caerás por cualquier cosa.
(Práctico, Tenacidad, pág. 219)
Sabor Inspiración: Es riesgoso y aterrador defender algo, pues puedes encontrarte con oposiciones y hostilidad. Peor si no eres tenaz y no defiendes algo, serás caprichoso y caerás por cualquier cosa.
Café Inspirador: Consejero maravilloso, puede que no me guste defender un asunto, porque temo que las personas me odien. Pero si no tengo la tenacidad de defender algo, caeré por cualquier cosa. Gracias, Señor.

No puede haber educación sin ocio, y sin ocio la educación no tiene valor.
(Sarah Joseph Hale (1788– 1879), escritora y editora Americana) (Citas, Educación y Aprendizaje, pág. 159)
Sabor Sabiduría: La mayoría de las criaturas aprenden jugando, los seres humanos no son la excepción. Si quieres aprender acerca de la vida, tienes que explorarla tranquilamente. Pero tu educación no tendrá valor si no puedes disfrutarla.
Te de la Sabiduría: Sabiduría de Dios, si quiero aprender más sobre la vida, necesito explorarla tranquilamente y jugar con ella. Pero debo tener en mente que mi educación no tiene valor si no puedo divertirme con ella. Gracias, Señor.

12 de Julio

Tómate el tiempo para trabajar, ese es el precio que pagas por el éxito. Toma tiempo para jugar, es el secreto de la juventud. Toma tiempo para leer, es la base del conocimiento. Toma tiempo para reír, es la música del alma. Toma tiempo para ser cortés, es el trabajo de un caballero. Toma tiempo para rezar, es el respiro vital de un Cristiano. (Práctico, Tiempo, Pág. 226)
Sabor Inspiración: El tiempo es algo que la Mayoría de las personas no tienen. Pero tienes que tomar tiempo para trabajar, pensar, jugar, leer, reír, ser cortes, y rezar, porque cada uno de esos momentos te traen una bendición especial.
Café Inspirador: Consejero maravilloso, puede que no tenga el tiempo en un día de hacer todo lo que hay en esa
lista. Sin embargo, si me tomo el tiempo para trabajar, pensar, jugar, leer, reír, ser cortes, y rezar, encontraré muchas bendiciones. Gracias, Señor.

Ser feliz, es una forma de ser sabio. (Colette (1873-1954), escritor Francés) (Citas, Felicidad, pág. 121)
Sabor Sabiduría: Algunas personas definen la sabiduría en términos de conocimiento, otros en base a experiencias de vida. Puedes definir la Sabiduría de otra manera llamando a las personas que tratan de alcanzar la felicidad "personas sabias".
Te de la Sabiduría: Sabiduría de Dios, puede que considere el conocimiento y las experiencias de la vida como la base de la sabiduría. Sin embargo, se me recuerda que, si busco la verdadera felicidad, soy realmente sabio. Gracias, Señor.

13 de Julio

La verdad resiste la prueba del tiempo, las mentiras son expuestas pronto.
(Proverbios 12:19) (Práctico, Verdad, pág. 231)
Sabor Inspiración: La mayoría de las personas odia la mentira y ama la verdad porque no quieren ser heridos o terminar pareciendo un tonto. Pero debes amar la verdad porque superará la prueba del tiempo, mientras que la mentira es expuesta pronto.
Café Inspirador: Consejero maravilloso, puede que sea indiferente a la verdad o la mentira. Pero las mentiras usualmente hieren y causan muchos problemas. Debo evitar las mentiras y apegarme a la verdad, la cual resiste la prueba del tiempo. Gracias, Señor.

La religión no es lo que es captado por el cerebro, es una comprensión del corazón.
(Mahatma Gandhi) (Citas, Religión, pág. 232)
Sabor Sabiduría: Las personas a menudo hablan sobre la religión en términos de conocimiento de la fe o el lado pensante del cerebro. Pero debes saber que la religión realmente es abrazada y aceptada por el corazón.
Te de la Sabiduría: Sabiduría de Dios, puede que hable sobre religión en términos de conocimientos de la Biblia o las pruebas de tu existencia. Sin embargo, la verdad es que mi corazón, no mi cerebro, me lleva a la religión. Gracias, Señor.

14 de Julio

Dios no le da nada a aquellos que mantienen sus brazos cruzados.
(Proverbio Bambara (Oeste Africano)) (Citas, Acción, pág. 2)
Sabor Inspiración: Cuando tienes tus brazos cruzados, básicamente estas diciendo que no necesitas ayuda de Dios ni de nadie. Pero si quieres que Dios te de algo, debes abrir tus manos al Cielo.
Café Inspirador: Consejero maravilloso, cruzo mis brazos cuando no necesito ayuda de Dios ni de nadie. Sin embargo, si quiero que Dios me ayude con algo, debo levantar mis manos al Cielo y rezar. Gracias, Señor.

Debemos usar el tiempo creativamente, y para siempre darnos cuenta de que el tiempo siempre este maduro para hacer lo correcto.
(Martin Luther King Jr, "Cartas desde la Cárcel Birmingham") (Citas, Tiempo, pág. 278)
Sabor Sabiduría: Las personas a menudo desperdician su tiempo libre y lo usan para alcanzar cosas erróneas. Debes utilizar tu tiempo sabia y creativamente comprometiéndote a hacer las cosas correctas y honorables.
Te de la Sabiduría: Sabiduría de Dios, puede que me encuentre haciendo mal uso de mi tiempo o malgastándolo en cosas erróneas. Hoy, se me recuerda usar mi tiempo sabia y creativamente para hacer el bien y cosas honorables. Gracias, Señor.

15 de Julio

El odio no cesará con odio, el odio cesará con amor. Esta es la ley eterna.
(Dhammapada, "Los Versos Gemelos") (Citas, Odio, pág. 122)

Sabor Inspiración: El odio es una energía oscura y una mala influencia que causa constantes peleas y guerras sin fin en el mundo. De la única manera en que puedes poner fin al odio es a través del amor y los actos de bondad.

Café Inspirador: Consejero maravilloso, puedo ver que el mundo está lleno de odio y de venganza. No puedo alejar esa influencia negativa con más actos de odio, mas si con mas actos de amos y compasión. Gracias, Señor.

Cuando eres rico, las personas vienen a conocerte y te ven en tu puerta; cuando no tienes dinero, puedes salir temprano y volver a casa tarde, y a nadie le importa un comino. (Proverbio Vietnamita) (Citas, Riqueza, pág. 304)

Sabor Sabiduría: Las personas a menudo dicen "el dinero habla". Hoy aprendes que, si eres rico, las personas te trataran como de la realeza. Pero si eres pobre, podrás trabajar duro todo el día y nadie se preocupará por ti.

Te de la Sabiduría: Sabiduría de Dios, puede que escuche que el dinero habla. Hoy se me recuerda que, si soy rico, seguramente tendré un tratamiento como de la realeza. Pero si soy pobre, trabajaré diligentemente y a nadie le importara. Gracias, Señor.

16 de Julio

Un hombre puede hacer de si mismo lo que quiera si realmente cree que tiene que estar listo para el trabajo duro y muchas angustias en el camino.
(Thurgood Marshall (1908–1993), Jurista Americano) (Citas, Éxito, pg. 272)

Sabor Inspiración: El éxito nunca se te es dado. Si quieres lograr algo en tu vida, tienes que creer en ello, estar preparado para el trabajo duro, y no tener miedo de las muchas angustias que encontrarás en el camino.

Café Inspirador: Consejero maravilloso, si quiero lograr algo maravilloso en mi vida, debo creer realmente en ello, estar preparado para el trabajo duro y no temer a las angustias que encontraré a lo largo del camino. Gracias, Señor.

Así que la fe, la esperanza, el amor permanecen, los tres; pero el mayor de ellos es el amor.
(Corintios 13:13) (Religioso, Ágape, pág. 21)

Sabor Sabiduría: Las tres virtudes más grandes que una persona puede encontrar en la Biblia son la fe, la esperanza y el amor. Sin embargo, aprenderás que la mas grande es el amor porque te hace real y te ayuda a resistir cualquier cosa.

Te de la Sabiduría: Sabiduría de Dios, se que las tres grandes virtudes en la Biblia son la fe, la esperanza y el amor. Cada una puede hacer cosas maravillosas en mi vida, pero el amor es la mas grande de todas porque resiste hasta el final. Gracias, Señor.

17 de Julio

El trabajo es la medicina de la pobreza.
(Proverbio Yoruba (Oeste Africano))
(Citas, Trabajo, pág. 314)

Sabor Inspiración: Puedes que termines en la pobreza por varias razones. Pero esas condiciones de vida no son algo de lo que quieras estar cerca un día mas. La única forma en la que puedes salir de ella y encontrar una nueva vida es a través del trabajo.

Café Inspirador: Consejero maravilloso, la pobreza no es la condición de vida en la que quiero vivir por siempre. Sin embargo, la mejor manera de traer sanación y encontrar una nueva vida es a través del trabajo. Gracias, Señor.

Si hay algo en esta vida que sostiene a un hombre sabio y lo induce a mantener su serenidad en medio de las tribulaciones y adversidades del mundo, es la meditación y el conocimiento de las escrituras.
(San Gerónimo, en Efesios, 400 AD)
(Religioso, Biblia, pág. 54)

Sabor Sabiduría: Muchas personas estos días obtienen su conocimiento en internet y encuentran la paz en el consumo de drogas. Se te exhorta a buscar la Sabiduría aprendiendo de las Escrituras y encontrando serenidad meditando en ello.

Te de la Sabiduría: Sabiduría de Dios, veo personas hacer frente a sus tribulaciones y adversidades apoyándose de las drogas y el alcohol, pero se me aconseja encontrar sabiduría de las Escrituras y serenidad meditando en ellas. Gracias, Señor.

18 de Julio

Si nuestra conciencia nos dice que debemos realizar un acto en particular, es nuestro deber moral realizarlo.
(Frederick Copleston, Aquinas, 1955)
(Religioso, Acciones, pág. 16)

Sabor Inspiración: Tu conciencia es la brújula moral que el Creador te ha confiado para ayudarte a guiarte a través de tu vida diaria y tomar las decisiones correctas. Si te dices que actúes de cierta manera, será mejor que lo hagas.

Café Inspirador: Consejero maravilloso, he sido bendecido con el gran regalo de mi conciencia para guiarme y ayudarme a tomar las decisiones correctas. Si mi conciencia me dice que actúe de cierta manera, tengo que hacerlo. Gracias, Señor.

La meta de la vida cristiana no es salvar tu alma sino trascenderte a ti mismo, para reivindicar la lucha humana de la que todos somos parte, para mantener la esperanza avanzando.
(William Sloane Coffin, Viviendo la Verdad en un Mundo de Ilusiones, 1985) (Religioso, Cristiandad, pág. 77)

Sabor Sabiduría: Algunas personas creen que la meta de un Cristiano es salvar su alma. Pero se dice que tu meta Cristiana es sobrepasar tus limitaciones, justificar tú lucha, y mantener las esperanzas.

Te de la Sabiduría: Sabiduría de Dios, puede que piense que la meta de un Cristiano es salvar su alma. Sin embargo, se me recuerda que mi meta Cristiana es trascenderme a mi mismo, reivindicar mi lucha, y mantener la esperanza avanzando. Gracias, Señor.

19 de Julio

Ningún cristiano escapa al sabor del desierto en el camino a la Tierra Prometida.
(Evelyn Underhill, Los Frutos del Espíritu, 1942) (Religioso, Adversidad, pág. 20)
Sabor Inspiración: Como las personas de Dios en la Biblia, sueñas con llegar a la Tierra Prometida. Pero la única manera que tienes de llegar allí es atravesando el desierto, que está lleno de adversidades y tentaciones.
Café Inspirador: Consejero maravilloso, deseo llegar a la Tierra Prometida como las personas de Dios. Sin embargo, la única manera de que ese sueño se haga realidad para mi es atravesando el desierto, que está lleno de adversidades. Gracias, Señor.

Ningún hombre es condenado por nada de lo que ha hecho, es condenado por continuar haciendo el mal.
(George McDonald, Sermones Tácitos, Serie III, 1887) (Religioso, Condena, pág. 119)
Sabor Sabiduría: Los seres humanos siempre comenten errores. No eres criticado por lo que sea que hayas hecho. Sin embargo, serás condenado por continuar haciendo el mal y no cambiar.
Te de la Sabiduría: Sabiduría de Dios, cometo errores, como todos los seres humanos. Aun así, no soy criticado por cualquier cosa que haya hecho. Pero seré condenado por continuar haciendo el mal y no evitarlo. Gracias, Señor.

20 de Julio

Y aunque ande en valle de sombra de muerte, no temeré mal alguno, porque tu estas conmigo; tu vara y tu cayado me consuelan.
(Salmos 23:4) (Religioso, Ansiedad y Miedo pág. 30)
Sabor Inspiración: Puedes sentirte ansioso acerca de tu futuro o miedo a la muerte y a la maldad. Pero no debes sentirte de esa forma, porque Dios estará contigo para confortarte y protegerte a lo largo del viaje hacia tu fe.
Café Inspirador: Consejero maravilloso, me siento preocupado por el futuro o temeroso por la muerte y la maldad. Pero ya no debería sentirme así, porque tú estás conmigo para protegerme y consolarme. Gracias, Señor.

La autodisciplina nunca significa renunciar a nada, pues renunciar es una pérdida. Nuestro Señor no nos pidió renunciara a las cosas de la tierra, sino que la cambiáramos por cosas mejores.
(Fulton J. Sheen, Levanta tu Corazón, 1950) (Religioso, Disciplina, pág. 140)
Sabor Sabiduría: Algunos creyentes creen que deben renunciar a las cosas terrenales para la vida eterna. Pero se les dice que los cristianos están llamados a seguir una vida auto disciplinada y simplemente intercambiar esas cosas terrenales por cosas mejores.
Te de la Sabiduría: Sabiduría de Dios, puede que crea que tengo que renunciar a las cosas terrenales para la vida eterna. Sin embargo, soy llamado como cristiano a seguir una vida auto disciplinada e intercambiarlas por cosas mejores. Gracias, Señor.

21 de Julio

Las buenas obras son la mejor oración.
(Proverbio Serbio) (Religioso, Obras, pág. 129)
Sabor Inspiración: Las personas rezan para mostrar su devoción a su Dios o ayudarles a vivir de acuerdo con su fe. Pero hoy, se les recuerda que las buenas obras son la mejor oración porque ayudan a evitar ser un hipócrita.
Café Inspirador: Consejero maravilloso, rezo para mostrar mi fe en Dios o pedirle a Dios que haga algo por mi. Pero hoy, me dicen que las buenas obras son la mejor oración porque muestran a Dios mis honestas intenciones. Gracias, Señor.

La vida eterna no es una vida para el futuro. Por caridad comenzamos la eternidad aquí abajo.
(Henri de Lubac, Paradojas, 1948) (Religioso, Eternidad, pág. 164)
Sabor Sabiduría: Las personas pueden pensar que la vida eterna comienza luego de que la actual termina. Sin embargo, se te exhorta a iniciar el futuro ahora mismo y hacerlo una realidad en una vida de amor.
Te de la Sabiduría: Sabiduría de Dios, espero la vida eterna y asumo que esta viene después de esta vida. Sin embargo, puedo empezar la eternidad aquí abajo y hacerla una realidad ene una vida de amor. Gracias, Señor.

22 de Julio

A menudo es mucho más difícil aprender de la victoria que de la derrota. En la derrota, se hacen preguntas sobre lo que salió mal, para que esos errores no se cometan en el futuro. Pero la victoria rara vez crea la necesidad de investigar sobre sus fuentes.
(Gary Hart, en el Washington Post, 5 de Mayo de 1991) (Religioso, Fracaso y Derrota, pág. 175)
Sabor Inspiración: Todos aman más a la victoria que a la derrota. Pero es en los momentos de derrota o fracaso en los que quieres saber que fue lo que salió mal y tratas de aprender de tus errores. Rara vez aprendes de la victoria.
Café Inspirador: Consejero maravilloso, como la mayoría de las personas, claramente prefiero la victoria sobre la derrota. Sin embargo, en los momentos de la derrota o fracaso, intentare averiguar que salió mal. Rara vez aprendo de la victoria. Gracias. Señor.

Una onza de padre vale una libra del clero.
(Proverbio Español) (Religioso, Familia, pág. 186)
Sabor Sabiduría: Las personas vienen al clero a encontrar guía moral y a aprender a ser buenos. No tendrás que hacer que tus hijos hagan eso si tratas ser un buen padre y les enseñas lo correcto.
Te de la Sabiduría: Sabiduría de Dios, puede que cuente con el clero como guía moral y ejemplo de buen carácter. Pero mis hijos no necesitarán eso si puedo ser un buen padre y enseñarles a ser buenos. Gracias, Señor.

23 de Julio

Da a la humanidad esperanza y se atreverá y sufriría alegremente, sin importar el precio, esperanza con risas en su bandera y en su rostro la fresca belleza de la mañana.
(John Elof Boodin, Dios: Una Filosofía Cósmica de la Religión, 1934) (Religioso, Esperanza, pág. 234)
Sabor Inspiración: La esperanza es una virtud única que te retara a hacer lo imposible y a sufrir alegremente frente a las dificultades. Si no tienes esperanza, no tendrás la fuerza y el deseo de vivir un día mas.
Café Inspirador: Consejero maravilloso, si no tengo esperanza, no tendré el valor ni el deseo de seguir viviendo. La esperanza me reta a pensar en lo imposible y a sufrir alegremente en medio de los desafíos diarios. Gracias, Señor.

Nadie conoce verdaderamente la felicidad que no ha sufrido, y los redimidos son más felices que los elegidos.
(Henri Amiel, Diario de Amiel, 1882) (Religioso, Felicidad, pág. 221)
Sabor Sabiduría: Todo el mundo busca la felicidad y entiende sus bendiciones en sus vidas. Pero sabes que las personas que más la aprecian son las que han soportado más sufrimiento.
Café Inspirador: Consejero maravilloso, puede que me guste la felicidad y vea sus bendiciones en mi vida, como todo el mundo. Sin embargo, la apreciaría más de haber soportado mucho sufrimiento y haber sido redimido. Gracias, Señor.

24 de Julio

Tengamos amor y más amor; un amor que derrita toda oposición conquista a todos los enemigos, barre todas las barreras, abunda en caridad, un gran corazón, tolerancia, perdón y noble esfuerzo; un amor que triunfa sobre todos los obstáculos. (Abdul Baha (1844–1921), en Lo Escuche Decir) (Religioso, Amor, pág. 303)
Sabor Inspiración: El amor no es sólo la magia que sucede entre dos personas; también tiene el poder de ayudarte a tolerar, confiar, tener esperanza, soportar, perdonar, y mucho más. Debes encontrarlo y compartirlo generosamente.
Café Inspirador: Consejero maravilloso, el amor puede hacer muchas cosas maravillosas por mí. Mas importante, me ayuda a aprender a tolerar, confiar, tener esperanza, soportar, perdonar, y mucho más. Debo tenerlo y luego compartirlo. Gracias, Señor.

Una persona santa es aquella que esta santificada por la presencia de Dios dentro suya.
(Thomas Merton, Vida y Santidad, 1963) (Religioso, Santidad, pág. 232)
Sabor Sabiduría: La santidad no es una cualidad que muchas personas desean tener. De hecho, el mundo a menudo se burla de ello. Si quieres ser una persona santa, debes saber que Dios santifica y hace su presencia dentro de ti.
Te de la Sabiduría: Sabiduría de Dios, el mundo puede no desear aceptar la santidad, pero si quiero ser una persona santa, la transformación ocurren cuando Dios me santifica y hace su presencia dentro de mi. Gracias. Señor.

25 de Julio

Una disculpa es una buena forma de tener la última palabra.
(Ingenio, Desconocido, pág. 1)
Sabor Inspiración: En una discusión o en la vida real, a todo el mundo le gusta tener la última palabra, pues eso los hace sentir superiores y totalmente en control. Pero la mejor última palabra que siempre debes de decir es una disculpa.
Café Inspirador: Consejero maravilloso, puede que me guste tener la última palabra en una discusión, para sentirme superior. Pero se me exhorta que la mejor última palabra que debo decir es una disculpa para restaurar la paz. Gracias, Señor.

La soledad y el sentimiento de no ser querido es la pobreza más terrible.
(Santa Madre Teresa, en la revista Time, 1975) (Religioso, Soledad, pág. 302)
Sabor Sabiduría: Algunas personas tienen que soportar la soledad, mientras otros no son queridos por la sociedad. Si te sientes sólo, acércate a Dios y pídele que sea tu amigo. Entonces puedes llegar a los marginados de la sociedad.
Te de la Sabiduría: Sabiduría de Dios, la forma más terrible de pobreza es la soledad y el rechazo. Si me siento solo, sólo tengo que acercarme a Dios y buscar su amistad. Luego puedo acercarme a los marginados de la sociedad. Gracias, Señor.

26 de Julio

Que cada uno recuerde que progresará en todas las cosas espirituales solo en la medida en que se libre del amor propio, la voluntad y el interés propios.
(San Ignacio de Loyola, Ejercicios Espirituales, 1548) (Religioso, Espiritualidad, pág. 535)
Sabor Inspiración: El público puede minimizar la importancia de la espiritualidad, pero cuando tu vida espiritual esta en buen orden y puedes deshacerte de todas las cosas egoístas, irradiara a todos los aspectos de tu vida.
Café Inspirador: Consejero maravilloso, puede que no vea el valor de una buena espiritualidad. Sin embargo, cuando mi vida espiritual es fuerte y saludable, seré capaz de deshacerme de todas las cosas egoístas y mostrar toda mi generosidad. Gracias, Señor.

No hay nada hermoso o dulce o grande en la vida que no sea misterioso. (François-René de Chateaubriand, El Genio de la Cristiandad, 1802) (Religioso, Misterios, pág. 350)
Sabor Sabiduría: Los seres humanos están fascinados por todos los misterios de la vida. Hoy se te recuerda que, todo lo que es bello o dulce o grande en la vida siempre es misterioso y fascinante de comprender.
Te de la Sabiduría: Sabiduría de Dios, mi vida es fascinante y llena de misterios. También se me ha dicho que todo lo bello, dulce, y grande de la vida es misterioso para mi de comprender. Ayúdame a apreciar todos los misterios. Gracias, Señor.

27 de Julio

Subir alto, subir lejos, tu objetivo el cielo, tu meta la estrella.
(Sabio, Metas, pág. 63)
Sabor Inspiración: Necesitas apuntar alto con tu vida y enfocarte en metas alcanzables para ello. También tienes que recordarte a ti mismo que debes seguir escalando alto y caminando lejos para lograrlo, a pesar de los desafíos.
Café Inspirador: Consejero maravilloso, necesito apuntar alto para mi vida y concentrarme en algunas metas. También debo recordarme a mi mismo a seguir escalando alto y corriendo lejos para alcanzarlas, a pesar de los desafíos. Gracias, Señor.

La paz mental duradera es imposible alejada de la paz de Dios; sin embargo, la paz duradera con Dios viene solo cuando un hombre esta listo para entregar su propia paz mental.
(A. Roy Eckardt, en El Siglo Cristiano, el 17 de Noviembre de 1954) (Religioso, Paz Mental, pg. 386)
Sabor Sabiduría: No puedes tener paz mental duradera sin estar en paz con Dios. Sin embargo, no podrás tener paz duradera con Dios si no aprendes a rendir tu paz mental.
Te de la Sabiduría: Sabiduría de Dios, no puedo tener paz mental duradera si no hago la paz con Dios. Pero mi paz con Dios es sólo alcanzable si estoy dispuesto a rendir mi paz mental ante Dios. Gracias, Señor.

28 de Julio

Las metas a largo plazo evitan que te frustren los fracasos a corto plazo.
(Sabiduría, Metas, pág. 63)
Sabor Inspiración: Debes tener metas a largo plazo y a corto plazo en tu vida. Las metas a corto plazo te ayudan a sentirte exitoso, mientras que las metas a largo plazo evitan que te sientas frustrado por los fracasos de la vida.
Café Inspirador: Consejero maravilloso, debo tener metas a corto plazo para ayudarme a ver éxito alcanzable. Mientras tanto, las metas a largo plazo me ayudan evitar sentirme frustrado por los fracasos a corto plazo. Gracias, Señor.

No desprecies a los demás porque, según tu percepción, no poseen las virtudes que pensabas que tenían; pueden ser agradables a Dios por otras razones que no puedes descubrir.
(San Juan de la Cruz (1542–1591), La Llama Viva del Amor) (Religioso, Tolerancia, pág. 566)
Sabor Sabiduría: Algunas personas no dudan en juzgar y despreciar a otros con quienes no comparten ciertas virtudes. Sin embargo, debes saber que ellos pueden ser agradables para Dios por otras razones desconocidas.
Te de la Sabiduría: Sabiduría de Dios, puede que erróneamente juzgue y desprecie a otros que no poseen las mismas virtudes que yo. Debo saber que ellos pueden ser agradables para Dios por otras razones desconocidas. Gracias, Señor.

29 de Julio

La oportunidad llama a la puerta, pero nunca se ha sabido de que gire la perilla y entre.
(Sabio, Oportunidad, pág. 95)
Sabor Inspiración: La oportunidad no viene mucho y no es fácil reconocerla en la vida real. Debes estar atento para darte cuenta de ello y abrazarlo con todo el corazón como una parte importante de tu éxito en la vida.
Café Inspirador: Consejero maravilloso, puede que no vea la oportunidad llamar a la puerta y decirme que la deje entrar. Debo reconocerla en mi vida e invitarla a ser parte del viaje de mi vida para que me traiga gran éxito. Gracias, Señor.

Después de cruces y pérdidas, los hombres se vuelven mas humildes y sabios. (Benjamín Franklin)
(Práctico, Adversidad, pág. 7)
Sabor Sabiduría: Las cruces te hacen mas fuerte y mas resiliente, mientras que las perdidas te ayudan a volverte más humilde y sabio. Si quieres ser más humilde y sabio, tienes que enfrentar las cruces diarias y las perdidas de tu vida.
Te de la Sabiduría: Sabiduría de Dios, puede que no me gusten las adversidades y los fracasos, porque ellos me traen problemas y preocupaciones. Sin embargo, las cruces me hacen más fuerte, mientras que las perdidas me ayudan a crecer más humilde y sabio. Gracias, Señor.

30 de Julio

El fracaso es el camino de menos persistencia.
(Sabio, Ganar/ Perder, pág. 145)
Sabor Inspiración: A nadie le gusta fallar, porque duele. Pero el fracaso es ciertamente una parte de la vida. Lo veras muy seguido si no trabajas duro y persistes en tu misión, a pesar de los muchos desafíos de la vida a lo largo del camino. Gracias, Señor.
Café Inspirador: Consejero maravilloso, el fracaso es parte de la vida, pero no me gusta, porque duele. Si no trabajo duro y persisto con mis tareas en medio de mis desafíos diarios, me topare con muchas y me sentiré triste. Gracias, Señor.

La vida es una piedra de molino. Pero que nos muela o nos lustre depende de nosotros.
(L. Thomas Holdcroft) (Práctico, Actitud, pág. 18)
Sabor Sabiduría: La vida esta llena de momentos difíciles y puede ser vista como una piedra de molino. Puedes dejar que te muela o te lustre, pero eso dependerá de tu actitud y de la forma en que lidies con los desafíos de la vida.
Te de la Sabiduría: Sabiduría de Dios, la vida puede ser como una piedra de molino, con todas sus dificultades. Puedo dejarla molerme y sentirme resentido o lustrarme, dependiendo de como manejo los desafíos en mi vida. Gracias, Señor.

31 de Julio

Tienes que actuar en el interés de tu amigo le guste o no, el objetivo del amor es servir, no ganar.
(Woodrow Wilson, dirección, Princeton, 9 de Mayo de 1907) (Religioso, Amor, pág. 312)
Sabor Inspiración: La Mayoría de las personas mira por sus intereses y se le dificulta ver por los de los demás. Pero si realmente amas y te importa un amigo, tienes que actuar en función de sus intereses sin importar como se sienta al respecto.
Café Inspirador: Consejero maravilloso, puede que encuentre difícil ver por los intereses de los demás. Sin embargo, si realmente amo y me importa un amigo debo actuar en función de sus intereses sin importar como se sienta al respecto. Gracias, Señor.

Una buena conciencia es una navidad continua.
(Benjamín Franklin) (Práctico, Conciencia, pág. 40)
Sabor Sabiduría: La Navidad es un momento de jubilo para las personas de Dios para celebrar la venida de Dios a su mundo. Así que, una buena conciencia es una Navidad constante porque siempre se regocija en la presencia de Dios.
Te de la Sabiduría: Sabiduría de Dios, la Navidad es un tiempo de jubilo para celebrar la aparición de Dios en la tierra. Una buena conciencia es una Navidad continua porque constantemente se regocija en la presencia de Dios. Gracias, Señor.

Agosto

1 de Agosto

Apunta alto paro mantente en el nivel.
(Práctico, Apunta, pág. 11)
Sabor Inspiración: Debes apuntar alto y tener muchos sueños maravillosos para tener una vida con esperanzas. Pero debes mantenerlos alcanzables y razonables. De lo contrario, se mantendrán como ideas abstractas.
Café Inspirador: Consejero maravilloso, debo apuntar alto y nunca dejar de soñar en grande. Sin embargo, debo mantener esos sueños alcanzables y razonables. De lo contrario, son solo simples ideas en mi cabeza. Gracias, Señor.

La diplomacia es la habilidad de darle una inyección al otro en el brazo sin dejarlo sentir la aguja.
(Práctico, Diplomacia, pág. 52)
Sabor Sabiduría:
Parte de los desafíos de aprendizaje para ti en el mundo adulto es ser diplomático con los otros. La diplomacia significa que necesitas abordar un problema difícil con los demás con tacto y delicadeza.
Te de la Sabiduría: Sabiduría de Dios, la diplomacia es una habilidad que necesito usar diariamente para abordar un problema difícil con tacto. Necesito tu ayuda para ayudarme a hacer buen uso de el y traer al mundo tolerancia y cortesía. Gracias, Señor.

2 de Agosto

No tengas miedo de ir por la rama, ahí es donde esta la fruta.
(Práctico, Valor, pág. 46)
Sabor Inspiración: Algunas personas son muy cautelosas y dudan si ir por la rama para lograr algo. No debes temer tomar riesgos algunas veces para alcanzar tus sueños o tener éxito en algo.
Café Inspirador: Consejero maravilloso, puede que dude de ir por la rama para lograr algo. No debo temer tomar riesgos para alcanzar mis sueños, porque la fruta a menudo se encuentra en la rama. Gracias, Señor.

Un hombre sabio piensa con antelación; ¡un tonto no lo hace y se jacta de ello!
(Proverbios 13:16) (Práctico, Tontos y Tonterías, pág. 79)
Sabor Sabiduría: Sería tonto de tu parte no planificar nada o estar preparado para el futuro. Desafortunadamente, algunos tontos incluso se jactan de ello. Pero si eres sabio, pensarás con antelación y planificaras para el futuro.
Te de la Sabiduría: Sabiduría de Dios, sería un tonto si no planifico o estoy preparado para el futuro e incluso me jacto de ello. Pero si soy sabio, pensaré con antelación y planificaré para el futuro tanto como pueda. Gracias, Señor.

3 de Agosto

Aquellos que temen al futuro es probable que fallen en el presente.
(Práctico, Futuro, pág. 91)
Sabor Inspiración: Un futuro incierto puede provocar que te sientas abrumado y desarrolles muchos problemas en la actualidad. Debes confiar tu futuro a Dios y pedirle ayuda con los desafíos del presente.
Café Inspirador: Consejero maravilloso, un futuro incierto puede provocar que me sienta abrumado y tenga todo tipo de problemas. Debo confiar mi futuro a Dios y pedir su ayuda con los desafíos de hoy. Gracias, Señor.

Si has hipotecado el futuro para comprar los placeres del presente, no te quejes cuando llegue la ejecución.
(Práctico, Futuro, pág. 91)
Sabor Sabiduría: A algunas personas les gusta disfrutar una vida de placeres a cualquier precio. Pero se te advierte que evites hipotecar tu futuro para comprar los placeres del presente, porque puede venir una ejecución inesperada.
Te de la Sabiduría: Sabiduría de Dios, se me advierte a evitar hipotecar mi futuro para comprar los placeres del presente y disfrutar sin ninguna preocupación, pues una ejecución inesperada puede llegarme. Gracias, Señor.

4 de Agosto

Nos ganamos la vida por lo que conseguimos, pero hacemos una vida con lo que damos.
(Práctico, Dar, pág. 96)
Sabor Inspiración: No es parte de la naturaleza humana compartir las bendiciones de Dios con otros. Por lo tanto, mientras intentas ganarte la vida también necesitas hacer una vida y un legado dando generosamente de ti al mundo.
Café Inspirador: Consejero maravilloso, puede que este ocupado ganándome la vida y tratando de adquirir tanto como sea posible. Tengo que recordar hacer una vida y un legado dando generosamente de mi al mundo. Gracias, Señor.

La sabiduría y el buen juicio viven juntos, porque la sabiduría sabe donde descubrir el conocimiento y la comprensión.
(Proverbios 8:12) (Práctico, Conocimiento, pág. 130)
Sabor Sabiduría: Si quieres tener buen juicio, debes tener conocimiento y entendimiento completo acerca del asunto. Pero la sabiduría sabe todo sobre ello. Por lo tanto, el buen juicio y la sabiduría son buenos vecinos.
Te de la Sabiduría: Sabiduría de Dios, no puedo tener buen juicio sin tener un conocimiento y entendimiento completo sobre un asunto. Tu sabiduría me da todo eso, y ella vive junto con el buen juicio. Gracias, Señor.

5 de Agosto

El engaño llena los corazones que están tramando para el mal; ¡La alegría llena los corazones que están planeando el bien!
(Proverbios 12:20) (Práctico, Alegría, pág.120)
Sabor Inspiración: Nadie quiere estar cerca de las personas cuyos corazones están llenos con engaños y planeando maldades. Pero debes aprender a ser una persona alegre porque las personas alegres planean para el bien, y a todos les gusta eso.
Café Inspirador: Consejero maravilloso, no debo tener un corazón que esta lleno de engaño y que planea la maldad. En su lugar, debo tener un corazón lleno de alegría y que planea el bien. Gracias, Señor.

El dinero puede construir una casa, peros se requiere de amor para convertirlo en un hogar.
(Práctico, Amor, pág. 144)

Sabor Sabiduría: Muchas personas quieren construir una casa grande y elegante y tirar mucho dinero en ella. Pero tienes que saber que se requiere de amor y tierno cuidado convertir una casa en un hogar.
Te de la Sabiduría: Sabiduría de Dios, puede que tenga mucho dinero y desee usarlo para construir una casa grande y elegante, sin embargo, debo saber que se requiere de amor y tierno cuidado de mi parte convertir una casa en un hogar. Gracias, Señor.

6 de Agosto

Nunca te canses de la lealtad y la bondad. Mantén firmemente estas virtudes. Escríbelas en lo profundo de tu corazón.
(Proverbios 3:3) (Práctico, Bondad, pág. 126)
Sabor Inspiración: Cuando las personas te tratan con bondad, lo recordaras y serás leal a ellos. Del mismo modo, cuando las personas son leales a ti, serás agradecido y bondadoso con ellos. Por lo tanto, recuerda bien esas virtudes.
Café Inspirador: Consejero maravilloso, debo ser leal con las personas que son bondadosas conmigo. También debo ser bondadoso con las personas que son leales a mi. Debo mantener firmemente estas dos virtudes y escribirlas en mi corazón. Gracias, Señor.

¡Confía en tu dinero y te vendrás abajo! Confía en Dios y florece como árbol.
(Proverbios 11:28) (Práctico, Dinero, pág. 157)
Sabor Sabiduría: A pesar del mensaje "En Dios confiamos" en la moneda, las personas aún ponen su confianza en el dinero y luego se decepcionan, pero tienes que confiar en Dios si quieres que todos los recursos correctos florezcan.
Te de la Sabiduría: Sabiduría de Dios, veo que las personas que ponen su confianza en el dinero a menudo terminan con una vida decepcionante. Sin embargo, si quiero que mi vida florezca y ser feliz, solo necesito poner mi confianza en Dios. Gracias, Señor.

7 de Agosto

La abeja que hace la miel no merodea alrededor de la colmena. (Práctico, Pereza, pág. 136)
Sabor Inspiración: Las abejas trabajadoras siempre están en movimiento buscando la manera de traer a casa los ingredientes para hacer la dulce miel. Si te mantienes merodeando alrededor de la colmena, no encontrarás ningún trabajo o producirás ningún ingreso para tu familia.
Café Inspirador: Consejero maravilloso, como una abeja trabajadora, necesito estar fuera de la casa en búsqueda de los ingredientes para hacer la dulce miel. Si sigo merodeando alrededor de la casa, no encontraré ningún trabajo para ganarme la vida para mi familia. Gracias, Señor.

Un tonto se mete en constantes peleas. ¡Su boca es su ruina! Sus palabras lo ponen en peligro.
(Práctico, Boca/ Habla, pág. 169)
Sabor Sabiduría: Un tonto constantemente se mete en problemas con su lengua suelta y mala boca. Debes evitar ser un tonto pensando en cada palabra antes de hablar y siendo cuidadoso con tu boca.
Te de la Sabiduría: Sabiduría de Dios, no debo actuar como un tonto y meterme en constantes problemas con los otros. En su lugar, debo pensar cuidadosamente antes de hablar y elegir las palabras correctas para expresar mis pensamientos. Gracias, Señor.

8 de Agosto

Estudiare y me prepararé y estaré listo para mi oportunidad, cuando llegue.
(Abraham Lincoln) (Práctico, Oportunidad, pág. 174)
Sabor Inspiración: La oportunidad no viene mucho. El Presidente Lincoln fue sabio al prepararse para darle la bienvenida. Del mismo modo, debes estudiar y entrenarte bien para detectar una oportunidad y abrazarla.
Café Inspirador: Consejero maravilloso, la oportunidad no se presenta mucho en mi vida. Necesito estudiar duro y prepararme bien para reconocerla y hacer buen uso de ella para que me traiga gran éxito. Gracias, Señor.

Un hombre sabio controla su temperamento. El sabe que la ira provoca errores.
(Proverbios 14:29) (Práctico, Autocontrol, pág. 208)
Sabor Sabiduría:
Una persona sabia a menudo es conocida por sus conocimientos y experiencias de vida. Hoy tienes otra razón para ser sabio. Sabes como controlar tu temperamento porque la ira provoca errores.
Te de la Sabiduría: Sabiduría de Dios, la ira puede causar que cometa errores y llevarme a otros problemas. Hoy se me anima a ser una persona sabia y hacer lo mejor para controlar mi temperamento. Gracias, Señor.

9 de Agosto

El Señor esta lejos de los malvados, pero escucha las oraciones de los justos.
(Proverbios 15:29) (Práctico, Oración, pág. 187)
Sabor Inspiración: El Señor a menudo esta lejos de los malvados porque ellos no obedecen sus mandamientos. Sin embargo, si eres justo y sigues sus enseñanzas, el definitivamente escuchará tus oraciones en tiempos de necesidad.
Café Inspirador: Consejero maravilloso, si soy malvado y no sigo los mandamientos de Dios, el estará lejos de mi. Sin embargo, si soy justo y obedezco sus enseñanzas, él seguro escuchará mis oraciones. Gracias, Señor.

Una de las peores cosas de la jubilación es que tendrás que tomar café en tu tiempo libre.
(Práctico, Tiempo, pág. 226)
Sabor Sabiduría: Todos esperan la jubilación y todos sus beneficios. Lo que tienes que saber es que no tendrás tiempo libre en tu jubilación. Tendrás que tomar café y hacerlo todo en tu tiempo libre.
Te de la Sabiduría: Sabiduría de Dios, puede que espere la jubilación y disfrutar de todos sus beneficios. Pero, puede que no me de cuenta de que ya no tendré tiempos de descanso y tomaré el café en mi tiempo libre. Gracias, Señor.

10 de Agosto

La reputación es lo que los hombres dicen de ti en tu lapida; el carácter es lo que los ángeles dicen de ti ante el trono de Dios.
(William Hersey Davis) (Práctico, Reputación, pág. 207)
Sabor Inspiración: La mayoría de las personas pasan toda su vida construyéndose una reputación la cual es recordada en su lapida. En su lugar, debes construir tu carácter, lo cual es lo que los ángeles dirán de ti ante Dios.
Café Inspirador: Consejero maravilloso, puede que este interesado en crear mi buena reputación, la cual es recordada solo en mi lapida. Pero si trato de construir mi carácter, los ángeles lo reportaran ante Dios. Gracias, Señor.

Aquel que tiene compasión hacia los otros recibirá compasión del Cielo. (Talmud, Shabbat 151)
(Citas, Compasión, pág. 45)
Sabor Sabiduría: las personas en este mundo lidian unas con otras bajo el principio "Quid pro quo". Por lo tanto, se te recuerda que, si muestras compasión a los demás en esta vida, recibirás lo mismo en el Cielo.
Te de la Sabiduría: Sabiduría de Dios, puede que no me preocupe por tratar a las personas con bondad y misericordia. Sin embargo, se me ha dicho que, si tengo compasión con los demás en esta vida, recibiré el mismo tratamiento en el Cielo. Gracias, Señor.

11 de Agosto

Nunca dejes para mañana lo que puedes hacer pasado mañana.
(Mark Twain) (Práctico, Mañana/ Hoy/ Ayer, pág. 228)
Sabor Inspiración: Algunas personas le gusta procrastinar y retrasar su trabajo hasta mañana. Pero eso genera un largo retraso. Debes hacerte cargo del trabajo del día hoy porque mañana tienen sus propios problemas.
Café Inspirador: Consejero maravilloso, puede que me guste procrastinar y dejar mi trabajo para mas tarde. Sin embargo, se me motiva a ocuparme de mi trabajo hoy y a no dejarlo para mañana. Gracias, Señor.

Perdonar a quien no esta arrepentido es como hacer dibujos en el agua.
(Proverbio Japonés) (Citas, Perdón, pág. 100)
Sabor Sabiduría: La Biblia comparte muchas historias acerca de pecadores y el perdón. Pero, verás que el perdón solo puede darse si el pecador esta realmente arrepentido. De lo contrario, será como hacer dibujos en el agua.
Te de la Sabiduría: Sabiduría de Dios, el perdón es un tema importante en la Biblia. Pero, mi perdón solo es significativo si el infractor esta realmente arrepentido. De lo contrario, será como hacer dibujos en el agua. Gracias, Señor.

12 de Agosto

Los hombres de principios son siempre audaces, pero los hombres audaces no siempre son hombres de principios.
(Confucio, Analectas) (Citas, Audacia, pág. 26)
Sabor Inspirador: Las personas de principios siempre tratan de hacer las cosas correctas, sin importar el costo personal, y toman una posición audaz ante cualquier asunto. Pero lo opuesto no siempre es cierto. Debes ser una persona de principio.
Café Inspirador: Consejero maravilloso, las personas audaces son desagradables y no temen a nada. Sin embargo, las personas de principios tratan de tomar una posición audaz y hacer lo correcto, sin importar el costo personal. Gracias, Señor.

La mayor felicidad es convertir nuestros sentimientos en acciones. (Madame de Staël (1766-1817), escritora francesa) (Citas, Felicidad, pág. 121)
Sabor Sabiduría: La felicidad tiene muchas definiciones dependiendo del punto de vista. Hoy aprenderás que, la felicidad mas grande para ti puede ser convertir tus sentimientos en acciones reale
Te de la Sabiduría: Sabiduría de Dios, pueden ocurrírseme muchas definiciones de felicidad. Sin embargo, hoy descubro que la felicidad mas grande para mi es convertir mis sentimientos acerca de algo en acciones reales. Gracias, Señor.

13 de Agosto

El que tiene ayuda tiene esperanza, y el que tiene esperanza tiene todo.
(Proverbio Árabe) (Citas, Esperanza, pág. 127)
Sabor Inspiración: Si sientes que siempre tienes ayuda de una fuente divina, nunca te quedaras sin esperanza, y si tienes esperanza, lo tienes todo, porque puedes soñar con todo lo que quieras.
Café Inspirador: Consejero maravilloso, siempre tendré esperanza si puedo obtener una ayuda constante de una fuente como Dios. Y si tengo esperanza en mi vida, lo tendré todo, porque puedo soñar con lo que sea. Gracias, Señor.

Honrar a un anciano es mostrar respeto a Dios.
(Muhammad) (Citas, Respeto, pág. 238)
Sabor Sabiduría: Dios Padre ha sido descrito como un anciano sabio con largo pelo blanco y una barba. Si honras a un anciano quien esta hecho a la imagen de Dios estas, de hecho, dando respeto a Dios.
Te de la Sabiduría: Sabiduría de Dios, a menudo eres retratado como un sabio anciano, mientras que un anciano típico se cree que esta hecho a tu imagen. Por lo tanto, si honro a un anciano, estoy realmente mostrándote respeto a ti. Gracias, Señor.

14 de Agosto

El éxito a menudo llega a los que se atreven y actúan; rara vez va a los tímidos que siempre tienen miedo a las consecuencias.
(Jawaharlal Nehru) (Citas, Éxito, pág. 272)
Sabor Inspiración: Si quieres ver el éxito, debes atreverte a soñar lo imposible y actuar en ello para hacerlo una realidad. Si eres tímido para soñar o temeroso de las consecuencias, no experimentarás el éxito.
Café Inspirador: Consejero maravilloso, si quiero experimentar el éxito, debo atreverme a soñar lo imposible y hacerlo realidad. Pero si soy tímido para soñar y temeroso de las consecuencias, no veré el éxito. Gracias, Señor.

Una mentira arruina mil verdades. (Proverbio Ashanti (Oeste Africano)) (Citas, Mentiras, pág. 162)
Sabor Sabiduría: No es fácil hacer que las personas confíen en ti. Puede que tengas que hacer mil cosas verdaderas para que las personas confíen en ti. Pero solo bastará una falsedad para que las personas dejen de confiar en ti.
Te de la Sabiduría: Sabiduría de Dios, la confianza es la base de todas las relaciones. Puede que necesite completar mas de mil verdades para que las personas confíen en mi. Pero solo bastará una falsedad para que las personas dejen de confiar en mi. Gracias, Señor.

15 de Agosto

Todo lo que el hombre siembra, eso también cosechará.
(Gálatas 6:7) (Religioso, Acción, pág. 16)
Sabor Inspiración: Una cosa que la Naturaleza nos puede asegurar es que el tipo de semilla que siembras producirá la misma fruta. Del mismo modo, si muestras bondad y misericordia, recibirás lo mismo en la época de la cosecha.
Café Inspirador: Consejero maravilloso, la Naturaleza me dice que el tipo de semilla que siembro producirá exactamente la misma fruta. De igual modo, si siembro buenas obras, tendré una buena cosecha. Si siembro malas obras, tendré una mala cosecha. Gracias, Señor.

El mayor resultado de la educación es la tolerancia.
(Helen Keller (1880-1968), escritora Americana y profesora) (Citas, Tolerancia, pág. 279)
Sabor Sabiduría: El sistema de educación transmite conocimiento y otras lecciones de la vida para ayudar a los seres humanos a sobrevivir. Sin embargo, tienes que saber que el resultado más alto de la educación es enseñarte a tolerar a los demás.
Te de la Sabiduría: Sabiduría de Dios, obtengo educación para ganar conocimientos y otras lecciones de vida para ayudarme a sobrevivir en la tierra. Pero, creo que el resultado más alto de la educación es enseñarme a tolerar a los demás. Gracias, Señor.

16 de Agosto

Oh, no oren por una vida fácil. Oren para ser hombres mas fuertes. Pide por poderes iguales a tus tareas.
(Phillips Brooks "Subir a Jerusalén", en veinte sermones, 1886) (Religioso, Adversidad, pág. 18)
Sabor Inspiración: Las personas usualmente le rezan a Dios para que les quite los problemas y haga su vida fácil. Pero debes rezar para ser lo suficientemente fuerte para estar a la altura de tus adversidades y desafíos.
Café Inspirador: Consejero maravilloso, me gusta rezar para ser liberado de mis problemas diarios y tener una vida fácil. Sin embargo, debo rezar para ser lo suficientemente fuerte y poderoso para manejar mis tareas diarias y adversidades de la vida. Gracias, Señor.

Si uno extiende el conocimiento al máximo, uno tendrá sabiduría. Teniendo sabiduría, uno puede entonces tomar decisiones.
(Cheng Yi (1033-1108), Chinese Scholar, I-shu) (Citas, Sabiduría, pág. 305)
Sabor Sabiduría: La sabiduría es comprender todo el conocimiento de este mundo con el tiempo. Una vez tienes sabiduría, serás capaz de tomar las decisiones correctas y elegir las opciones sabias en tu vida.
Te de la Sabiduría: Sabiduría de Dios, gano sabiduría al abrazar todo el conocimiento de este mundo con el tiempo. Entonces, la sabiduría me ayudará a tomar decisiones sabias y a escoger las opciones correctas en mi vida. Gracias, Señor.

17 de Agosto

La mayoría de las almas tienen miedo de Dios precisamente por Su Bondad... Nuestro mayor temor no es que Dios no nos ame lo suficiente, sino que nos ame demasiado.
(Fulton J. Sheen, Paz del Alma, 1949) (Religioso, Ansiedad y Miedo, pág. 32)
Sabor Inspiración: El mundo a menudo tiene miedo de las personas que puedan amenazarlo con muerte y odio. Pero deberías temer a la bondad de Dios y su amor abundante hacia a ti, a pesar de que no lo mereces.
Café Inspirador: Consejero maravilloso, puede que tenga miedo de cualquiera que amenace con odio y daño físico. Pero debo temer a la bondad de Dios y su abundante amor hacia mi a pesar de mis pecados. Gracias, Señor.

Han oído que se dijo: "ojo por ojo y diente por diente." Pero yo les digo: "No se resistan a uno que es malo. Pero si alguien te golpea en la mejilla derecha, pon también la otra mejilla."
(Ezequiel 7:23) (Religioso, Agresión y Violencia, pág. 22)
Sabor Sabiduría: La mayoría de las religiones les enseñan a sus creyentes a seguir la regla "Ojo por ojo y diente por diente." La Cristiandad va más allá, pidiéndote que seas pacáfico y pongas la otra mejilla si te golpean.
Te de la Sabiduría: Sabiduría de Dios, puede que se me haya dicho acerca de la regla "Ojo por ojo y diente por diente." Pero, la Cristiandad me pide que sea diferente y que ponga la otra mejilla cuando me golpeen. Gracias, Señor.

18 de Agosto

Nuestras visiones comienzan con nuestros deseos.
(Audre Lorde, en Las Escritoras Negras de Claudia Tate en el trabajo, 1983) (Religioso, Deseo, pág. 131)
Sabor Inspiración: Tu visión te llevara a tu éxito. Pero no tienes ninguna visión si o tienes ningún deseo o sueño. Por lo tanto, si quieres un gran éxito, tienes que tener un deseo que te traiga su visión.
Café Inspirador: Consejero maravilloso, cuando quiero éxito, necesito tener un gran deseo que produzca una buena visión. Esa visión me hará convertirlo en acciones y eventualmente me traerá un gran éxito. Gracias, Señor.

Puedes aprender mas sobre la naturaleza humana leyendo la Biblia que viviendo en Nueva York.
(William Lyon Phelps, discurso de radio, 1933) (Religioso, Biblia, pág. 55)
Sabor Sabiduría: Nueva York es una ciudad llena de personas que te pueden decir mucho acerca de la naturaleza humana. Sin embargo, puedes aprender más sobre ello leyendo la Biblia, las cual es una colección de tradiciones humanas.
Te de la Sabiduría: Sabiduría de Dios, puedo ver a las personas en una ciudad llena de gente como Nueva York para averiguar sobre la naturaleza humana. Pero también puedo aprender más sobre ella leyendo la historia humana en la Biblia. Gracias, Señor.

19 de Agosto

Nunca somos derrotados a menos que renunciemos a Dios.
(Ronald Reagan, 1984) (Religioso, Fracaso y Derrota, pág. 176)
Sabor Inspiración: El mundo siempre está en guerra uno con otro. La batalla entre el bien y el mal ya esta en camino. Puede que la vida te golpee, pero nunca serás derrotado a menos que renuncies a Dios.
Café Inspirador: Consejero maravilloso, puede que deba enfrentar desafíos diarios mientras el mundo esta en constante disturbio. Tengo que saber que nunca seré derrotado en mis luchas diarias a menos que renuncie a ti. Gracias, Señor.

La conciencia es un instinto para jugarnos a luz de las leyes morales. No es una mera facultad, es un instinto.
(Immanuel Kant, Clase en Konigsberg, 1775) (Religioso, Conformidad, pág. 101)

Sabor Sabiduría: Los seres humanos dependen de leyes morales y reglas sociales. Dios te ha confiado a la conciencia para que te juzgues a ti mismo y elijas las opciones correctas en la vida.
Te de la Sabiduría: Sabiduría de Dios, necesito más leyes morales y reglas sociales que me guíen en el camino correcto de la vida. También me has dado conciencia para juzgarme y hacerme responsable de mis elecciones y acciones. Gracias, Señor.

20 de Agosto

La esperanza... es una de las formas en que lo que es meramente futuro y potencial se hace vívidamente presente y actual para nosotros. La esperanza es el modo positivo, como la ansiedad es el negativo, de esperar el futuro.
(Emil Brunner, Esperanza Eterna, 1954) (Religioso, Esperanza, pág. 235)
Sabor Inspiración: La esperanza te ayuda a ver el futuro con gran expectativa y convierte su potencial en realidad. Es también la energía positiva la que puede ayudarte a hacer frente a un futuro incierto y sus desafíos.
Café Inspirador: Consejero maravilloso, la esperanza convierte lo que es meramente futuro y potencial en un presente vívido y actual para mi. A diferencia de la ansiedad, también es un poder positivo que me ayuda a hacer frente a los desafíos futuros. Gracias, Señor.

Puedes hacer muy poco con la fe, pero no puedes hacer nada sin ella. (Samuel Butler, Los Cuadernos de Samuel Butler, 1912) (Religioso, Fe, pág. 177)
Sabor Sabiduría: La fe requiere que pongas todo en manos de Dios y, por tanto, no puedes hacer mucho con ella. Pero no puedes ir por esta vida y hacer todo bien sin tener un poco de fe en Dios.
Te de la Sabiduría: Sabiduría de Dios, la fe requiere que ponga mi vida y mi futuro en tus manos. Realmente puedo hacer muy poco con la fe, pero no puedo ir por esta vida y esperar hacer todo bien sin su ayuda. Gracias, Señor.

21 de Agosto

El hombre feliz es aquel que vive del amor, no por los honores que puede traer, sino por la vida misma. (R. J. Baughan, País Desconocido, 1946) (Religioso, Amor, pág. 303)
Sabor Inspiración: El amor tiene gran potencial y puede traer todo tipo de grandes bendiciones y milagros espectaculares para ti. Si vives por amor, no solo encontraras felicidad, sino que también propósito para tu vida.
Café Inspirador: Consejero maravilloso, el amor puede traerme todo tipo de maravillosas bendiciones y grandes milagros. Si vivo por amor encontrare, no solo felicidad, sino que también el verdadero propósito de mi vida. Gracias, Señor.

La supervivencia de la familia depende de la sensibilidad compartida de sus miembros.
(Elizabeth Stone, Ovejas Negras y primos que se Besan) (Religioso, Familia, pág. 186)
Sabor Sabiduría: Una familia tiene muchos miembros y cada uno de ellos tiene su propio rol. Si quieres que tu familia sobreviva los desafíos de esta vida, todos y cada uno de los miembros debe de compartir su responsabilidad.
Te de la Sabiduría: Sabiduría de Dios, una familia tiene muchos miembros, y cada uno de ellos tiene un rol. Si quiero que mi familia sobreviva los desafíos de esta vida, todos y cada uno de sus miembros debe compartir su responsabilidad. Gracias, Señor.

22 de Agosto

¡La perla de gran precio siempre comienza como un dolor en el estomago de la ostra!
(John E. Large, La Pequeña Aguja del Doctor Large) (Religioso, dolor, pág. 378)
Sabor Inspiración: Una ostra tiene que soportar grandes dolores de estómago para que una perla de gran precio pueda surgir. Como esa fina perla, tus logros siempre comenzaran con mucho dolor y sudor.
Café Inspirador: Consejero maravilloso, una ostra tiene que soportar mucho dolor en su estómago antes de que una perla de gran valor pueda surgir. Similarmente, mis logros siempre comenzarán con gran dolor y sacrificio. Gracias, Señor.

La verdadera felicidad fluye de la posesión de la sabiduría y la virtud y no de la posesión de bienes externos.
(Aristóteles (384-322 AC), Política (Libro VII)) (Religioso, Felicidad, pág. 221)
Sabor Sabiduría: Muchas personas quienes erróneamente identifican su felicidad con la posesión de bienes externos sólo se decepcionan luego. Pero tu verdadera felicidad viene de la posesión de sabiduría y virtudes.
Te de la Sabiduría: Sabiduría de Dios, debo darme cuenta de que la verdadera felicidad no viene de las posesiones de bienes externos y placeres terrenales. En su lugar, viene de la posesión de sabiduría y virtudes. Gracias, Señor.

23 de Agosto

El sufrimiento que produce el tipo de carácter que admiramos y el amor no sólo no es lamentable sino precioso.
(Martin C. D´Arcy, El Problema del Mal, 1928) (Religioso, Sufrimiento, pág. 539)
Sabor Inspiración: Puede que admires y ames ciertas personas por su buen carácter. Pero les tomo mucho sufrimiento y sacrificio llegar ahí. Por lo tanto, si quieres construir tu carácter, el sufrimiento es el camino.
Café Inspirador: Consejero maravilloso, puede que admire ciertas personas y su maravilloso carácter. Sin embargo, tengo que saber que les ha tomado mucho sufrimiento y grandes sacrificios alcanzarlo. Gracias, Señor.

La crisis mundial actual... es una crisis del espíritu del hombre. Es una gran agitación religiosa y moral de la raza humana, y no sabemos realmente la mitad de las causas de esta agitación.
(Thomas Merton, en El Camino, Junio 1963) (Religioso, Espíritu Humano, pág. 252)

Sabor Sabiduría: La raza humana ha tenido que lidiar con muchas crisis. Debes saber que su crisis actual es el hambre del espíritu humano, la cual ha dado lugar a una gran agitación religiosa y moral para la gente.
Te de la Sabiduría: Sabiduría de Dios, debo darme cuenta de que, entre las crisis mundiales, la actual es la del hambre del espíritu humano, la cual ha dado lugar a una gran agitación religiosa y moral para la gente. Gracias, Señor.

24 de Agosto

El progreso siempre implica riesgo, no se puede robar segunda base y mantener el pie en primera.
(Frederick Wilcox) (Sabiduría, Logro, pág. 7)
Sabor Inspiración: Si quieres llegar a segunda base, debes arriesgarte y dejar la primera. Asimismo, si quieres progresar en una tarea o lograr algo, debes arriesgarte y no tener miedo a ello.
Café Inspirador: Consejero maravilloso, si quiero robar la segunda base, debo arriesgarme y dejar la primera base. Asimismo, si quiero progresar y lograr algo, no debo tener miedo de arriesgarme. Gracias, Señor.

El objetivo en el matrimonio no es pensar igual, sino pensar juntos. (Robert C. Dodds, Dos Juntos, 1959) (Religioso, Matrimonio, pág. 316)
Sabor Sabiduría: Las parejas a menudo presumen de lo mucho que tienen en común como la razón de su matrimonio. Debes recordar que el principal objetivo en el matrimonio es pensar juntos no pesar lo mismo.
Te de la Sabiduría: Sabiduría de Dios, puedo pensar que las parejas deben tener mucho en común si quieren casarse. Hoy se me dice que el principal objetivo del matrimonio es pensar juntos no igual. Gracias, Señor.

25 de Agosto

Señal de carretera en Kentucky: "¡Recen por una buena cosecha, pero sigan cavando!".
(Sabiduría, Acción, pág. 9)
Sabor Inspiración: Una buena cosecha requiere mucha planificación, labranza, sudor, trabajo, y tiempo justo. Así que, puede que reces por una buena cosecha, pero debes seguir cavando, arando, y trabajando duro por ese tiempo.
Café Inspirador: Consejero maravilloso, debo pedir por ayuda divina en todos mis trabajos, incluyendo una buena cosecha. Sin embargo, también debo recordar que necesito mantenerme cavando, arando, y trabajando duro por ese tiempo. Gracias, Señor.

Todo lo que es inconsciente en nosotros mismos lo descubrimos en nuestro prójimo, y por lo tanto trátalo en consecuencia...Lo que combatimos en el es, usualmente, nuestro lado inferior.
(C. G. Jung, Hombre Moderno en Busca de un Alma, 1932) (Religioso, Prójimo, pág. 361)
Sabor Sabiduría: Cada persona tiene su propia debilidad, pero a menudo se proyectan en su prójimo. Tienes que examinar tu lado inferior y tener cuidado acerca de ver lo negativo en otros.
Te de la Sabiduría: Sabiduría de Dios, debo saber que tengo mis propias debilidades, pero a menudo inconscientemente las proyecto en mi prójimo. Tengo que tratarlos en concordancia y cuidar bien de mi lado inferior. Gracias, Señor.

26 de Agosto

¡Que vergüenza- es, que estúpido- es decidir antes de conocer los hechos!
(Proverbios 18:13) (Sabiduría, Decisión, pág. 36)
Sabor Inspiración: Una decisión acertada e informada requiere que la persona conozca todos los hechos. Si quieres tomar una buena decisión y evitar errores, debes obtener todos los hechos y estudiarlos bien previamente.
Café Inspirador: Consejero maravilloso, una decisión acertada e informada requiere que conozca todos los hechos. Por ende, debo saber todos los hechos y estudiarlos bien antes de confiadamente tomar una decisión. Gracias, Señor.

Es Dios, en silencio y sabiduría, quien usa a los enemigos de la Iglesia para perfeccionar Sus santos y purificar Su religión.
(Thomas Merton, Las Aguas de Siloe, 1949) (Religioso, Persecución, pág.391)
Sabor Sabiduría: Los seres humanos a menudo odian el criticismo y la persecución. Pero podrías ver un ataque a tu religión como la manera secreta de Dios de usar a los enemigos de la Iglesia para perfeccionar a sus santos y purificar su religión.
Te de la Sabiduría: Sabiduría de Dios, a menudo veo el criticismo y la persecución de la Iglesia como un ataque del mundo. Debo verlo como Dios usando los enemigos de la Iglesia para perfeccionar sus santos y purificar su religión. Gracias, Señor.

27 de Agosto

En todo lo que hagas, pon a Dios primero, y él te dirigirá y coronará tus esfuerzos con éxito.
(Proverbios 3:6) (Sabiduría, Dirección, pág. 41)

Sabor Inspiración: Algunas personas asumen erróneamente que están en control de sus vidas y no Dios. Pero así es como pueden fallar. Si quieres tener éxito, tienes que poner a Dios primero y dejar que el dirija tu trabajo.

Café Inspirador: Consejero maravilloso, si quiero experimentar el éxito, necesito poner a Dios primero y dejarlo dirigir mi trabajo y a mi. No debo asumir que estoy a cargo de mi vida y luego terminar en fracaso. Gracias, Señor.

La religión es el hambre del alma por lo imposible, lo inalcanzable, lo inconcebible. ... Esta es su esencia y esta es su gloria. Esto es lo que significa la religión. Todo lo que sea menos que esto no es religión. (W. T. Stace, Tiempo y Eternidad, 1952) (Religioso, Religión, pág. 474)

Sabor Sabiduría: Las personas buscan la religión por varias razones. Hoy se te recuerdan tres razones, dígase, el hambre de tu alma por lo imposible, lo inalcanzable y lo inconcebible.

Te de la Sabiduría: Sabiduría de Dios, asumo que sé porque existe la religión. Hoy me son dadas tres razones más para ella, dígase, el hambre del alma por lo imposible, lo inalcanzable y lo inconcebible. Gracias, Señor.

28 de Agosto

Los obstáculos son esas cosas espantosas que ves cuando apartas los ojos de la meta.
(Hannah Moore) (Sabio, Metas, pág. 63)

Sabor Inspiración: El camino hacia tu meta y tu éxito esta lleno de obstáculos que pueden asustarte y desmotivarte. Si mantienes tus ojos fuera de tu meta, veras muchos obstáculos que pueden atemorizarte de llegar ahí.

Café Inspirador: Consejero maravilloso, no debo quitar mis ojos de la meta y la recompensa final. De lo contrario, solo veré los obstáculos que pueden asustarme y desmotivarme de llegar ahí. Gracias, Señor.

Un tonto piensa que no necesita ningún consejo, pero un hombre sabio escucha a los demás.
(Proverbios 12:15) (Practico, Consejo, pág. 8)

Sabor Sabiduría:
Un tonto hace muchas cosas tontas, y una de ellas es no aceptar consejos. Si eres una persona sabia, tomarás buenas decisiones y harás muchas cosas correctas, más importante, escucha a los demás.

Te de la Sabiduría: Sabiduría de Dios, si soy un tonto, haré muchas tonterías y me negaré a aceptar consejos. Sin embargo, puedo intentar ser una persona sabia que toma buenas decisiones y aprende a escuchar a los demás. Gracias, Señor.

29 de Agosto

Aquel que mata el tiempo entierra oportunidades.
(Sabio, Oportunidad, pág. 95)
Sabor Inspiración: Algunos sienten que tienen mucho tiempo entre manos y quieren deshacerse de parte de el. Pero si quieres muchas oportunidades, no debes matar el tiempo, pues las oportunidades están integradas en el tiempo.
Café Inspirador: Consejero maravilloso, puede que quiera muchas oportunidades, pero no veo el valor del tiempo. Hoy se me recuerda que, mientras mas tiempo tengo, mas oportunidades puede que encuentre. Gracias, Señor.

Cuando nos volvemos unos a otros, y no unos contra otros, eso es la victoria. Cuando nos construimos unos a otros y no nos destruimos unos a otros, eso es la victoria. Rojo, amarillo, marrón, negro y blanco, todos somos preciosos ante los ojos de Dios. Todo el mundo es alguien. (Jesse L. Jackson, en los Angeles Time, 2 de abril de 1988) (Religioso, Unidad, pág. 582)
Sabor Sabiduría: Las personas a menudo se vuelven unos contra otros y se destruyen entre ellos con los años. Debes ayudarlos a volverse unos a otros y se construyan unos a otros para hacer de este mundo un lugar mas unificado y mejor.
Te de la Sabiduría: Sabiduría de Dios, veo a las personas volverse unos contra otros y destruirse todos los días. Necesito ayudarles a volverse unos a oros y a edificarse unos a otros para crear un mundo amoroso y pacifico. Gracias, Señor.

30 de Agosto

Cuanto mas trabajas, mas suerte tienes. (Gary Player) (Sabio, Trabajo, pág. 151)
Sabor Inspiración: Muchas personas sienten que deberían trabajar menos y aun así esperan tener más suerte. Hoy se te recuerda que debes trabajar más duro, porque cuando haces eso, te volverás más suertudo.
Café Inspirador: Consejero maravilloso, puede que no vea que el trabajo duro es igual a suerte. Hoy se me dice que, si trabajo duro cada día, tendré mas suerte alcanzando mi éxito. No puedo trabajar menos y esperar más suerte. Gracias, Señor.

Con los hombres buenos en autoridad, el pueblo se regocija; pero con los malvados en el poder, gimen. (Proverbios 29:2) (Práctico, Autoridad, pág. 19)
Sabor Sabiduría: Si los malvados están en el poder, crearan caos para las personas. Sin embargo, apreciarás cuando los buenos están en posiciones de autoridad, porque ellos se preocuparán más del bienestar de las personas.
Te de la Sabiduría: Sabiduría de Dios, gimo si las personas malvadas están en el poder por el caos que las personas podrían recibir. Pero me regocijo si las personas buenas están en el poder porque el bienestar de las personas es grandemente honrado. Gracias, Señor.

31 de Agosto

En la vida, lo que a veces parece ser el final es realmente un nuevo comienzo.
(Ingenio, Desconocido, pág. 1)

Sabor Inspiración Además del trabajo, a nadie le gusta ver el final de algo en la vida, pues a menudo trae lágrimas y tristeza. Pero, cuando enfrentas el final de algo, a veces es un nuevo comienzo para ti.

Café Inspirador: Consejero maravilloso, no me gusta el final de las cosas, porque me trae lagrimas y tristeza. Pero se me recuerda que en la vida lo que a veces parece ser el final es realmente un nuevo comienzo. Gracias, Señor.

No hay almohada mas suave que una conciencia limpia.
(Proverbio Francés) (Práctico, Conciencia, pág. 40)

Sabor Sabiduría: A las personas les gusta una almohada suave que les de una buena noche de sueño después de un día largo y duro de trabajo. Pero la mejor almohada para ayudarte a descansar fácil, sin importar los desafíos diarios, es una conciencia limpia.

Te de la Sabiduría: Sabiduría de Dios, puede que quiera tener muchas almohadas suaves que me den una buena noche de sueño después de un largo día de trabajo. Pero la mejor almohada en la que puedo descansar fácilmente, a pesar de los desafíos, es una conciencia limpia. Gracias, Señor.

Septiembre

1 de Septiembre

Si al principio no tienes éxito, intenta con un poco de pasión.
(Práctico, Ambición, pág. 13)
Sabor Inspiración: Siempre es difícil para alguien experimentar fracasos, pues la persona a menudo se rendirá después de eso. Pero si no tuviste éxito luego del primer intento, necesitas intentarlo de nuevo con pasión.
Café Inspirador: Consejero maravilloso, puede que no me guste la adversidad o las aguas si no tuve éxito después del primer intento, debo intentarlo una y otra vez con pasión hasta alcanzar el éxito. No debo sentirme desmotivado y renunciar después de experimentar el fracaso. Gracias, Señor.

Si no sabes a donde vas, acabarás en otro lugar.
(Yogi Berra) (Práctico, Dirección, pág. 54)
Sabor Sabiduría: Cuando sales de casa sin saber hacia donde vas, terminarás en otro lugar. Del mismo modo, si no sabes tu dirección en la vida, seguro estarás perdido y acabarás en los lugares equivocados.
Te de la Sabiduría: Sabiduría de Dios, tengo que saber mi destino antes de salir de casa, o acabaré en otro lugar. Del mismo modo, si no se que hacer con mi vida, estaré perdido y terminaré en los lugares equivocados. Gracias, Señor.

2 de Septiembre

Tener una nueva idea debería ser como sentarse en una tachuela; debería hacerte levantarte y hacer algo al respecto.
(Práctico, Creatividad, pág. 48)
Sabor Inspiración: Siempre es emocionante que te surja una nueva idea. Pero esa idea no significa mucho si no haces nada con ella. Así que, si tienes una nueva idea, debes levantarte y hacer algo con ella.
Café Inspirador: Consejero Maravilloso, me regocijo cuando me viene una nueva idea y la posibilidad de una gran recompensa. Pero debo levantarme y hacer algo con ella, o esa idea no significará mucho. Gracias, Señor.

Si me engañas una vez ¡la culpa es tuya! Si me engañas dos veces ¡la culpa es mía!
(Práctico, Tontos y Tonterías, pág. 81)
Sabor Sabiduría: Esto básicamente te dice que no cometas el mismo error dos veces. Si alguien te engaña una vez, es culpa de esa persona. Pero si permites que esa misma persona te engañe dos veces, deberías avergonzarte de ti mismo.
Te de la Sabiduría: Sabiduría de Dios, no debo cometer el mismo error dos veces. Si alguien me engaña una vez, la culpa es de esa persona. Pero si permito que esa persona me engañe otra vez, la culpa es mía por errar dos veces. Gracias, Señor.

3 de Septiembre

El tren del fracaso funciona generalmente en la pista de la pereza.
(Práctico, Fracaso, pág. 70)
Sabor Inspiración: El fracaso es un hecho de la vida. Pero si te pones perezoso, encontraras mas fracasos de los que puedas esperar. Por lo tano, tienes que trabajar duro y mantenerte fuera de la pista de la pereza para evitar el tren del fracaso.
Café Inspirador: Consejero maravilloso, encontrare fracasos en mi vida. Pero si me vuelvo perezoso, veré mas fracasos. Por lo tanto, debo trabajar duro para mantenerme alejado de la pista de la pereza y evitar el tren del fracaso. Gracias, Señor.

Puede que no sepamos que nos depara el futuro, pero sabemos quien tiene el futuro.
(Práctico, Futuro, pág. 92)
Sabor Sabiduría: El futuro es incierto y esta lleno de sorpresas. Es por ello por lo que la mayoría de las personas le temen. Pero tienes que saber que sostienes la llave de tu futuro si trabajas duro y confías en Dios para que haga el resto.
Te de la Sabiduría: Sabiduría de Dios, mi futuro es incierto y esta lleno de sorpresas que me desmotivan. Pero si trabajo duro y confío en Dios para que haga el resto, sostengo la llave de mi futuro y su éxito. Gracias, Señor.

4 de Septiembre

No temas al mañana, Dios ya esta allí.
(Práctico, Miedo, pág. 91)
Sabor Inspiración:
Una de las razones por las que muchas personas temen al mañana es porque se ve abrumador y es totalmente desconocido. Si temes al mañana, debes saber que Dios ya esta allí para ayudarte.
Café Inspirador: Consejero maravilloso, puede que mie a mi futuro y me sienta abrumado por sus misterios e incertidumbres. Si tengo miedo acerca del mañana, debo saber que Dios ya esta allí para ayudarme. Gracias, Señor.

Saber sin hacer es como arar sin sembrar.
(Práctico, Conocimiento, pág. 131)
Sabor Sabiduría: El conocimiento es la llave a un futuro exitoso. Es por ello por lo que debes hacer lo que sea para buscar mas conocimientos. Pero si no usas ese conocimiento para nada, será como arar sin sembrar.
Te de la Sabiduría: Sabiduría de Dios, no debo parar de buscar conocimientos, porque es la clave para mi éxito futuro. Pero si tengo todo el conocimiento sin usarlo, será como arar sin sembrar. Gracias, Señor.

5 de Septiembre

El secreto de una vida feliz no es hacer lo que te gusta, sino que te guste lo que haces.
(Práctico, Felicidad, pág. 100)
Sabor Inspiración: A todos les gusta tener una vida feliz. Pero el camino a ella no es encontrar y hacer lo que te gusta. En su lugar, debes aprender a que te guste lo que haces cada día, pues ese es el secreto de vivir feliz.
Café Inspirador: Consejero maravilloso, puede que quiera tener una vida feliz y hacer solo lo que me gusta. Sin embargo, el secreto para vivir feliz es cambiar mi actitud y que aprenda a gustarme lo que hago cada día . Gracias, Señor.

El amor es el pegamento que cimienta la amistad; los celos evitan que se peguen.
(Práctico, Amor, pág. 144)
Sabor Sabiduría: La amistad es una parte importante de la sobrevivencia humana. Si tu amistad con alguien esta rota, los celos no pueden curarla. Pero el amor te traerá de regreso con ese amigo y sanará su amistad.
Te de la Sabiduría: Sabiduría de Dios, la amistad es ciertamente una parte importante de mi vida. Los celos evitan que esas amistades se peguen. Sin embargo, el amor es el pegamento que las cimienta y las sana para mi. Gracias, Señor.

6 de Septiembre

La amistad duplica nuestra alegría y divide nuestro dolor.
(Práctico, Alegría, pág. 121)
Sabor Inspiración: La mayoría de los seres humanos anhelan una relación que les proporciones compañía y les traiga alegría y consuelo. Si quieres terminar con tu dolor y duplicar tu alegría, deberías buscar una amistad.
Café Inspirador: Consejero maravilloso, realmente aprecio una buena amistad, porque me trae risas y consuelo. Sin embargo, debo recordar que una buena amistad también duplicará mi alegría y terminará mi dolor. Gracias, Señor.

El dinero no puede comprarte amigos, pero puede traerte una mejor clase de enemigos.
(Práctico, Dinero, pág. 158)
Sabor Sabiduría: El dinero es la raíz de toda maldad. Ha provocado muchas peleas y malas intenciones. Puede que no te consiga ningún amigo, pero puede traerte un nuevo grupo de enemigos que puede que sean ricos y famosos.
Te de la Sabiduría: Sabiduría de Dios, puede que el dinero no me compre amistades duraderas. Sin embargo, debo saber que puede hacer muchas cosas, incluido traerme una mejor clase de enemigos que son ricos y famosos. Gracias, Señor.

7 de Septiembre

Los hombres malvados no entienden la importancia de la justicia, pero aquellos que siguen al Señor están muy preocupados por ella.
(Proverbios 28:5) (Práctico, Justicia, pág. 124.)
Sabor Inspiración: La justicia es lo que todo el mundo busca en esta vida y la siguiente. Desafortunadamente, las personas malvadas no pueden ver la importancia de esta. Pero tu quien sigues al señor estas mas preocupada por ella.
Café Inspirador: Consejero maravilloso, todos a menudo hablan de justicia. Pero debo saber que las personas que siguen al Señor están muy preocupadas por ella, mientras las personas malvadas no ven su importancia. Gracias, Señor.

No pongas una promesa en mi oído; ponla en mi mano.
(Proverbio Ruso) (Práctico, Promesas, pág. 201)
Sabor Sabiduría: Las personas se hacen promesas unas a otras cada día, pero no pretenden realmente cumplirlas. Hoy, quieres decirles a esas personas que paren de poner promesas en tus oídos y en su lugar las hagan reales en tus manos.
Te de la Sabiduría: Sabiduría de Dios, escucho promesas hechas cada día, pero la mayor parte del tiempo no se cumplen. Se me recuerda mantener mis promesas poniéndolas en las manos de los otros y dejar de ponerlas en sus oídos. Gracias, Señor.

8 de Septiembre

La pereza viaja lentamente y pronto es superada por la pobreza.
(Práctico, Pereza, pág. 136)
Sabor Inspiración: Las personas que adoptan la pereza como su forma de vida no se esforzaran por hacer sus vidas productivas y ganar recompensas impresionantes. Si sigues esa forma de vivir, pronto experimentaras la pobreza.
Café Inspirador: Consejero maravilloso, las personas que adoptan la pereza como su forma de vivir no harán uso de sus dones y ganarán éxito. Pero tengo que saber que, si sigo esa forma de vida, terminaré en la pobreza. Gracias, Señor.

Auto expresarse es bueno, el autocontrol es mejor.
(Práctico, Autocontrol, pág. 209)
Sabor Sabiduría: Todo el mundo esta tan centrado en expresarse en estos días que no saben como controlarse a veces. Por lo tanto, debes aprender mas sobre el autocontrol antes que de la auto expresión.
Te de las Sabiduría: Sabiduría de Dios, se que las personas ponen mas énfasis estos días en expresarse que en controlarse. Debo aprender mas sobre el autocontrol que sobre la auto expresión. Gracias, Señor.

9 de Septiembre

Un optimista es una persona que es adicta a la esperanza.
(Práctico, Optimismo/ Pesimismo, pág. 176)
Sabor Inspiración:
Un optimista siempre esta animado y puede ver lo positivo en las situaciones más difíciles. Si decides ser u optimista, buscaras esperanzas en todos lados y disfrutaras ser un "adicto a la esperanza".
Café Inspirador: Consejero maravilloso, un optimista puede ver lo positivo en cada situación, incluso la mas difícil. Debo aprender a ser un optimista y buscar por esperanza cada día como un "adicto a la esperanza". Gracias, Señor.

Enséñanos a numerar nuestros y reconocer los pocos que son, ayúdanos a gastarlos como deberíamos.
(Salmo 90:12) (Práctico, Mañana/ Hoy/ Ayer , pág. 227)
Sabor Sabiduría: Algunas personas piensan que vivirán por siempre en la tierra y por ello malgastan sus días en cosas lamentables. Debes saber que tus días son pocos y están contados. Así que, debes usarlos sabiamente.
Te de la Sabiduría: Sabiduría de Dios, el mundo puede convencerme de que viviré para siempre y que puedo malgastar mis días. Necesito darme cuenta de que mis días están contados, y debo gastarlos sabiamente. Gracias, Señor.

10 de Septiembre

Si tu día esta lleno de oración, es menos probable que se deshaga.
(Práctico, Oración, pág. 189)
Sabor Inspiración: Tu día usualmente esta lleno de desafíos y sorpresas. Necesitas saber como manejarlos antes de que deshagan y se vuelvan caóticos. La mejor manera en la que puedes hacer esto es con oraciones y ayuda divina.
Café Inspirador: Consejero maravilloso, mi día puede estar lleno de desafíos y sorpresas. La mejor forma para mi de mantenerlo antes de que se vuelva caótico y se deshaga salvajemente es con la oración y ayuda divina. Gracias, Señor.

Un tigre no puede vencer a una multitud de monos.
(Proverbio Chino) (Citas, Competición, pág. 45)
Sabor Sabiduría: Un tigre es una criatura poderosa de la jungla, pero no puede vencer a una multitud de monos, debido a su número. Del mismo modo, si quieres poder y fuerza, estos usualmente en números y tamaño de la multitud.
Te de la Sabiduría: Sabiduría de Dios, si un tigre, una criatura poderosa de la jungla, no puede vencer a una multitud de monos, entones el poder de la competición tiene que estar en sus números. Asimismo, si busco poder, esta en el tamaño de la multitud. Gracias, Señor.

11 de Septiembre

Vive de tal manera que cuando la muerte llegue, los dolientes superaran en números a la sección de los vítores.
(Práctico, Reputación, pág. 207)
Sabor Inspiración: La mayoría de las personas quieren una buena reputación y harán todo para construirla a pesar de las criticas. Debes vivir de tal modo que cuando llegue la muerte, los dolientes superaran a tus críticos.
Café Inspirador: Consejero maravilloso, deseo tener una buena reputación. Pero lo que necesito recordar es que debo vivir de tal manera que cuando la muerte venga, mis dolientes superaran a mis críticos. Gracias, Señor.

Un discurso amable y el perdón es mejor que la limosna seguida de una lesión.
(Corán) (Citas, Perdón, pág. 100)
Sabor Sabiduría: Las personas se lastiman y hieren unos a otros cada día. Luego tratan de compensarlo con limosna y regalos. Sin embargo, se te advierte a pagarlo mejor con un discurso amable y el perdón.
Te de la Sabiduría: Sabiduría de Dios, puede que dañe y hiera a las personas cada día. Podría compensarlo con limosnas y regalos. Pero hoy se me dice que, la mejor forma de enmendarlo es con un discurso amable y el perdón. Gracias, Señor.

12 de Septiembre

La verdad te hará libre, pero primero te hará enojar.
(Práctico, Verdad, pág. 232)
Sabor Inspiración: Todo el mundo desea la verdad, aunque no estén a la altura. Así que, si quieres la verdad, debes saber que primero te hará enojar antes de que puedas ver como te libera de algo.
Café Inspirador: Consejero maravilloso, puedo desear tener la verdad, a pesar de mis faltas. Sin embargo, si quiero la verdad, debo saber que al principio me hará enojar antes de que pueda ver como me libera de mi problema. Gracias, Señor.

Imagino que una de las razones por las que las personas se aferran a sus odios tan obstinadamente es porque sienten, una vez que el odio se ha ido, serán forzados a lidiar con el dolor.
(James Baldwin (1924-1987), escritor americano, Notas de un Hijo Nativo)
(Citas, Odio, pág. 122)
Sabor Sabiduría: El odio es el combustible que alimenta el fuego de las controversias y las luchas. A las personas les gusta aferrarse a el firmemente. Aprenderás que la razón para eso es porque tienen miedo de hacer frente al dolor una vez el odio se ha ido.
Te de la Sabiduría: Sabiduría de Dios, el odio es el combustible que alimenta el fuego de luchas y controversias. Lamentablemente, aprenderé que las personas a menudo se aferran a el porque tienen miedo de hacer frente al dolor una vez el odio se ha ido. Gracias, Señor.

13 de Septiembre

El que desea comer por la noche debe estar dispuesto a trabajar durante el día. (Práctico, Trabajo, pág. 249)

Sabor Inspiración: Algunas personas asumen que pueden comer sin tener que trabajar porque alguien más pagará por ello. Pero si quieres tener una jubilación agradable, debes estar dispuesto a trabajar toda tu vida.

Café Inspirador: Consejero maravilloso, si quiero comer por la noche o disfrutar de una jubilación, debo estar dispuesto a trabajar durante el día o toda mi vida. No puedo asumir que alguien más pagará por mi comida o jubilación. Gracias, Señor.

Este es el castigo de un mentiroso, no es creído, incluso cuando dice la verdad.
(Talmud, Sanhedrin 29) (Citas, Mentiras, pág. 162)

Sabor Sabiduría: Un mentiroso esta tan acostumbrado a propagar mentiras y hechos alternativos que se convierte en su segunda naturaleza. Aprenderás que puede que diga la verdad más adelante, pero nadie le creerá, y pensarán que es un "pastorcito mentiroso".

Te de la Sabiduría: Sabiduría de Dios, debo evitar ser un mentiroso y decir mentiras y hechos alternativos en mis conversaciones diarias. De lo contrario, podría decir la verdad mas tarde, pero nadie me creerá en lo absoluto. Gracias, Señor.

14 de Septiembre

El carácter no puede desarrollarse con tranquilidad y facilidad. Solo a través de la experiencia de las pruebas y el sufrimiento puede el alma ser fortalecida, la visión despejada, la ambición inspirada, y el éxito logrado.
(Helen Keller, Diario de Helen Keller) (Citas, Carácter, pág.36)

Sabor Inspiración: Un carácter desarrollado significa un alma fortalecida, una visión clara y una ambición inspirada. Si quieres desarrollar tu carácter, debes estar dispuesto a experimentar y pruebas y el sufrimiento.

Café Inspirador: Consejero maravilloso, si quiero desarrollar mi carácter, debo estar dispuesto a experimentar pruebas y el sufrimiento. Ese carácter me dará un alma, visión y ambició diferente, como se menciona arriba. Gracias, Señor.

Aquellos que están inclinados a comprometerse nunca hacen una revolución.
(Kemal Ataturk (1881-1938), líder político y patriota turco) (Citas, Revolución, pág.239)

Sabor Sabiduría: Se requiere un tipo especial de persona para ser un revolucionario y mantener el levantamiento en marcha. Si eres una persona que se inclina al compromiso, nunca vas a hacer una revolución o a disfrutas de una lucha.

Te de la Sabiduría: Sabiduría de Dios, si me inclino al compromiso, nunca haré una revolución ni disfrutaré de una larga lucha, porque se necesita un tipo de persona especial para ser un revolucionario y mantener la protesta. Gracias, Señor.

15 de Septiembre

La esperanza es la cosa con plumas que se posa en el alma, y canta la melodía sin las palabras, y nuca se detiene en absoluto, y mas dulce se escucha en el vendaval. (Emily Dickenson (1830-86), poemas) (Citas, Esperanza, pág. 235)
Sabor Inspiración: La esperanza puede animar tu alma y cantarte la melodía mas dulce cuando te sientes deprimido. Así que, si te sientes desanimado o quieres rendirte, necesitas confiar en la esperanza para ayudarte a encontrar tu mojo de nuevo.
Café Inspirador: Consejero maravilloso, la esperanza ayuda animar mi alma y me canta la mas dulce melodía cuando me siento deprimido. Si me siento desmotivado, necesito contar con la ayuda de la esperanza para encontrar las ganas de vivir de nuevo. Gracias, Señor.

Las verdades mas simples a menudo encuentran la resistencia mas severa y son mas lentas en conseguir la aceptación. (Frederick Douglas /1817-1895), Abolicionista Americano, "Movimiento Sufragista de las Mujeres", La Nueva Era Nacional) (Citas, Verdad, pág. 284)
Sabor Sabiduría: La verdad a menudo encuentra una dura resistencia al principio. El publico incluso podría ser lento en aceptarlo. Pero ustedes saben que la verdad será altamente alabada y bienvenida al final.
Te de la Sabiduría: Sabiduría de Dios, la verdad mas simple a menudo encuentra una dura resistencia y el publico tarda en aceptarla. Pero se que la verdad será muy elogiada y calurosamente bienvenida al final. Gracias, Señor.

16 de Septiembre

Pon tu corazón, mente, intelecto y alma en tus actos mas pequeños. Este es el secreto del éxito. (Sivananda Saraswati (1887-1963), líder religioso hindú, "Exponente de Japa") (Citas, Exito, pág. 272)
Sabor Inspiración: Algunas personas pueden atribuir el éxito a buenas ideas, gran planificación, rendimiento perfecto, trabajo duro, e incluso suerte. Pero el verdadero secreto del éxito es tu habilidad de cuidar los pequeños detalles.
Café Inspirador: Consejero maravilloso, puede que atribuya el éxito a buenas ideas, una gran planificación, rendimiento perfecto, trabajo duro, o la suerte. Pero el verdadero secreto del éxito es mi atención a los pequeños detalles. Gracias, Señor.

Mejor un hombre sabio que cuarenta necios, una luna alumbra mas que miríadas de estrellas. (Hitopadesha (Fecha Desconocida), cuentos y aforismos de moral hindús) (Citas, Sabiduría, pág. 306)
Sabor Sabiduría: Una miríada de estrellas puede hacer que mires el cielo nocturno. Pero una luna te ayudaré a verlo claramente. Del mismo modo, cuarenta necios pueden llamar tu atención, pero solo una persona sabia puede convencerte de seguirlo.
Te de la Sabiduría: Sabiduría de Dios, una luna arroja mas luz que una miríada de estrellas en el cielo nocturno. Del mismo modo, una persona sabia es mejor que cuarenta necios y puede ayudarme a resolver un problema difícil fácilmente. Gracias, Señor.

17 de Septiembre

Ruega a Dios, pero rema por la orilla. (Proverbio Ruso) (Religioso, Acciones, pág. 17)
Sabor Inspiración: No hace daño pedir por algo de ayuda divina y milagros inesperados cuando estas en problemas. Pero debes seguir remando por la orilla mientras clamas a Dios por ayuda en tiempos difíciles.
Café Inspirador: Consejero maravilloso, esta bien que pida ayuda divina y milagros cuando estoy en problemas. Sin embargo, debo seguir remando por la orilla mientras rezo a Dios por ayuda en tiempos de necesidad. Gracias, Señor.

La violencia es una admisión de que las ideas y metas de uno no pueden prevalecer sobre sus propios méritos.
(Edward M. Kennedy, 10 de Junio de 1970, en Personas de Compasión de Thomas P. Collins y Louis M. Savary, 1972) (Religioso, Agresión y Violencia, pág. 22)

Sabor Sabiduría: Las personas que llevan a cabo actos violentos a menudo lo hacen con ciertas ideas y metas en mente. Pero tu tienes que saber que esas ideas y metas tristemente no prevalecen por su cuenta antes de eso.
Te de la Sabiduría: Sabiduría de Dios, debo saber que las personas que llevan a cabo actos de violencia tienen ciertas ideas y metas en mente. Tristemente, esas ideas y metas no prevalecen por sus propios méritos antes de eso. Gracias, Señor.

18 de Septiembre

La calamidad es la oportunidad de la virtud.
(Seneca, De Providentia, 64AD) (Religioso, Adversidad, pág. 19)
Sabor Inspiración: A nadie le gusta la calamidad o la adversidad, porque por lo general significa estrés, dificultad, trabajo, sudor, lagrimas y angustia. Pero, deberías ver la calamidad como una oportunidad para practicar tus virtudes.
Café Inspirador: Consejero maravilloso, ciertamente no me gusta la calamidad o la adversidad, porque a menudo significa stress, dificultades, trabajo, sudor, y lagrimas. Pero debo verlo como una oportunidad de practicar mis virtudes. Gracias, Señor.

Aconsejamos a todos los que se sienten rodeados por un mundo cerrado y rígido a abrir el Antiguo y Nuevo Testamento. Allí encontraran perspectivas, las cuales los liberaran, y la excelente comida del único Dios verdadero.
(Emmanuel Suhard, La Iglesia Hoy, 1953(Religioso, Biblia, pág. 56)
Sabor Sabiduría: Podrías sentirte acorralado por las cargas de la vida y la presión de un mundo sofocante. Cuando eso sucede, debes abrir la Biblia para refrescarte y darte nuevas perspectivas para el viaje.
Te de la Sabiduría: Sabiduría de Dios, puede que me sienta rodeado por las cargas de la vida y la presión de un mundo sofocante. Pero debo recordar que cuando me siento así, debo abrir la Biblia para que me de nuevas perspectivas. Gracias, Señor.

19 de Septiembre

Uno de los hechos desconcertantes acerca de la vida espiritual es que Dios te toma la palabra.
(Dorothy Day, La Larga Soledad) (Religioso, Compromiso, pág. 89)
Sabor Inspiración: En tu vida espiritual, prometes amar a Dios y amar a tu prójimo. Dios te toma la palabra y confía en que mantendrás tu promesa. Esperemos que te mantengas comprometido con ello.
Café Inspirador: Consejero maravilloso, puede que prometa amar a Dios y a mi prójimo en mi vida espiritual. Necesito mantenerme comprometido con ella porque Dios me toma la palabra y confía en que la mantendré. Gracias, Señor.

La casa de la tristeza enseña caridad y sabiduría.
(San John Chrysostom, Homilías, 388 AD) (Religioso, Muerte, pág. 124)
Sabor Sabiduría: Cuando estas triste, usualmente tratas de actuar con bondad y caridad con las personas a tu alrededor. También tienes claras tus prioridades y lecciones de vida que puedes pasar a las siguientes generaciones.
Te de la Sabiduría: Sabiduría de Dios, cuando estoy triste, usualmente trato de actuar con bondad y ser caritativo con los demás. También conozco bien mis prioridades y lecciones de vida que puedo pasar a las siguientes generaciones. Gracias, Señor.

20 de Septiembre

En mi experiencia, solo hay una motivación y esa es el deseo. No hay razones ni principios lo contiene o se opone a el.
(Jane Smiley, Amor Ordinario, 1989) (Religioso, Deseo, pág. 131)
Sabor Inspirador: Puedes estar motivado para comenzar un proyecto y completarlo con la amenaza de castigo o promesa de recompensa. Pero la mejor motivación es el deseo de aceptarlo y completarlo exitosamente.
Café Inspirador: Consejero maravilloso, puede que este motivado para comenzar un proyecto y completarlo con la amenaza de castigo o promesa de recompensa. Pero la mejor motivación es mi deseo de hacerlo y completarlo con agrado. Gracias, Señor.

Todo reino dividido contra si mismo es destruido, y ninguna ciudad ni casa dividida contra si misma se mantendrá.
(Mateo 12:25) (Religioso, Discordia, pág. 140)
Sabor Sabiduría: La discordia en una comunidad crea división y peleas entre sus miembros. Pero cualquier reino o casa dividido en contra de si mismo no se mantendrá. Necesitas restaurar la unidad y curar la discordia cuando sea posible.
Te de la Sabiduría: Sabiduría de Dios, debo restaurar la unidad y curar cualquier discordia cuando sea posible, porque la discordia causa división y peleas en la comunidad. Cualquier reino o casa dividida en contra de si misma no se mantendrá. Gracias, Señor.

21 de Septiembre

Si todo va en tu dirección, probablemente estas en el carril equivocado. La adversidad y la derrota son mas contundentes al crecimiento espiritual que la prosperidad y la victoria.
(John Steinbeck, 1967) (Religioso, Fracaso y Derrota, pág. 176)

Sabor Inspiración: En la vida, si todo va en tu dirección, puedes que estés en el carril equivocado, pues la adversidad y la derrota son parte de la vida y un mejor camino para tu crecimiento espiritual que la prosperidad y la victoria.
Café Inspirador: Consejero maravilloso, puede que no me gusten las adversidades y las derrotas, pero ellas son parte de la vida. También son un mejor camino que la prosperidad y la victoria para ayudarme con mi crecimiento espiritual. Gracias, Señor.

Todas las familias felices son iguales, cada familia es infeliz a su manera. (Leo Tolstoy, línea de apertura de Anna Karenina, 1876) (Religioso, Familia, pág. 186)
Sabor Sabiduría: Puede que no te des cuenta de este hecho de la vida, pero todas las familias felices se asemejan entre ellas y comparten muchas virtudes comunes. En contraste, cada familia infeliz pelea unos con otros por cualquier cosa.
Te de la Sabiduría: Sabiduría de Dios, puede que no sepa que cada familia infeliz lo es a su propio modo. Sin embargo, todas las familias felices se parecen unas a otras y comparten las metas de felicidad comunes. Gracias, Señor.

22 de Septiembre

Si no tienes esperanza, no encontrarás lo que está más allá de tus esperanzas.(San Clemente de Alexandria, Stromatels, 193 AC) (Religioso, Esperanza, pág. 176)
Sabor Inspiración: La esperanza es la puerta que se abre a un mundo maravilloso de milagros increíbles y grandes posibilidades. De hecho, si no tienes esperanzas, no serás capaz de experimentar lo que esta más allá de esa puerta.
Café Inspirador: Consejero maravilloso, la esperanza me muestra un mundo maravilloso de increíbles milagros y grandes posibilidades. Debo tener esperanza en mi vida que me ayude a encontrar lo que esta más allá de esa puerta y celebrarlo. Debo usarlo sabiamente. Gracias, Señor.

La fe religiosa no es un sótano para tormentas al que hombres y mujeres pueden correr para refugiarse de las tormentas de la vida. Es, en su lugar, una fuerza espiritual interna la cual les de la capacidad de enfrentar esas tormentas con esperanza y serenidad. Tiene el poder milagroso de elevar seres humanos ordinarios a la grandeza en temporadas de estrés. (Sam Ervin, Humor de un Abogado de Campo, 1983) (Religioso, Esperanza, pág. 177)
Sabor Sabiduría: La gente a menudo piensa que la fe religiosa es un capullo que puede darles refugios de las tormentas de la vida. Pero reamente es una fuerza espiritual interna que te trae esperanza y serenidad en tiempos de agitación y estrés.
Te de la Sabiduría: Sabiduría de Dios, puede que piense en la fe religiosa como un sótano para tormentas que puede refugiarme de las tormentas de la vida. Pero,

es realmente una fuerza espiritual interna que me da esperanzas y serenidad en los momentos difíciles. Gracias, Señor.

23 de Septiembre

El que ama une a Dios y al mundo. (Martin Buber, En la Revuelta, 1952) (Religioso, Amor, pág. 304)
Sabor Inspiración: En la Biblia, Dios esta representado como amor. Al mundo ciertamente le gusta tener amor en su vida. Si vive bajo la regla del amor, serás capaz de hacer a Dios presente en el mundo y acercarlo a Dios.
Café Inspirador: Consejero maravilloso, puede que sepa que Dios es amor, y el mundo quiere llenar su vida con mas amor. Si vivo por la regla de amor, hare a Dios mas presente en el mundo y lo acercare a Dios. Gracias, Señor.

Puede que haya Paz sin Alegría, y Alegría sin Paz, pero las dos combinadas hacen la Felicidad. (John Buchan, Camino del Peregrino, 1940) (Religioso, Felicidad, pág. 221)
Sabor Sabiduría: Todos desean tener felicidad y buscan constantemente por ella. En el proceso, algunos encuentran la paz, mientras otros, alegría. Pero si combinas estas dos, hoy se te dice que hacen la felicidad.
Te de la Sabiduría: Sabiduría de Dios, busco constantemente la felicidad y deseo tenerla. En mi búsqueda, encuentro alegría algunas veces y otras, paz. Hoy, se me dice que la combinación de esas dos hace la felicidad. Gracias, Señor.

24 de Septiembre

Sin dolor, no hay ganancia; sin espinas, no hay trono; sin agallas, no hay gloria; sin cruz, no hay corona. (William Penn, Sin Cruz, No hay Corona, 1669) (Religioso, Dolor, pág. 378)
Sabor Inspiración: El dolor o cualquier forma de dificultad es parte de la vida y también una contribución necesaria para el éxito. Si quieres experimentar un logro, debes soportar las dificultades y cargar la cruz para ello.
Café Inspirador: Consejero maravilloso, puede que quiera ganar la gloria y experimentar el éxito, pero eso solo ocurre si puedo soportar las dificultades y cargar con la cruz. El dolor o las dificultades son la condición para cualquier éxito. Gracias, Señor.

Permítenos, como [María], tocar a los que están muriendo, los pobres, los solitarios y los no deseados de acuerdo con las gracias que hemos recibido y permítenos no avergonzarnos o ser lentos para hacer el trabajo humilde. (Santa Madre Teresa, Vida en el Espíritu, 1983) (Religioso, Humildad, pág. 254)
Sabor Sabiduría: La sociedad a menudo esta asustada e ignora a los moribundos, los pobres, y a los no deseados. Se te llama a acercarte a esos marginados, tocarlos, y humildemente atender a sus necesidades como un fiel sirviente de Dios.
Te de la Sabiduría: Sabiduría de Dios, el mundo puede que se olvide de los moribundos los pobres, los solitarios, y los no deseados. Hoy, se me anima a tender la mano y tocarlos y atender sus necesidades como un humilde sirviente. Gracias, Señor.

25 de Septiembre

Ningún dogma de religión es mas seguro que este: si uno quiere estar cerca de Dios, debe sufrir.
(Walter Elliot, La Vida Espiritual) (Religioso, Sufrimiento, pág. 539)
Sabor Inspiración: El camino a Dios y a la santidad exige a la persona hacer sacrificios y sufrir como parte de la purificación. Si quieres estar cerca de Dios, tendrás que soportar mucho sufrimiento y sacrificios.
Café Inspirador: Consejero maravilloso, la religión esta llena de dogmas y creencias. Una de ellas la se con certeza y es que, si quiero estar cerca de Dios , tengo que sufrir. Así que, el camino a Dios para mi es el sufrimiento y el sacrificio. Gracias, Señor.

Nadie puede abandonar a su prójimo cuando esta en problemas. Todos tienen la obligación de ayudar y apoyar a su prójimo como a el le gustaría que lo ayudaran. (Martin Luther, carta, noviembre de 1527) (Religioso, Prójimo, pág. 361)
Sabor Sabiduría: La Regla de Oro le dice a todo el mundo tratarse unos a otros como a un prójimo. Desafortunadamente, las personas a menudo maltratan a su prójimo y lo ignoran. No deberías abandonar a tu prójimo en las tribulaciones.
Te de la Sabiduría: Sabiduría de Dios, la Regla Dorada me llama a tratar a todos como a mi prójimo. Tristemente. El mundo no está a la altura de esto. Hoy se me recuerda practicarlo y ayudar a mi prójimo en las tribulaciones. Gracias, Señor.

26 de Septiembre

Somos jugados por lo que terminamos, no por lo que comenzamos. (Sabiduría, Logro, pág. 7)
Sabor Inspiración: La mayoría de las personas tienen un comienzo humilde y no tienen mucho. Pero con la ayuda de Dios y el trabajo duro, ellos logran muchas cosas. Del mismo modo, no eres juzgado por tus comienzos, sino por lo que terminas.
Café Inspirador: Consejero maravilloso, puede que no tengan un comienzo bueno y limpio como los ricos. Sin embargo, con tu ayuda y mi trabajo duro, lograre un gran resultado, lo cual es lo único que importa al final. Gracias, Señor.

Aquel que se compadece de otro se recuerda a si mismo.
(George Herbert, Proverbios Extravagantes) (Religioso, Compasión, pág. 397)
Sabor Sabiduría: Algunas personas no tienen ninguna compasión o preocupación por el trato que le dan a los demás. Pero se te recuerda compadecerte del otro en tus decisiones diarias, porque ello demuestra que te recuerdas a ti mismo.
Te de la Sabiduría: Sabiduría de Dios, puede que no sea mi naturaleza compadecerme y preocuparme por los demás. Sin embargo, se me anima a compadecerme del otro en mis decisiones diarias para demostrar que me recuerdo a mi mismo. Gracias, Señor.

27 de Septiembre

Las raíces de la felicidad crecen mas profundamente en el terreno del servicio. (Sabiduría, Felicidad, pág. 69)
Sabor Inspiración: Algunas personas piensan que la riqueza y el glamour los harán felices. Pero la verdadera felicidad viene del hecho de que serviste a tu prójimo e hiciste una diferencia en la vida de los demás.
Café Inspirador: Consejero maravilloso, puede que este convencido de que la riqueza y el glamour me harán feliz. Realmente, soy feliz cuando sirvo a mi prójimo y hago una diferencia en la vida de los demás. Gracias, Señor.

La fuente de la paz esta dentro de nosotros, así como también la fuente de la guerra. Y el verdentro de nosotros y no dadero enemigo esta fuera. La fuente de la guerra no es la existencia de armas nucleares u otras armas. Son las mentes de los seres humanos las que deciden apretar el botón y usar esas armas por odio, ira o codicia. (Dalai lama, discurso, Costa Rica, en el Wall Street Journal, 17 de junio de 1989) (Religioso, Guerra, pág. 599)
Sabor Sabiduría: Puede que no te des cuenta de que el enemigo real o el mal esta dentro de ti y no fuera. La fuente de la paz esta dentro de ti, así como la fuente de la guerra. Eres capaz de hacer a paz, amar, sentir ira y odiar.
Te de la Sabiduría: Sabiduría de Dios, puede que no me de cuneta de que la fuente la paz y la guerra está dentro de mi. Soy capaz de traer paz, amor, ira y odio. El verdadero enemigo o mal esta dentro de mi, no fuera. Gracias, Señor.

28 de Septiembre

Nos quedamos callados al comienzo del día porque Dios debería tener la primera palabra, y callamos antes de irnos a dormir porque la ultima palabra también pertenece a Dios. (Dietrich Bonhoeffer) (Sabiduría, Prioridades, pág. 109)

Sabor Inspiración:
A algunas personas les gusta ofrecer su día a Dios en busca de guía en la mañana. Otros disfrutan de una oración vespertina para dar gracias por un buen día. Deberías hacer ambas y darle a Dios la primera y ultima palabra.
Café Inspirador:
Consejero maravilloso, a algunos les gusta pedirle a Dios que los guie en la mañana, mientras otros quieren dar gracias a Dios por la noche. Debería hacer ambas y que Dios tenga la primera y última palabra. Gracias, Señor.

Vamos a correr con perseverancia la carrera que tenemos por delante. (Hebreos 12:1) (Religioso, Paciencia, pág. 382)
Sabor Sabiduría: Los seres humanos no tienen paciencia o resiliencia en su búsqueda del éxito. Se te advierte que perseveres en medio de los desafíos de la vida y que seas paciente en tu maratón de fe para llegará a la meta.
Te de la Sabiduría: Sabiduría de Dios, puede que no tenga paciencia para lograr un gran éxito. Sin embargo, se me aconseja ser paciente en mi maratón de fe y perseverar en los desafíos de mi vida para llegar a la meta. Gracias, Señor.

29 de Septiembre

El que quiera dejar huellas en las arenas del tiempo, no debe sentarse. (Sabio, Trabajo, pág. 151)
Sabor Inspiración: A todos les gusta dejar un gran legado y ganarse la profunda admiración de las futuras generaciones. Si quieres lo mismo, debes trabajar duro en ese objetivo cada día y nunca dejar de hacerlo.
Café Inspirador: Consejero maravilloso, puede que desee ganarme la profunda admiración de las futuras generaciones y dejar tras de mi un gran legado. Si lo quiero, debo trabajar duro en ello cada día y nunca dejar de hacerlo. Gracias, Señor.

El consejo de un sabio refresca como el agua de un manantial de montaña. Aquellos que lo aceptan se dan cuenta de los peligros que se avecinan.
(Proverbios 13:14) (Práctico, Consejo, pág. 8)
Sabor Sabiduría: Una persona sabia posee cocimiento y experiencia de vida. Si eres bendecido de recibir un consejo de el/ ella, este te refresca como agua de manantial y te ayuda a evitar las trampas y los peligros que hay delante.
Te de la Sabiduría: Sabiduría de Dios, si quiero saber sobre las trampas que se avecinan y sentirme refrescado como un manantial de la montaña, necesito tener el consejo de u sabio, quien posee conocimientos y experiencia de vida. Gracias, Señor.

30 de Septiembre

Se necesita coraje para empujarse a si mismo a lugares en los que nunca ha estado antes para poner a prueba sus límites, para romper barreras.
(Ingenio, Desconocido, pág. 2)
Sabor Inspiración: Puede que te guste estar cerca de cosas familiares y hacer tu rutina diaria. Pero debes tener coraje y un espíritu aventurero para empujarte a ti mismo a lugares desconocidos y poner a prueba tus límites.
Café Inspirador: Consejero maravilloso, puedo disfrutar estar cerca de cosas familiares y tener rutinas diarias. Sin embargo, debo tener el coraje de probar mis límites y el deseo de empujarme a mi mismo a nuevos lugares. Gracias, Señor.

La autoridad es como una cuenta bancaria. Mientras mas le sacas, menos tienen. (Práctico, Autoridad, pág. 20)
Sabor Sabiduría: Los seres humanos asumen erróneamente que su poder o autoridad es ilimitado y absoluto. Pero se te recuerda que la autoridad es como una cuenta bancaria, y la drenaras si sigues sacando de ella.
Te de la Sabiduría: Sabiduría de Dios, puede que piense que la autoridad o el poder es absoluto e ilimitado. Hoy se me dice que la autoridad es como una cuenta bancaria que voy a drenar rápido si sigo sacando de ella. Gracias, Señor.

Octubre

1 de Octubre

No pruebas los recursos de Dios hasta que intentas lo imposible.
(F. B. Meyer) (Práctico, Ambición, pág. 13)
Sabor Inspiración: Es posible que sepas que Dios tiene muchos recursos y también un poder milagroso. La mejor manera de que averigües los recursos que Dios puede tener es intentando lo imposible y pedir por ayuda de Dios.
Café Inspirador: Consejero maravilloso, se me ha dicho que Dios tiene un poder milagroso y muchos recursos. Pero si quiero saber cuales recursos puede tener Dios, debo intentar lo imposible y pedir por la ayuda de Dios. Gracias, Señor.

La mayoría de nosotros seguimos nuestra conciencia como si fuese una carretilla. La empujamos frente a nosotros en la dirección que queremos ir.
(Billy Graham) (Práctico, Conciencia, pág. 40)
Sabor Sabiduría: Las personas a menudo comparan la conciencia con una brújula moral que les muestra adonde ir y que hacer. Hoy es comparada con una carretilla que empujas frente a ti para despejar y guiar tu camino.
Te de la Sabiduría: Sabiduría de Dios, puede que piense en mi conciencia como una voz interior que me dice que hacer o una brújula que me muestra el camino. Hoy se compara con una carretilla que me despeja el camino. Gracias, Señor.

2 de Octubre

Louis Pasteur no tenía nada con que trabajar mas que el germen de una idea. (Práctico, Creatividad, pág. 48)
Sabor Inspiración: La mejor creación no tiene que venir de la mas grandiosa idea. Louis Pasteur solo tuvo el germen de una idea de crear el famoso método de pasteurización. Por lo tanto, aún puedes ser creativo con el.
Café Inspirador: Consejero maravilloso, podría pensar que necesito tener la mejor idea para llegar a la mejor creación. Hoy, la historia de Louis Pasteur me dice que solo necesito el germen de una idea para crear algo. Gracias, Señor.

Las personas sabias a veces cambian de opinión, ¡los tontos nunca lo hacen! (Práctico, Tontos y Tonterías, pág. 82)
Sabor Sabiduría: Los tontos a menudos son orgullosos y no les gusta escuchar a los demás ni cambiar su forma. Pero si eres una persona sabia, escucharas varias opiniones y cambiarás de opinión de vez en cuando.
Te de la Sabiduría: Sabiduría de Dios, los tontos a menudo creen que lo saben todo y no quieren cambiar su forma. Pero como una persona sabia, necesito escuchar diferentes opiniones y de vez en cuando cambiar mi opinión. Gracias, Señor.

3 de Octubre

El éxito viene en "puedo", el fracaso en "no puedo". (Práctico, Fracaso, pág. 70)

Sabor Inspiración: El fracaso puede ser el resultado de varias cosas, pero definitivamente lo será si dices que no puedes. Por otro lado, el éxito vendrá si crees que puedes hacerlo y te esfuerzas por lograrlo.

Café Inspirador: Consejero maravilloso, si comienzo cualquier proyecto con un "no puedo", ya me estoy entregando al fracaso. Sin embargo, si miro mis sueños y digo "yo puedo", no estaré muy lejos del éxito. Gracias, Señor.

Hay mejores cosas por delante que las que dejamos atrás. (C. S. Lewis) (Práctico, Futuro, pág. 92)

Sabor Sabiduría: Puede que te arrepientas de cosas que hiciste o no hiciste en el pasado. Sin embargo, se te recuerda que aún hay cosas mejores esperándote mas adelante que cualquiera que hayas dejado atrás.

Te de la Sabiduría: Sabiduría de Dios, puede que me arrepienta de todas las cosas maravillosas que he tenido que dejar atrás. Sin embargo, se me ha dicho que aún hay cosas mejores por delante en el futuro para mi. Gracias, Señor.

4 de Octubre

Reza por una fe que no retroceda cuando sea bañada en las aguas de la aflicción. (Práctico, Fe, Pág. 72)

Sabor Inspiración: La aflicción y la decepción son parte de la vida y algo sobre lo que tu no tienes ningún control. La mejor manera en la que puedes soportarlas es confiando en el poder superior que viene a través de la fe y la oración.

Café Inspirador: Consejero maravilloso, puede que no tenga ningún control sobre el agua de la aflicción y el dolor como parte de la vida. Sin embargo, debo rezar por fuerza de no encogerme cuando sea bañado en esa agua. Gracias, Señor.

La esperanza de los hombres buenos es la felicidad eterna, las esperanzas de los hombres malvados son todas en vano. (Proverbios 10:28) (Práctico, Esperanza, pág. 109)

Sabor Sabiduría: Las personas malvadas se centran en esta vida, y sus esperanzas son todas en vano al ver como se desvanecen antes sus ojos. Pero aprenderás que la esperanza de los hombres buenos es felicidad eterna y mas segura.

Te de la Sabiduría: Sabiduría de Dios, las esperanzas de las personas malvadas son en vano y se enfocan simplemente en las cosas de este mundo. Sin embargo, la esperanza de las buenas personas es la felicidad eterna y mas allá de este mundo. Gracias, Señor.

5 de Octubre

Por cada minuto que estas enojado, pierdes sesenta segundos de felicidad.
(Práctico, Felicidad, pág. 101)
Sabor Inspiración: La ira puede hacerte perder tu paz interior, errar en juicio, decir cosas hirientes, cometer actos lamentables, entre otros problemas. Pero lo peor de todo, te robará muchas horas felices.
Café Inspirador: Consejero maravilloso, puede que no sepa que la ira me puede hacer decir cosas hirientes, cometer actos lamentables, errar en juicio y perder la paz interior. Gracias, Señor.

El debate es in intercambio de conocimientos, la discusión es un intercambio de ignorancia.
(Práctico, Conocimiento, pág. 131)
Sabor Sabiduría: Es difícil para ti distinguir la diferencia entre un debate animado y una discusión acalorada. Pero hoy aprenderás que un debate es un intercambio de conocimientos, mientras que una discusión es un intercambio de ignorancia.
Te de la Sabiduría: Sabiduría de Dios, si tengo un debate animado con alguien, seguramente se trata de un intercambio de conocimientos. Pero si tengo una discusión acalorada con alguien, es solo un intercambio de ignorancia. Gracias, Señor.

6 de Octubre

Aquí hay una docena de maneras de celebrar la alegría: Completa lo que comienzas, amplia tus intereses, ríe mucho, expresa gratitud a un amigo, se amable, atento y cariñoso, lee la Biblia a diario, acentúa lo positivo, dile a un amigo que le amas, extiende una mano amiga, anota cada mañana cinco razones para ser feliz, pasa por alto la mezquindad y los celos, entrega tu vida a Dios. (Práctico, Alegría, pág. 121)
Sabor Inspiración: La alegría es la medicina maravillosa para un corazón preocupado y ansioso. Si puedes encontrar este regalo, siempre estarás contento y en paz en medio del caos el día a día. Puedes celebrarlo de una docena de maneras.
Café Inspirador: Consejero maravilloso, la alegría es una herm sa bendición que puede cambiar el estado de animo de un día caótico y una buena medicina que puede curar un corazón preocupado y ansioso. Gracias, Señor.
El amor cura a las personas, tanto a las que lo dan como a las que lo reciben.
(Dr. Karl Menninger) (Práctico, Amor, pág. 145)
Sabor Sabiduría: Es posible que escuches sobre el poder mágico del amor, pero puede que no sepas que el amor cura a las personas. Cuando compartes tu amor con los demás, les brindas sanación y tu mismo te sientes bien con ese acto.
Te de la Sabiduría: Sabiduría de Dios, puedo escuchar todo sobre el poder del amor, pero no se que el amor puede curar a las personas. Si puedo compartirlo con otros, les traeré sanación y ciertamente me sentiré bien por ello. Gracias, Señor.

143

7 de Octubre

Trabaja duro y conviértete en un líder, se perezoso y nunca triunfarás.
(Proverbios 12:24) (Práctico, Liderazgo, pág. 137)
Sabor Inspiración: Las personas perezosas no pueden llevar nada a cabo y nunca tendrán éxito en nada. Pero si quieres lograr algo espectacular o convertirte en un gran líder, debes trabajar duro y nunca perder la esperanza.
Café Inspirador: Consejero maravilloso, si soy perezoso, no podre llevar nada a cabo y nunca tendré éxito. Sin embargo, si quiero triunfar o ser un gran líder, debo trabajar duro y mantener mi sueño vivo. Gracias, Señor.

El carácter de una persona se pone a prueba cuando de repente adquiere o pierde rápidamente una cantidad considerable de dinero.
(Práctico, Dinero, pág. 161)
Sabor Sabiduría:
El dinero es un factor importante de la vida diaria. Si de repente adquieres o pierdes rápidamente una cantidad considerable de dinero, pondrás a prueba tu carácter y como lidias con las posesiones materiales.
Te de la Sabiduría: Sabiduría de Dios, el dinero es una parte importante de mi vida. Si de repente adquiero o pierdo rápidamente una gran cantidad de dinero, pondrá a prueba mi carácter y como me ocupo de las posesiones materiales. Gracias, Señor.

8 de Octubre

El pesimista ve la dificultad en cada oportunidad, el optimista ve la oportunidad en cada dificultad.
(L. P. Jacks) (Práctico, Optimismo/Pesimismo, pág. 177)
Sabor Inspiración: El pesimista siempre vera lo negativo de todo, incluso en cada oportunidad. Sin embargo, el optimista verá los positivo, incluso en las dificultades. Debes aprender a ser optimista.
Café Inspirador: Consejero maravilloso, si soy pesimista, solo veré las dificultades y lo negativo en cada oportunidad. Pero si soy optimista, veré lo positivo y grandes oportunidades en cada dificultad. Gracias, Señor.

Las promesas de Dios son como las estrellas, cuanto más oscura es la noche más brillaran.
(Práctico, Promesas, pág. 201)
Sabor Sabiduría: Te asustas cuando todo se oscurece y te preguntas si Dios vendrá a ayudar. Debes saber que las promesas de Dios para ti son como las estrellas, mientras más oscura es la noche más brillan.
Te de la Sabiduría: Sabiduría de Dios, me pregunto si dios me ayudara cuando mi vida se vuelva oscura con los problemas. Debo saber que la promesa de Dios es como las estrellas, las cuales brillan mas cuando la noche es más oscura. Gracias, Señor.

9 de Octubre

La oración es la llave de la mañana y el cerrojo de la noche. (Práctico, Oración, pág. 189)
Sabor Inspiración: Las personas rezan para pedir por algo o por ayuda con un problema. puedes considerar el rezar como la llave para abrir la puerta de la mañana para ti a oportunidades y el cerrojo para salvaguardarte en la noche.
Café Inspirador: Consejero maravilloso, la oración puede ser sobre la investigación. Pero yo la considero como la llave que abre las oportunidades en la mañana para mi y también el cerrojo que salvaguarda mi puerta en la noche del peligro. Gracias, Señor.

El mejor momento para mantener la camisa puesta es cuando tienes calor debajo del cuello. (Practico, Autocontrol, pág. 209)
Sabor Sabiduría: Cuando te encuentras con la piel irritada y acalorada, debes mantener tu camisa puesta para evitar que te de urticaria. Esa es la mejor práctica de autocontrol cuando estás enojado.
Te de la Sabiduría: Sabiduría de Dios, cuando me siento acalorado e irritado por algo, debo mantener mi camisa puesta para mantenerme bajo control y evitar que sucedan cosas irracionales, Gracias, Señor

10 de Octubre

El secreto del éxito es hacer las cosas comunes extremadamente bien. (John D. Rockefeller Jr.) (Práctico, Éxito, pág. 211)
Sabor Inspiración: Algunas personas piensas que existe una fórmula especial para el éxito. Pero en realidad, el secreto del éxito es que hagas muy bien las cosas comunes. No tienes que hacer cosas extraordinarias para tener éxito.
Café Inspirador: Consejero maravilloso, puede que piense que tengo que hacer cosas extraordinarias si quiero alcanzar el éxito. Hoy se me dice que, el secreto del éxito es simplemente hacer las cosas comunes extremadamente bien. Gracias, Señor.

El hombre de amor sigue el camino de Dios y muestra afecto tanto al creyente como al no creyente. (Muhammad Iqbal (1873-1938), poeta y filosofo musulmán indio) (Cita, Conducta, pág. 46)
Sabor Sabiduría: Es triste ver a las personas mostrar afecto y cuidado solo por aquellos de su misma clase en la fe y la raza. Pero si eres una persona de amor y sigues el verdadero camino de Dios, mostrarás ese amor a todos.
Te de la Sabiduría: Sabiduría de Dios, si realmente soy una persona de amor y sigo el verdadero camino de Dios, compartiré mi amor con todos. No debo mostrar mi amor solo a las personas de mi propia fe o raza. Gracias, Señor.

11 de Octubre

Siempre que encuentres que la verdad se interpone en tu camino, puedes estar seguro de que vas en la dirección equivocada. (Práctico, Verdad, pág. 232)
Sabor Inspiración: A menudo se considera la verdad como la brújula moral y la guía para mantener a una persona en el camino correcto así que, si la ves en tu camino, debes estar yendo en la dirección equivocada.
Café Inspirador: Consejero maravilloso, a menudo considero la verdad como la brújula moral y la guía para mantenerme en el camino correcto. Pero si la encuentro interponiéndose en mi camino, debo estar yendo en la dirección equivocada. Gracias, Señor.

Hay que ser pobre para conocer el lujo de dar. (George Eliot (1819–1880), escritor ingles) (Citas, Obsequios y Donaciones, pág. 107)
Sabor Sabiduría: Si eres rico, puedes permitirte regalar cualquier cosa sin considerarlo un lujo. Sin embargo, si eres pobre, tendrás que luchar por tus necesidades diarias y conocerás el lujo de dar.
Te de la Sabiduría: Sabiduría de Dios los ricos pueden darse el lujo de regalar cosas sin considerarlo un lujo. Pero si yo soy pobre, tendré que luchar por mis necesidades diarias y conocer el lujo de donar. Gracias, Señor.

12 de Octubre

El arte de la vida radica en un constante reajuste a nuestro entorno. (Okakura Kakuzo (1862-1913), critico de arte y filosofo japonés) (Citas, Adaptabilidad, Pág. 4)
Sabor Inspiración: No hay una hoja de ruta para mostrarte como navegar por las incertidumbres de la vida. Pero las lecciones de supervivencia de la vida te dicen que te adaptes y reajustes constantemente tus alrededores.
Café Inspirador: Consejero maravilloso, mi vida no tiene una hija de ruta que me muestre las trampas y los obstáculos. Pero las lecciones de supervivencia de la vida me dicen que me adapte y reajuste constantemente mis alrededores. Gracias, Señor.

Cuanto mas grande seas, más debes practicar la humildad. (Ben Sira (190 AC), filosofo y maestro hebreo, en La Sabiduría de Ben Sira de Patrick Skehan) (Citas, Humildad, pág. 131)
Sabor Sabiduría: Cuando eres rico, poderoso o famoso, estas tentado a ser arrogante y despreciar a tus viejos amigos y a otras personas. Debes practicar la humildad y no permitir que esas vanidades entren en tu cabeza.
Te de la Sabiduría: Sabiduría de Dios, si soy rico poderoso o famoso, estaré tentado a menospreciar a mis viejos amigos y a otras personas. Debo practicar la humildad y no permitir que esas vanidades cambien mi carácter. Gracias, Señor.

13 de Octubre

El secreto de la satisfacción es saber como disfrutar de lo que tienes, y ser capaz de dejar ir todos los deseos por las cosas que están fuera de alcance. (Lin Yutang (1895-1976), escritor chino) (Citas, Satisfacción, pág. 50)
Sabor Inspiración: La mayoría de las personas no se sienten satisfechas con sus vidas o con lo que tienen. Debes aprender a sentirte satisfecho desfrutando de lo que tienes y dejando ir todo deseo por las cosas que están fuera de alcance.
Café Inspirador: Consejero maravilloso, debo aprender a estar satisfecho con lo que tengo y estar agradecido por ello. También necesito dejar ir todo deseo de mas coas en la vida. Así es como puedo demostrar que es toy contento con mi vida. Gracias, Señor.

Es el papel del Cielo declarar el destino de un hombre, el papel del hombre es acortar o alargar sus días. (Proverbio Chino) (Citas, Vida, pág. 163)
Sabor Sabiduría: Podrías pensar que el papel del Cielo es declarar tu destino y longevidad. Pero en realidad, tu determinaras tus días en la tierra por la forma en que cuidad de tu cuerpo, alma y espíritu.
Te de la Sabiduría: Sabiduría de Dios, puede que sea el papel del Cielo declarar mi destino. Sin embargo, soy realmente yo quien determina la duración de mis días en la tierra por la forma en que cuido de mi cuerpo, alma y espíritu. Gracias, Señor.

14 de Octubre

La fuerza proviene de la espera. (José Martí (1853-1895) patriota cubano) (Citas, Paciencia, pág. 199)
Sabor Inspiración: Esperar por algo no es una habilidad que muchas personas puedan dominar, ya que la mayoría de las personas son impacientes e impulsivas. Si puedes esperar pacientemente por algo debes tener la fuerza divina.
Café Inspirador: Consejero maravilloso, la mayoría de las personas están impacientes y no pueden esperar por nada. Debo aprender a esperar pacientemente por algo para mostrar mi increíble fuerza, que solo puede venir de Dios. Gracias, Señor.

La revolución es un drama de pasión. No ganamos a las personas apelando a la razón, sino desarrollando esperanza, confianza y fraternidad. (Mao Zedog (1893-1976), presidente de la Republica Popular de China) (Citas, Revolución, pág. 243)
Sabor Sabiduría: Una revolución como la Revolución Cultural China no se produjo razonando con las personas. Aprenderás que es una campaña de pasión que apela a la esperanza, la confianza y la fraternidad.
Te de la Sabiduría: Sabiduría de Dios, una revolución no se produce por razonar con el pueblo. Me daré cuenta de que es un drama de pasión que apela a la esperanza, la confianza y la fraternidad con todas las personas. Gracias, Señor.

15 de Octubre

El que puede conquistar a otros es poderoso, que el es capaz de conquistarse a sí mismo es más poderoso. (Lao Tse (604-531 a. C.) (Citas, Poder, pág. 211)
Sabor Inspiración: Se requiere de un poder intenso y gran determinación para un rey conquistar otro reino. Pero si quieres conquistarte a ti mismo de los malos hábitos, necesitas más motivación y mejor disciplina.
Café Inspirador: Consejero maravilloso, se requiere de una cuidadosa planificación y una gran determinación para que un líder conquiste a otros. Pero si yo quiero conquistarme de la oscuridad, necesito mucha disciplina y motivación para completarlo. Gracias, Señor.

Siete características distinguen al sabio: no habla en presencia de otro mas sabio que él, no interrumpe, no se apresura a contestar, pregunta y responde el punto, habla de primero lo primero y de lo último al final, admite cuando no sabe algo, y reconoce la verdad. (Talmud, Aboth 5:7) (Citas, Sabiduría, pág. 307)
Sabor Sabiduría: La sabiduría generalmente se define en cuanto a tener conocimiento y experiencia de vida. Lo que ves arriba es una lista de siete características que distinguen el sabio y te ayudan a ser uno.
Te de la Sabiduría: Sabiduría de Dios, la lista de siete características más arriba me ayuda a distinguir al sabio del ordinario. Si quiero ser sabio debo poseer esa lista además de gran conocimiento y experiencia. Gracias, Señor.

16 de Octubre

Tengamos fe en que la justicia hace el poder, y en esa fe atrevámonos a cumplir con nuestro debe tal como lo entendemos. (Abraham Lincoln, discurso, Nueva York, 21 de febrero de 1859) (Religioso, Derecha, pg. 491)
Sabor Inspiración: A todos les gusta tener la razón, pero nadie quiere cumplir con el deber que viene con ella. Así que, puedes creer que el que tiene la razón es poderoso, pero también tienes que cumplir con tu deber.
Café Inspirador: Consejero maravilloso, todos quieren tener la razón, pero nadie quiere llevar a cabo el deber que sigue. Podría creer que el que tiene la razón es poderoso, pero también necesito cumplir con mi deber. Gracias, Señor.

En la violencia olvidamos quienes somos. (Mary McCarthy, Por el Contrario, 1961) (Religioso, Agresión y Violencia, pág. 23)
Sabor Sabiduría: Cuando las personas se vuelven violentas, a menudo olvidan todo acerca de ellos y lo que les rodea. Actúan de forma irracional y tonta. Necesitas evitar la violencia y actuar de forma pacífica.
Te de la Sabiduría: Sabiduría de Dios, necesito evitar la violencia y actuar pacíficamente, incluso si el mundo se volviese violento y actuara tontamente. Cuando el mundo actúa de esa forma, a menudo olvida quien es y su misión en la vida. Gracias, Señor.

17 de Octubre

¿Conoces a u hombre trabajador? ¡El tendrá éxito y estará junto a los reyes!
(Proverbios 22:_29) (Sabio, Éxito, pág. 126)
Sabor Inspiración: Si eres una persona trabajadora, nunca debes preocuparte por ser pobre. Mas importante aun, eventualmente terminaras siendo exitoso y glamoroso como resultado de tu buena ética laboral.
Café Inspirador: Consejero maravilloso, si soy una persona trabajadora, nunca debería preocuparme por ser pobre, porque mi buena ética de trabajo me ayudará a tener éxito y ser glamoroso ante el mundo. Gracias, Señor.

Un hombre se ha encontrado a así mismo cuando ha encontrado su relación con el resto del universo, y aquí esta el Libro [la Biblia] en la cual esas relaciones están establecidas.
(Woodrow Wilson, discurso, 7 de mayo de 1911) (Religioso, Biblia, pág. 56)
Sabor Sabiduría:
Toda tu vida es una búsqueda constante para aprender sobre ti y tu misión de vida. Lo lograras cuando encuentres tu relación con todo el universo. La Biblia te ayudará.

Te de la Sabiduría: Sabiduría de Dios, toda mi vida es una búsqueda constante de mi propia identidad y misión en la vida. Tendré éxito en ello cuando encuentre mi relación con todo el universo. La Biblia me ayudará. Gracias, Señor.

18 de Octubre

Si te desmayas en el día de la adversidad, tu fuerza es pequeña.
(Proverbios 24:10) (Religioso, Adversidad, pág. 18)
Sabor Inspiración: La adversidad y la dificultad son ciertamente una parte de la vida humana. También son pruebas de carácter importantes y determinación. Por lo tanto, si te desanimas y fallas esas pruebas, eres sólo un cobarde.
Café Inspirador: Consejero maravilloso, la adversidad es parte de esta vida y una prueba importante de mi carácter y determinación. Por lo tanto, si me desmotivo y fallo la prueba, mi fuerza es poca, y soy simplemente un cobarde. Gracias, Señor.

El verdadero cristiano es el verdadero ciudada no, noble de propósito, resuelto en el esfuerzo, listo para las hazañas de un héroe, pero nunca menospreciando su tarea porque esta destinada en el día de las pequeñas cosas. (Theodore Roosevelt, discurso, 30 de diciembre de 1990) (Religioso, Cristiandad, pág. 77)
Sabor Sabiduría: Un Cristiano a menudo se describe en términos de creencias, reglas y tradiciones. Arriba puedes ver como es visto un cristiano en términos simples. Tienes el reto de ser un verdadero Cristiano y vivir a la altura de esos términos.
Te de la Sabiduría: Sabiduría de Dios, a menudo escucho la definición de cristiano en términos de creencias, tradiciones y reglas. Arriba puedo ver como es visto un verdadero cristiano en términos simples. Estoy llamado a ser un verdadero Cristiano. Gracias, Señor.

19 de Octubre

Como lo he visto, los que aran iniquidad y siembran problemas, lo mismo cosechan.
(Job 5:8) (Religioso, Conducta y Comportamiento, pág. 95)
Sabor Inspiración: El tipo de semilla que siembras y el tipo de trabajo que haces producirán exactamente la misma cosecha. Así que, si siembras amor y actúas con amabilidad, recibirás lo mismo. Lo contrario también es cierto.
Café Inspirador: Consejero maravilloso, debería saber que el tipo de semilla que siembro y el trabajo que hago producirá la misma cosecha. Por lo tanto, si siembro amor y actúo amablemente, recibiré lo mismo, y viceversa. Gracias, Señor.

La muerte es lo que ocurre dentro de nosotros cuando miramos a los demás no como un regalo, una bendición o un estímulo, sino como una amenaza, un peligro o una competencia. (Dorothee Soella, Muerte Solo de Pan, 1978) (Religioso, Muerte, pág. 127)
Sabor Sabiduría: Puede que veas la muerte como el cese de las funciones corporales y mentales. Sin embargo, hoy se te es dada una nueva definición de muerte si ves a los demás como una amenaza, un peligro o competencia.
Te de la Sabiduría: Sabiduría de Dios, a menudo pienso en la muerte como el final de las funciones corporales y mentales. Hoy se me dice que, la muerte ocurre dentro de nosotros cuando vemos a los demás, no como regalos y bendiciones sino como una amenaza. Gracias, Señor.

20 de Octubre

El sentido del deber es un pegamento moral, constantemente sujeto a estrés. (William Safire, en The New York Times, 23 de mayo de 1986) (Religioso, Deber, pág. 147)
Sabor Inspiración: El deber es el sentido moral que los militares a menudo te recuerdan. Si sabes tus deberes diarios, comprenderás tus responsabilidades morales para completarlos. Pero eso puede hacerte sentir estresado.
Café Inspirador: Consejero maravilloso, los deberes son mis responsabilidades morales hacia mi casa, país, o fe que pueden causarme estrés. Si sé cuales son mis deberes diarios, veré porque necesito completarlos. Gracias, Señor.

Si quieres ser un verdadero buscador de la verdad, es necesario que al menos una vez en tu vida dudes, en la medida de lo posible de todas las cosas.
(Rene Descartes, Principios de la Filosofía, 1644) (Religioso, Duda, pág. 144)
Sabor Sabiduría: Seguro que estas familiarizado con la historia del incrédulo Tomas que quería saber la verdad sobre el Cristo resucitado. Si eres un verdadero buscador de la verdad, debes dudar de todas las cosas al menos una vez en la vida.
Te de la Sabiduría: Sabiduría de Dios, si soy un verdadero buscador de la verdad, es importante que dude al menos una vez y no creer ciegamente todo el tiempo. Así es como puedo apreciar la verdad y desearla mucho más. Gracias, Señor.

21 de Octubre

Si no reconocen a Dios, al menos reconozcan Sus señales.
(Al-Hallaj (858-922) dC, en Sufismo de A. J. Arberry) (Religioso, Encontrar a Dios, pág. 188)
Sabor Inspiración: Dios esta en todas partes de toda la creación. Puede que no veas a Dios, pero puedes reconocer sus señales. Cuando tu estas alrededor de Dios, suceden grandes cosas. Por lo tanto, debes encontrar a Dios todos los días.
Café Inspirador: Consejero maravilloso, cuando estoy alrededor de Dios, me siento en paz y alegre, y mochas cosas grandiosas suceden. Es por ello por lo que necesito encontrar a Dios y reconocer su presencia por sus señales a mi alrededor. Gracias, Señor.

La fe es oscura. Por la fe el hombre atraviesa las tinieblas, pero se mueve con seguridad , su mano en la mano de Dios. Literalmente esta viendo a través de los ojos de Dios.
(Walter Farrell, El Espejo, 1951) (Religioso, Fe, pág. 177)
Sabor Sabiduría: has escuchado el dicho: "Caminamos por fe y no por vista". La fe es básicamente ver a través de los ojos de Dios. Confías en la fe para ayudarte a moverte por la vida, especialmente en las noches oscuras de tu alma.
Te de la Sabiduría: Sabiduría de Dios, utilizo la fe para ayudarme a atravesar esta vida como si Dios tomara mis manos y me guiara a través de la oscuridad y las incertidumbres de mi vida bajo los ojos de Dios. Me siento bien con su presencia. Gracias, Señor.

22 de Octubre

Un verdadero Cristiano no debería tener mas que un temor, no sea que no espere lo suficiente. (Walter Elliot, La Vida Espiritual, 1914) (Religioso, Esperanza, pág. 235)
Sabor Inspiración: Las personas tienen todo tipo de miedos que podrían inhibirlos de vivir una vida feliz y plena. Pero como verdadero Cristiano, solo deberías tener un temor: Es decir, no esperes lo suficiente de esta vida.
Café Inspirador: Consejero maravilloso, puede que tenga todo tipo de miedos que me impiden disfrutar de una vida feliz y plena. Sin embargo, debería tener un solo temor como Cristiano: Ese es, no esperar lo suficiente. Gracias. Señor.

"Puedo perdonar, pero no olvidar" esta es solo otra forma de decir "no perdonare". Un perdón debe ser como una nota cancelada, partida en dos y quemada, de modo que nunca pueda mostrarse contra el hombre.
(Henry Ward Beecher, Pensamientos de Vida, 1858)) (Religioso, Perdón, pág. 192)
Sabor Sabiduría: El dicho anterior no es realmente el perdón. Hoy se te advierte que olvides todo una vez que realmente perdonas a alguien. Es como partir en dos una nota cancelada y luego quemarla.
Te de la Sabiduría: Sabiduría de Dios, puede que piense que puedo perdonar, pero no olvidar. Pero esa actitud nunca funcionara. Cuando perdono a alguien, es como romper una nota cancelada y olvidarme de ella. Gracias, Señor.

23 de Octubre

Si tienes una fe o religión en particular, eso es bueno. Pero puedes sobrevivir sin ella si tienes amor, compasión, y tolerancia. La prueba mas clara del amor de una persona a Dios es si esa persona muestra genuinamente a mor por sus semejantes.
(Dalai lama, Por el Amor a Dios, 1990) (Religioso, Amor, pág. 305)
Sabor Inspiración: A algunos les gusta asociarse con una fe o religión en particular que los ayude a estar cerca de Dios. Pero la mejor forma para mostrar tu amor a Dios es teniendo amor y compasión por un ser humano.
Café Inspirador: Consejero maravilloso, puede que me asocie a una religión en particular para ayudar a otros a ver mi amor hacia Dios. Perola mejor manera para mostrar mi amor hacia Dios es teniendo compasión por otros. Gracias, Señor.

La felicidad suprema de la vida es la convicción de que somos amados. (Víctor Hugo, Los Miserables, 1862) (Religioso, Felicidad, pág. 222)
Sabor Sabiduría: La felicidad ha sido definida de varias maneras. Hoy aprenderás que, la felicidad suprema de la vida se experimenta cuando te sientes amado porque el amor te trae alegría y lo completa todo.
Café Inspirador: Consejero maravilloso, puedo definir la felicidad en una variedad de formas. Sin embargo, tendré la felicidad suprema de la vida cuando sienta que soy amado, pues el amor me trae alegría y muchas otras bendiciones. Gracias, Señor.

24 de Octubre

Porque sin riesgo no hay fe, y cuanto mayor es el riesgo, mayor es la fe. (Søren Kierkegaard, posdata, Fragmentos Filosóficos, 1846) (Religioso, Riesgo y Seguridad, pág. 494)
Sabor Inspiración: Las personas ponen su fe en Dios por varias razones. Puedes arriesgar parte de tu vida o todo lo que tienes por las bendiciones divinas. Pero cuanto más riesgo corras, mayo debe ser tu fe en Dios.
Café Inspirador: Consejero maravilloso, pongo mi fe en Dios y arriesgo parte de mi vida o todo por las bendiciones divinas u otras razones. Debo saber que, mientras más me arriesgo, mayor es mi fe en Dios. Gracias, Señor.

La pobreza a menudo priva al hombre de todo espíritu y virtud. (Benjamín franklin, Almanaque del Pobre Richard, 1757) (Religioso, Pobreza, pág. 404)
Sabor Sabiduría: Puede que conozcas algunas penurias y sufrimientos que deben soportar los pobres. Pero hoy veras también que la pobreza te puede privar de todo espíritu y virtudes y empujarte a hacer cosas más.
Te de la Sabiduría: Sabiduría de Dios, si eres pobre, tendrás que aguantar dificultades y sufrimientos. Hoy se me dice que, la pobreza también me puede privar de todo espíritu y virtudes y provocarme a hacer cosas malas. Gracias. Señor.

25 de Octubre

Nadie se acerca mas al conocimiento de la verdad que el que ha avanzado mucho en el conocimiento de las cosas divinas y, son embargo, sabe que siempre le queda algo que buscar. (Sal León (390?- 461 d.C.), "Sermón en Nativitate Domini, IX) (Religioso, Verdad, pág. 577)

Sabor Inspiración: Puedes acercarte al conocimiento de la verdad avanzando en el conocimiento de cosas divinas como Dios, alma, espíritu, o vida eterna. También puedes encontrarlo a través de las matemáticas y la ciencia.

Café Inspirador: Consejero maravilloso, puedo acercarme al conocimiento de la verdad avanzando en el conocimiento de las cosas divinas como Dios y el espíritu. También puedo buscarla a través de las matemáticas y la ciencia. Gracias, Señor.

Cuando Jesús nos dice que debemos poner la otra mejilla, nos dice que no debemos vengarnos, no esta diciendo que no debemos defendernos nunca a nosotros mismos o a los demás. ("El Documento Kairos" (segunda edición revisada), 1986) (Religioso, Venganza, pág. 487)

Sabor Sabiduría: Jesús te manda a poner la otra mejilla cuando alguien te golpea. No te dice que dejes de defenderte a ti mismo o a los demás, debes saber que el solo quiere que no busques venganza.

Te de la Sabiduría: Sabiduría de Dios, Jesús me pide que ponga la otra mejilla cuando alguien me golpea. No me pide que deje de defenderme a mi o a otras personas, el solo quiere que no busque vengarme. Gracias, Señor.

26 de Octubre

Los tres grandes elementos esenciales para lograr algo que valga la pena son, en primer lugar, el trabajo duro; en segundo, la persistencia; y tercero, el sentido común. (Thomas Edison) (Sabio, Logro, pág. 7)

Sabor Inspiración: Si quieres lograr algo, debes mantener estos tres elementos esenciales: trabajo duro, persistencia y sentido común, combinados desde el principio hasta el final del proyecto.

Café Inspirador: Consejero maravilloso, si quiero lograr algo, debo mantener estos tres elementos esenciales combinados: trabajo duro, persistencia y sentido común, durante todo el proyecto. Gracias, Señor.

No es un crimen sr rico, ni una virtud ser pobre. …el pecado consiste en acumular riquezas y evitar que circule libremente entre todos los que las necesitan. (Charles Fillmore, Prosperidad, 1940) (Religioso, Riqueza, pág. 607)

Sabor Sabiduría: La sociedad tiende a condenar al rico y alabar a los pobres. Debes saber que no es un crimen ser rico ni una virtud ser pobre. Pero, el pecado radica en acaparar las riquezas y ocultándosela a los necesitados.

Te de la Sabiduría: Sabiduría de Dios, al mundo le gusta condenar a los ricos y alabar a los pobres. Pero debo saber que no es un crimen ser rico ni una virtud ser pobre. El pecado esta en ocultar riqueza a los necesitados. Gracias, Señor.

27 de Octubre

Es más importante saber a donde vas que ver que tan rápido puedes llegar.
(Sabio, Dirección, pág. 41)
Sabor Inspiración: Es posible que no seas capaz de esperar pacientemente algo en estos tiempos tan rápidos como un rayo. Pero es mucho más importante para ti conocer hacia donde vas que lo rápido que puedas llegar.
Café Inspirador: Consejero maravilloso, puede que no quiera esperar pacientemente por algo en este mundo que va tan deprisa. Pero es mas importante para mi saber hacia donde voy que ver que tan rápido puedo llegar. Gracias, Señor.

La conciencia es algo dentro que te molesta cuando nada del exterior lo hace. (Práctico, Conciencia, pg. 40)
Sabor Sabiduría: La conciencia se ha definido de muchas formas, pero lo mejor es la voz interior que te molesta cuando nada del exterior lo hace. Por lo tanto, siempre que te sientas culpable o alguna molestia interior, esa es tu conciencia.
Te de la Sabiduría: Sabiduría de Dios, la conciencia ha sido considerada la brújula moral o la carretilla que me precede. Hoy me han dicho que, es la voz interior que me molesta cuando nada del exterior lo hace. Gracias, Señor.

28 de Octubre

El hombre realmente feliz es el que puede disfrutar del paisaje, incluso, cuando tiene que tomar un desvío.
(Sabiduría, Felicidad, pág. 69)
Sabor Inspiración: Si alguna vez has tenido que tomar un desvío, sabes lo frustrante que es cuando eso sucede. Pero si realmente eres una persona feliz, puedes disfrutar el paisaje en medio del caos.
Café Inspirador: Consejero maravilloso, un desvío puede hacerme sentí impaciente y frustrado cuando tengo que atravesar por el. Pero, si soy una persona realmente feliz, puedo simplemente disfrutar del paisaje en medio del caos. Gracias, Señor.

¡Coopera! ¿Recuerdas la banana? Cada vez que se separa del racimo se despelleja.
(Practica, Cooperación, pág. 42)
Sabor Sabiduría: La cooperación y el trabajo conjunto es la clave para una larga vida y el éxito. Por lo tanto, si dejas el grupo y creas división, enfrentaras grandes dificultades y tu vida se truncará.
Te de la Sabiduría: Sabiduría de Dios, si dejo el grupo y creo división como el plátano, enfrentare grandes dificultades y me acortaran la vida, porque la cooperación es la clave para una larga vida y el éxito. Gracias, Señor.

29 de Octubre

El que pone a Dios primero, encontrará a Dios con el hasta el final. (Sabio, Prioridades, pág. 109)
Sabor Inspiración: Dios es lo ultimo en lo que la mayoría de las personas pensarían en sus vidas. Pero, sí eliges poner a Dios primero en todo lo que haces, encontraras a Dios a lo largo de tu vida hasta el final.
Café Inspirador: Consejero maravilloso, Dios es lo ultimo en lo que muchas personas pensarían en sus vidas. Si elijo poner a Dios primero en todo lo que hago, encontrare a Dios en toda mi vida hasta el final. Gracias, Señor.

Un hombre sabio toma sus propias decisiones, un hombre ignorante sigue las opiniones del público. (Proverbio Chino) (Práctico, Decisión, pág. 50)
Sabor Sabiduría: Muchas decisiones estos días han sido tomadas midiendo la opinión del público. pero debes saber que una persona sabia toma sus propias decisiones, mientras un ignorante sigue la opinión del público.
Te de la Sabiduría: Sabiduría de Dios, muchas de las decisiones en estos días se toman midiendo la opinión pública. Como a menudo lo hace un ignorante. Pero yo sé que una persona sabia toma sus propias decisiones. Gracias, Señor.

30 de Octubre

Si no puedes alterar las dificultades de tu vida, cambia tu actitud hacia ellas. (Ingenio, Primavera y Verano)

Sabor Inspiración: Las dificultades son parte de la vida. Pero no debes dejar que te abrumen y estresen. En cambio, deberías cambiar sus actitudes y verlas como una prueba de tu resistencia y compromiso.
Café Inspirador: Consejero maravilloso, las dificultades con parte de mi vida y pueden abrumarme y estresarme. Si no puedo cambiarlas, entonces debería cambiar mis actitudes hacia ellas. Gracias, Señor.

Un ególatra es alguien a quien le cuesta escuchar. (Práctico, Egoísmo, pág. 61)
Sabor Sabiduría: Es posible que no hayas conocido a un ególatra, pero es alguien a quien es difícil escuchar. Todo en lo que esta persona se enfoca y habla excesivamente es sobre si mismo. Debes evitar ser este tipo de persona.
Te de la Sabiduría: Sabiduría de Dios, debo evitar convertirme en un ególatra a quien es difícil escuchar y es obsesivo acerca de si mismo. Todo en lo que esta persona se concentra y de lo que habla excesivamente es de si mismo. Gracias, Señor.

31 de Octubre

El coraje no siempre ruge. Algunas veces, es la voz tranquila al final de día que dice: "Lo intentare de nuevo mañana".
(Ingenio, Desconocido, pág. 2)

Sabor Inspiración: asumes que el coraje siempre toma la forma de un león que ruge cuando actúas sin miedo. Pero también puede ser la voz tranquila al final de un largo día animándote: "Lo intentare de nuevo mañana".

Café Inspirador: Consejero maravilloso, puede que asuma que el coraje toma la forma de u león que ruge cuando actúo sin miedo. Pero es también la voz tranquila al final de una larga jornada que dice: "Lo intentare de nuevo mañana". Gracias, Señor.

Un verdadero amigo es siempre leal, y un hermano nace para ayudarnos en momentos de necesidad.
(Proverbios 17:17) (Práctico, Amistad, pág. 83)

Sabor Sabiduría: Tu hermano o hermana esta cerca de ti desde el nacimiento para ayudarte en tus momentos de necesidad. Sin embargo, si eres bendecido, encontraras un amigo verdadero quien es siempre leal a ti en cualquier circunstancia.

Te de la Sabiduría: Sabiduría de Dios, mi hermano o hermana esta conmigo desde el nacimiento para ayudarme en momentos de necesidad. Sin embargo, si soy bendecido, encontraré un verdadero amigo quien siempre será leal a mi en cualquier situación. Gracias, Señor.

Noviembre

1 de Noviembre

Contemplen a la Tortuga. Solo progresa cuando saca el cuello.
(James Bryant Conant) (Práctico, Ambición, pág. 13)
Sabor Inspiración: Una Tortuga puede progresar solo cuando arriesga su seguridad y saca su cuello. Similarmente, no puedes progresar y alcanzar tus ambiciones a menos que saques el cuello y te arriesgues.
Café Inspirador: Consejero maravilloso, una Tortuga progresa cuando arriesga su seguridad y saca su cuello. Así mismo, no puedo progresar y alcanzar mis sueños a menos que saque mi cuello y asuma riegos. Gracias, Señor.

Un chismoso va por ahí difundiendo rumores, mientras que un hombre de confianza tratará de calmarlos. (Proverbios 11:13) (Práctico, Chisme, pág. 97)
Sabor Sabiduría: Los rumores pueden crear mentiras e insinuaciones que podrían causar heridas y divisiones. Un chismoso va por ahí haciendo ese trabajo. Sin embargo, si eres una persona de confianza, tratarás de calmarlos.
Té de la Sabiduría: Sabiduría de Dios, un chismoso va esparciendo rumores y creando mentiras e insinuaciones que causan dolor y división. Sin embargo, si soy una persona de confianza, voy a tratar de calmarlos. Gracias, Señor.

2 de Noviembre

Aquel que no pueda soportar tiempos difíciles no vera los tiempos buenos.
(Práctico, Resistencia, pág. 63)
Sabor Inspiración: Los tiempos difíciles pueden venir con muchos desafíos y empujar tu resistencia al limite. Si no pasas esa prueba y no puedes superar esos tiempos, no veras los buenos tiempos que siguen.
Café Inspirador: Consejero maravilloso, los tiempos difíciles pueden venir con varios desafíos y empujar mi resistencia al limite. Si no paso esa prueba y no puedo superar esos tiempos, no veré los buenos tiempos que siguen. Gracias, Señor.

El primer paso a la sabiduría es el silencio; el Segundo es escuchar.
(Práctico, Escuchar, pág. 104)
Sabor Sabiduría: La sabiduría se logra después de una experiencia de toda la vida y una implacable búsqueda de conocimiento a través de los años. Pero el primer paso para que llegues allí es siendo silencioso. El segundo es escuchando bien.
Té de la Sabiduría: Sabiduría de Dios, en silencio soy capaz de dejar que las voces de mi conciencia y tu me hablen y me transmitan su sabiduría. También necesito escuchar bien esas voces para descubrir lo que debo hacer a continuación. Gracias, Señor.

3 de Noviembre

Caer no te convierte en un fracaso, pero permanecer abajo si.
(Práctico, Fracaso, pág. 70)
Sabor Inspiración: Seguramente caerás muchas veces en tu camino a la cima de la montaña del éxito. Pero eso no te hace un fracasado. Lo que te hace un fracasado es si decides quedarte abajo.
Café Inspirador: Consejero maravilloso, seguramente fallaré o caeré muchas veces en mi camino a la montaña del éxito. Pero lo que realmente me hace un fracasado es decidir quedarme abajo permanentemente. Gracias, Señor.

La vida sin esperanza es una vida sin significado.
(Práctico, Esperanza, pág. 110)
Sabor Sabiduría: Una vida sin significado evita que te despiertes cada día. Terminaras con esa vida si no tienes esperanzas. La esperanza te da razones para vivir y te inspira a superar los desafíos diarios.
Té de la Sabiduría: Sabiduría de Dios, una vida sin esperanza me lleva a una vida sin significado que puede que evite que me despierte cada día. La esperanza me da razones para vivir y me inspira a perseverar. Gracias, Señor.

4 de Noviembre

El Corazón esta mas feliz cuando late por otros.
(Práctico, Felicidad, pág. 101)
Sabor Inspiración: Podrías ser feliz cuando obtienes lo que quieres o cuando las cosas su seden de la manera en que lo deseas. Sin embargo, tú corazón es mas feliz cuando late por los demás o cuando esta al servicio de otros.
Café Inspirador: Consejero maravilloso, puede que sea feliz cuando obtengo lo que quiero o las coas suceden de la manera en que deseo. Pero mi corazón es mas feliz cuando late por otros o cuando esta al servicio de otros. Gracias, Señor.

Las faltas son gruesas donde el amor es delgado. (James Howell)
(Práctico, Amor, pág. 145)
Sabor Sabiduría: Cuando no tienes ningún amor por alguien, veras muchos defectos en esa persona. Por el contrario, cuando amas a alguien, no puedes ver nada malo en esa persona.
Té de la Sabiduría: Sabiduría de Dios, si no tengo amor hacia alguien, tiendo a ver muchos defectos en esa persona. Pero si tengo un poco de amor por alguien, no puedo ver nada malo en ella. Gracias, Señor.

5 de Noviembre

El humor es el aceite lubricante de los negocios. Evita la fricción y gana la buena voluntad.
(Práctico, Humor, pág. 115)
Sabor Inspiración: En el proceso de hacer negocios, la gente podría provocar fricción y enfadarse unos con otros. Puedes reducir la fricción y ganar la buena voluntad mediante el uso del humor, ya que ayuda a aligerar el ambiente con risas.
Café Inspirador: Consejero maravilloso, al hacer negocios a diario puede que haya provocado fricciones o hecho enojar algunas personas. Puedo reducir esa tensión y ganarme la buena voluntad usando el humor y las risas. Gracias, Señor.

El ejercicio que mas desgasta a la mayoría de las personas es correr detrás del dinero.
(Práctico, Dinero, pág. 162)
Sabor Sabiduría: Se anima a todos a ejercitarse a diario y mantenerlo, a pesar de los obstáculos. Sin embargo, aprenderás que el ejercicio que mas desgasta es correr detrás del dinero, porque nunca termina.
Té de la Sabiduría: Sabiduría de Dios, Me ejercito todos los días para mantener una buena salud. Pero me daré cuenta de que el ejercicio que mas podría desgastarme es correr tras el dinero, pues es agotador y nunca termina. Gracias, Señor.

6 de Noviembre

No puedes juzgar a otra persona hasta que estés en su lugar.
(Práctico, Juicio, pág. 123)
Sabor Inspiración: Es parte de la naturaleza humana juzgarnos y condenarnos unos a otros. Pero no debes juzgar a otra persona a menos que hayas estado en sus zapatos, pues no conoces su situación.
Café Inspirador: Consejero maravilloso, esta en mi naturaleza humana juzgar y condenar a las personas. Sin embargo, no debería hacerlo sin conocer su situación y haber caminado en sus zapatos. Gracias, Señor.

Nunca sabremos el amor de los padres hasta que nos convertimos en padres nosotros mismos.
(Henry Ward Beecher) (Práctico, Padres, pág. 182)
Sabor Sabiduría: Los padres a menudo son criticados y culpados de todo tipo de cosas negativas. Si embargo, tendrás que admitir que nunca vas a conocer el amor de los padres hasta que te conviertes en padre tu mismo.
Té de la Sabiduría: Sabiduría de Dios, los padres a menudo son criticados y culpados por su trabajo con sus hijos. Pero nunca conoceré el verdadero amor de los padres a menos que me haya convertido en uno. Gracias, Señor.

7 de Noviembre

Aquel que no puede obedecer no puede mandar.
(Benjamin Franklin) (Práctico, Liderazgo, pág. 138)
Sabor Inspiración: La obediencia no es un instinto natural, mas una habilidad aprendida. Una persona puede ser entrenada para obedecer. Si deseas ser un líder, debes saber como inspirar a otros a obedecer, empezando por ti mismo.
Café Inspirador: Consejero maravilloso, la obediencia es una habilidad que obtengo a través del entrenamiento y no un instinto que me dieron al nacer. Pero si quiero ser un líder, debo saber como inspirarme a mi mismo y a otros a obedecer. Gracias, Señor.

Discutir con el prójimo es una tontería, un hombre sensato controla su lengua. (Proverbios 11:12) (Práctico, Discusiones, pág. 202)
Sabor Sabiduría: Es posible que desees mantener la paz con tu prójimo y evitar discutir con el como una persona sensata. Pero un tonto elegirá una pelea con su prójimo, sobre todo.

Té de la Sabiduría:
Sabiduría de Dios, puede que quiera callarme y mantener la paz con mis vecinos como alguien con buen sentido. Sin embargo, si soy tonto, voy a discutir con mi prójimo sobre muchas cosas. Gracias, Señor.

8 de Noviembre

Un pesimista dice que cada vez que las cosas parecen ir mejor, has pasado algo por alto.
(Práctico, Optimismo/Pesimismo, pág. 178)
Sabor Inspiración: Un pesimista suele ver lo negativo en todo, incluso cuando las cosas parecen ir a mejor. No debes ser un pesimista que critica cada pequeño detalle de tu alrededor.
Café Inspirador: Consejero maravilloso, un pesimista menudo ve lo negativo en todo, incluso cuando las cosas parecen ir mejor. Debo evitar ser un pesimista y criticar cada detalle en mi vida. Gracias, Señor.

Ya sea que estés en la Carretera o en medio de una discusión, cuando ves rojo es hora de parar. (Práctico, Autocontrol, pág. 209)
Sabor Sabiduría: El autocontrol es una virtud maravillosa que te servirá bien si sabes como usarla sabiamente en tu vida. Por lo tanto, te dirá que te detengas cada vez que veas rojo en la carretera o en medio de una discusión.
Té de la Sabiduría: Sabiduría de Dios, el autocontrol es una magnifica virtud que me servirá bien si se como usarla sabiamente en mi vida. Me hará saber que debo parar cada vez que vea rojo en el camino o en medio de una discusión. Gracias, Señor.

9 de Noviembre

Si Dios Cierra una Puerta, abrirá otra. (Proverbio Irlandés) (Práctico, Rezar, pág. 189)
Sabor Inspiración: Encontraras fracasos y decepciones en tu vida. Pero no te desanimes. En su lugar, en oración, debes darte cuenta de que cuando Dios cierra una puerta abrirá otra para ti.
Café Inspirador: Consejero maravilloso, seguramente veré fracasos y decepciones en mi vida. Sin embargo, no debo desanimarme y olvidar que cuando Dios cierra una puerta, abre otra para mi. Gracias, Señor.

Si tienes Buena vista y buen oído, agradécele a Dios que te los dio. (Proverbios 20:12) (Práctico, Gratitud, pág. 221)
Sabor Sabiduría: La gratitud es una gran virtud para tener y practicar diariamente. Algunas personas podrían quejarse de todo, pero deberías dar gracias a Dios a menudo si tienes buena vista y oído.
Té de la Sabiduría: Sabiduría de Dios, la gratitud es una maravillosa virtud que tener y practicar todos los días. Sin embargo, debo agradecer a Dios regularmente y evitar quejarme si tengo buena vista y oído. Gracias, Señor.

10 de Noviembre

Un hombre exitoso sigue buscando trabajo después de haber encontrado uno. (Práctico, Éxito, pág. 211)
Sabor Inspiración: Cualquiera que ya tiene un trabajo no necesita buscar otro. Sin embargo, si quieres ser una persona exitosa, nunca dejarás de mirar hacia adelante y buscar más oportunidades.
Café Inspirador: Consejero maravilloso, puede que piense que no necesito buscar trabajo si ya tengo uno. Pero si espero ser una persona exitosa, nunca me detendré en la búsqueda de más oportunidades. Gracias, Señor.

El ayer es un cheque cancelado, el mañana es un pagaré, el hoy es el único efectivo que tienes así que gástalo sabiamente. (Kay Lyons) (Práctico, Mañana/Hoy/Ayer, pág. 228)
Sabor Sabiduría: Puedes seguir mirando hacia atrás con remordimientos, o puede que mires hacia el futuro con preocupación. Pero debes recordar que necesitas concentrarte en el hoy y hacerlo bien.
Té de la Sabiduría: Sabiduría de Dios, podría mirar el ayer con remordimientos o mirar al futuro con preocupación. Sin embargo, debo recordar que el hoy es lo único en lo que necesito concentrarme y hacerlo bien. Gracias, Señor.

11 de Noviembre

Aquellos que nunca se retractan de sus opiniones se aman más de lo que aman la verdad.
(Práctico, Verdad, pág. 233)
Sabor Inspiración: En tu búsqueda de la verdad, cometerás errores y dirás o harás algo lamentable. Sin embargo, si amas la verdad humildemente te retractaras de tus opiniones y corregirás tus errores.
Café Inspirador: Consejero maravilloso, en mi búsqueda de la verdad, podría cometer errores y decir algo lamentable. Pero, si amo la verdad, humildemente me retractare de mis opiniones y corregiré mis errores. Gracias, Señor.

Se amable con todos y severo contigo mismo. (Teresa de Ávila (1515–1582), monja Española, "Máximas para sus monjas," trabajo completo de Santa Teresa de Ávila, Vol. 3) (Citas, Conducta, pág. 47)
Sabor Sabiduría: Hoy se te pide que seas gentil con los demás y severo contigo mismo. Tristemente, podrías hacer lo contrario. Deberías aprender a tratar mejor a los demás y mantenerte a un nivel superior.
Té de la Sabiduría: Sabiduría de Dios, puede que sea amable conmigo mismo y severo con los que están a mi alrededor en mi vida diaria. Necesito cambiar eso y tratar de ser amable con los demás mientras soy más duro conmigo mismo. Gracias, Señor.

12 de Noviembre

Si un hombre no ha descubierto algo por lo que moriría, no esta apto para vivir. (Martin Luther King Jr.) (Citas, Creer, pág. 25)
Sabor Inspiración: Es una alegre bendición cuando una persona puede descubrir su misión en la vida. Pero si aún no has descubierto la tuya, no sabes porque deberías morir, y tu vida no tiene sentido.
Café Inspirador: Consejero maravilloso, es una gran bendición el haber descubierto mi misión en la vida. Sin embargo, si no lo he hecho todavía, no sabré porque debería morir, y mi vida no tendría sentido. Gracias, Señor.

Una Buena obra hará a un buen vecino. (Proverbio bantú) (Citas, La Regla de Oro, pág. 112)
Sabor Sabiduría: A veces, los vecinos pueden tener una guerra entre si por las cosas más tontas. Sin embargo, si revisas la Regla de Oro, verás que las buenas obras harán felices a tus vecinos.
Té de la Sabiduría: Sabiduría de Dios, los vecinos a veces pueden tener peleas unos con otros sobre cosas triviales. Pero si miro la Regla de Oro, veré que una buena obra podría hacer felices a mis vecinos. Gracias, Señor.

13 de Noviembre

Es apoyándose una a la otra que dos manos encuentran fuerza. Una rama espinosa solo se puede cortar si [la] mano izquierda esta ayudando. La mano derecha levantada por si sola no podría cortar ni un trozo de cartílago.
(Abdiliaahi Muuse (1890– 1966), Sabio Somalí, en un poema que se ha convertido en un proverbio) (Citas, Cooperación, pág. 51)

Sabor Inspiración: Si intentas cortar con una mano, verás lo difícil que es. Solo con el apoyo y la cooperación de ambas manos puedes encontrar la fuerza. Una mano sostiene la rama, mientras que la otra corta.

Café Inspirador: Consejero maravilloso, si intenta cortar una rama con una mano, no puedo hacerlo. Una mano necesita sostenerla mientras la otra la corta. Así que encontraré fuerza en el apoyo y la cooperación de dos manos. Gracias, Señor.

Miro hacia atrás en mi vida como un buen día de trabajo, se hizo y estoy satisfecho con ella.
(Grandma Moses (1860– 1961), artista Americana) (Citas, Vida, pág. 164)

Sabor Sabiduría: Algunas personas se arrepienten de cosas que deberían o no deberían haber hecho. Debes vivir tu vida al máximo y mirarla de esta manera: "Fue un buen día de trabajo, y estoy bien con ello."

Té de la Sabiduría: Sabiduría de Dios, debería vivir mi vida al máximo y no lamentar las cosas que debería o no haber hecho. Entonces, diría: "Fue un buen día de trabajo, y estoy satisfecho con el." Gracias, Señor.

14 de Noviembre

La vida misma es una mezcla extraña. Tenemos que tomarla como es, tratar de entenderla, y luego mejorarla.
(Rabindranath Tagore (1861–1941), escritor y filosofo Hindú) (Citas, Vida, pág. 166)

Sabor Inspiración: La vida es una extraña mezcla de lo Bueno y lo malo, alegría y tristeza. Puede que nunca lo entiendas completamente. La Mayoría de ella sigue siendo un misterio. La tomas tal cual es, la aprecias y luego tratas de hacer lo mejor de ella.

Café Inspirador: Consejero maravilloso, la vida es una extraña mezcla de alegría y tristeza, lo bueno y lo malo. Trato de entenderla, pero sigue siendo un misterio. Todo lo que puedo hacer es tomarla como es, atesorarla, y hacer lo mejor
de ella. Gracias, Señor.

El sacrificio no es algo que viene de fuera. Es algo que viene de dentro, nace en nuestros corazones. (Li Chi, 200 BC, Compilación de escritos de Confucio) (Citas, Sacrificio, pág. 248)

Sabor Sabiduría: Puedes ver a las personas llevar a cabo muchos actos de sacrificio por sus familias, iglesia, o país todos los días. Pero el sacrificio en sí mismo tiene lugar dentro de ellos, ya que tienen que renunciar a muchas cosas.

Té de la Sabiduría: Sabiduría de Dios, podría ver a la gente llevar a cabo innumerables actos de sacrificio por sus familias, iglesias y país. Pero el verdadero sacrificio tiene lugar dentro de una persona al renunciar a muchas cosas. Gracias, Señor.

15 de Noviembre

Es mejor ganar la paz y perder la guerra.
(Bob Marley (1945– 1981), cantante Jamaiquino) (Citas, Paz, pág. 201)
Sabor Inspiración: Si alguna vez has estado en una guerra, sabrás lo destructiva que puede ser. Un lado podría decir que ha ganado la guerra, pero en verdad, todo el mundo pierde en una guerra. Es mejor que ganes la paz.
Café Inspirador: Consejero maravilloso, a todos les gusta ganar y no dudan en participar en incontables peleas. Pero todo el mundo pierde en una pelea. Así, es mejor que gane la paz y perder la guerra. Gracias, Señor.

Decir la verdad a los injustos es la mejor de las guerras santas.
(Muhammad) (Vitas, Verdad, pág. 285)
Sabor Sabiduría: Las guerras santas han sido conducidas con amenazas y espadas para esparcir ciertas creencias o religiones. Pero debes saber que la mejor de las guerras santas es en la que dices la verdad a los injustos.
Té de la Sabiduría: Sabiduría de Dios, las guerras santas han sido conducidas con amenazas y espadas para difundir ciertas creencias o religiones. Pero debes saber que la mejor de las guerras santas es aquella en la que dices la verdad a los injustos. Gracias, Señor.

16 de Noviembre

Nuestra Mayor gloria no está en nunca caer, sino en levantarnos cada vez que caemos.
(Confucio, Analectas) (Citas, Perseverancia, pág. 202)
Sabor Inspiración: Las personas podrían escoger ciertos eventos, como su inducción en el salón de la fama, como su mayor gloria. La tuya debe ser acerca de la perseverancia en la adversidad y la habilidad de levantarse de nuevo cada vez que caes.
Café Inspirador:
Consejero maravilloso, seguramente caeré y encontrare muchos fracasos en mi vida. Sin embargo, mi mayor gloria será mi perseverancia en la adversidad y la capacidad de levantarme de nuevo cada vez que caiga. Gracias, Señor.

Aquel que conoce a los demás es culto; aquel que se conoce a sí mismo es sabio.
(Lao Tzu, La Personalidad de Tao) (Citas, Sabiduría, pág. 307)

Sabor Sabiduría: Puede que confundas el conocimiento con la sabiduría. Pero debes darte cuenta de que el conocimiento viene de todo lo que puedas aprender sobre los demás, mientras que la sabiduría es el resultado de lo que sabes de ti mismo.
Té de la Sabiduría: Sabiduría de Dios, puede que no sea capaz de distinguir el conocimiento de la sabiduría. Pero el conocimiento viene de todo lo que podría aprender sobre los demás, mientras que la sabiduría es el resultado de conocerme bien a mi mismo. Gracias, Señor.

17 de Noviembre

Sin el sufrimiento amargo, no podemos elevarnos por encima de los demás.
(Proverbio Chino) (Citas, Sufrimiento, pág. 273)
Sabor Inspiración: A la mayoría de las personas no les gusta el sufrimiento y hará cualquier cosa para eliminarlo. Pero deberías ver el sufrimiento como el campo de entrenamiento para fortalecerte y ayudarte a superar futuros desafíos.
Café Inspirador: Consejero maravilloso, puede que no me guste el sufrimiento y haría cualquier cosa por evitarlo. Pero debo considerarlo como un campo de entrenamiento para fortalecerme y ayudarme a superar los desafíos futuros. Gracias, Señor.

Una respuesta suave aleja la ira, pero una palabra dura la despierta.
(Proverbios 15:1) (Religioso, Ira, pág. 27)
Sabor Sabiduría: Si quieres pelear, todo lo que tienes que hacer es usar palabras duras que provoquen ira en alguien. Pero si usas algunas respuestas suaves, puedes calmar a la gente y desviar una potencial pelea.
Té de la Sabiduría: Sabiduría de Dios, si quiero una pelea, todo lo que necesito hacer es usar palabras duras sobre alguien para provocar ira. Pero si uso algunas palabras suaves, calmare a las personas y desviare una potencial pelea. Gracias, Señor.

18 de Noviembre

Si no te has aferrado a un pedazo roto de tu Viejo barco en la noche oscura del alma, tu fe puede no tener el poder sustentador para llevarte hasta el final del viaje. (Rufus M. Jones, La Vida Radiante, 1944) (Religioso, Adversidad, pág. 19)
Sabor Inspiración: La adversidad a menudo hace que todos tiemblen. Pero como creyente, debes considerarla como una de las mejores maneras para ganar la fuerza para sostenerte hasta el final del viaje de la fe.
Café Inspirador: Consejero maravilloso, la adversidad puede asustar a las personas. Sin embargo, debo verlo como una gran manera de fortalecer mi fe y ayudarme a llegar hasta el final de mi vida. Gracias, Señor.

Todo lo que hace a los hombres buenos cristianos, los hace buenos ciudadanos. (Daniel Webster, discurso, 22 de Diciembre de 1820) (Religioso, Cristiandad, pág. 78)
Sabor Sabiduría: Una Sociedad secular no piensa que hay algún valor en la fe o en la religión. De lo que no se da cuenta es de que lo que sea que hace a las personas buenos cristianos también los hace buenos ciudadanos. ¡Mas vale que lo crean!
Té de la Sabiduría: Sabiduría de Dios, una sociedad secular podría pensar que no hay valor en la e o religión. Sin embargo, debo darme cuenta de que lo que hace a las personas buenos cristianos también los hace buenos ciudadanos. Gracias, Señor.

19 de Noviembre

En el Día del Juicio, Dios no preguntara a que secta perteneces, sino que tipo de vida llevaste.
(I. M. Kagan, Chofetz Chaim, 1873) (Religioso, Conducta y Comportamiento, pág. 95)

Sabor Inspiración: Los seres humanos a menudo se preocupan por una marca. Sin embargo, debes saber que el Día del Juicio, Dios solo se preocupara por tus formas de vida pasadas y no tu denominación de fe.
Café Inspirador: Consejero maravilloso, el mundo puede que este fascinado con una marca. Pero debo saber que, n el Día del Juicio, a Dios no le importara la denominación de mi fe, sino mi forma de vida pasada. Gracias, Señor.

Junto al cuidado de nuestras propias almas, una correcta educación de nuestros hijos es lo mas grande. (John Bellers, Epístolas a los Amigos Sobre la Educación, 1697) (Religioso, Educación, pág. 152)

Sabor Sabiduría: Debes de cuidar bien de tu alma porque es la parte mas valiosa de ti. Del mismo modo, debes dar a tus hijos una educación adecuada porque son un precioso tesoro.
Té de la Sabiduría: Sabiduría de Dios, debería cuidar mucho de mi alma porque es la parte mas valiosa de mi mismo. También, debo dar a mis hijos una correcta educación porque es un tesoro nacional precioso. Gracias, Señor.

20 de Noviembre

Mas yo os digo: Amad a vuestros enemigos, y orad por los que os persiguen, para que seáis hijos de vuestro Padre que esta en los cielos, porque el hace que su sol salga sobre los malos y sobre los buenos, y envía lluvia sobre los justos y los injustos.
(Mateo 5:44–45) (Religioso, Enemigo, pág. 157)

Sabor Inspiración: Esta en nuestra naturaleza humana amar a nuestra familia, amigos, y cualquier persona que nos ame a nosotros. Pero como cristiano, se te anima y desafía a amar a tus enemigos y a rezar por quienes te persiguen.
Café Inspirador: Consejero maravilloso, esta en mi naturaleza humana amar a mi familia, amigos, y a las personas que me aman. Pero como cristiano, se me anima a amar a mis enemigos y a rezar por los que me persiguen. Gracias, Señor.

Sin fe, el hombre se convierte en estéril, sin esperanza, y temeroso hasta el centro de su ser.
(Erich Fromm, Hombre para sí mismo, 1947) (Religioso, Fe, pág. 177)

Sabor Sabiduría: La fe trae muchos beneficios. En caso de que no lo sepas, te da una fuente de refrigerio espiritual, algo por lo que mirar más allá de esta vida, el valor de hacer las cosas correctas, y mucho más.
Té de la Sabiduría: Sabiduría de Dios, debo saber que la fe puede darme una buena fuente de refrigerio espiritual, algo por lo que mirar mas allá de esta vida, el valor de hacer las cosas bien, y muchos más grandes beneficios. Gracias, Señor.

21 de Noviembre

El hombre que no necesita a Dios no encontrará a Dios.
(George Brantl, Catolicismo, 1962) (Religioso, Encontrar a Dios, pág. 188)
Sabor Inspiración: La Biblia dice que los enfermos, los quebrantados, los pobres y los perdidos buscaban a Dios porque necesitaban a Dios. Del mismo modo, si quieres a Dios por algo, solo tienes que buscar, y encontrarás a Dios.
Café Inspirador: Consejero maravilloso, las personas que experimentan milagros en la Biblia necesitaban a Dios y buscaban ayuda divina. De manera similar, si necesito que Dios haga algo por mí, encontraré a Dios para que me ayude. Gracias, Señor.

Ningún pecado es demasiado grande para que Dios no lo perdone, y ninguno demasiado pequeño para que el hábito magnifique. (Bahya ben Joseph ibn Pakuda, Hobot HaLebabot, 1040 a.C.) (Religioso, Perdón, pág. 192)
Sabor Sabiduría: Algunas personas no pueden comprender como Dios puede perdonar sus indignantes pecados y ayudarles a superar sus malos hábitos para encontrar una nueva vida. Pero si realmente estas arrepentido, Dios estará dispuesto a perdonarte.
Té de la Sabiduría: Sabiduría de Dios, mi pecado puede comenzar como un mal hábito y convertirse en un gran problema con el tiempo. Sin embargo, si me arrepiento de verdad, Dios puede perdonar incluso mis pecados indignantes y ayudarme a encontrar una nueva vida. Gracias, Señor.

22 de Noviembre

Los miserables no tienen otra medicina, solo esperanza.
(William Shakespeare, Medida por Medida) (Religioso, Esperanza, pág. 237)
Sabor Inspiración: Las personas dan por sentado la esperanza y no explotan su gran potencial. Los miserables, sin embargo, no tienen nada mas que la esperanza de sobrevivir. Por lo tanto, debes maximizar el poder de la esperanza para tu propio beneficio.
Café Inspirador: Consejero maravilloso, puede que de por sentada a la esperanza y no sepa maximizar su gran potencial. Hoy se me recuerda que el miserable no tiene otra medicina que esperar sobrevivir. Gracias, Señor.

Una hora gastada en odio es una eternidad retirado del amor.
(Ludwig Börne (1786–1837), Fragmente und Aphorismen, no. 191) (Religioso, Odio, pág. 223)
Sabor Sabiduría:
Debes saber que el amor puede traerte muchas cosas maravillosas. Tristemente, el odio evita que eso suceda. Recuerden que una hora que permanecen en el odio es una eternidad que están lejos del amor.
Té de la Sabiduría: Sabiduría de Dios, debo darme cuenta de que el amor trae muchas cosas maravillosas, mientras que el odio evita que eso suceda. Así que, si permanezco en el odio por una hora, estaré lejos del amor por la eternidad. Gracias, Señor.

23 de Noviembre

Nadie que sea amante del dinero, amante del placer, o amante a la gloria, es igualmente un amante de la humanidad, mas solo aquel que ama la virtud.
(Epíteto, Enchiridion) (Religioso, Amar, pág. 306)

Sabor Inspiración: Siempre estas tentado a ser un amante del dinero y el placer. Pero si eres un amante de la virtud, serás naturalmente un amante de la humanidad, porque te preocuparas por otras personas mas que por ti miso.

Café Inspirador: Consejero maravilloso, estoy tentado a amar el dinero, el placer, y el glamour todos los días. Sin embargo, si quiero ser un amante de la humanidad, tengo que rechazar las tentaciones y ser un amante de la virtud. Gracias, Señor.

La mayoría de los hombres encuentran en Jesús un reflejo de sus propias ideas.
(Grandville Hicks, Ocho Formas de Ver el Cristianismo 1926) (Religioso, Jesucristo, pág. 272)

Sabor Sabiduría: Jesús quiere que tu y todos vivan en el amor de Dios. También quiere sanar, ayudar, alimentar, y salvar a todos en el mundo. Como la mayoría de las personas, puedes encontrar en Jesús u reflejo de tus propios ideales.

Té de la Sabiduría: Sabiduría de Dios, quiero amar a Dios y a mis enemigos. También deseo sanar, ayudar, alimentar y salvar a mi prójimo. Por lo tanto, encuentro en Jesús un reflejo de mis propios ideales y trato de practicarlos. Gracias, Señor.

24 de Noviembre

Me opongo a la violencia porque cuando aparenta hacer el bien, este es solo temporal, la maldad que provoca es permanente.
(Mahatma Gandhi, Selecciones de Gandhi, 1945) (Religioso, No Violencia, pág. 362)

Sabor Inspiración: Cuando las personas no consiguen lo que quieren, a menudo recurren a la violencia para conseguirlo. Pero Gandhi quiere inspirarte a rechazar la violencia y encontrar otras formas, más pacíficas de lograr tus metas.

Café Inspirador: Consejero maravilloso, cuando no consigo lo que quiero, podría recurrir a la violencia para conseguirlo. Hoy se me aconseja rechazar la violencia y encontrar otras formas mas pacíficas de lograr mis objetivos. Gracias, Señor.

Cuando vivimos a merced de los demás, es mejor que aprendamos a ser misericordiosos.
(William Sloan Coffin, Viviendo la verdad en un Mundo de Ilusiones, 1985) (Religioso, Misericordia, pág. 324)

Sabor Sabiduría: Las personas quieren que otros sean misericordiosos con ellos, pero a menudo no actúan de esa manera. Debes recordar que cuando vives a merced de otros, es mejor que aprendas a ser misericordioso con todos.

Té de la Sabiduría: Sabiduría de Dios, espero que la gente sea misericordiosa conmigo, pero a veces no hago lo mismo. Debo saber que cuando vivo a merced de los demás, es mejor que aprenda a ser misericordioso con todos. Gracias, Señor.

25 de Noviembre

Si el creador tenia un propósito en equiparnos con un cuello, seguramente quería que lo sacáramos. (Arthur Koestler, Encuentro, 1970) (Religioso, Riesgo y Seguridad, pág. 494)

Sabor Inspiración: La mayoría de la gente tiene miedo de tomar riesgos o arriesgarse por algo bueno. Pero si el Creador te dio un cuello, estas llamado a sobresalir y tomar algunos riesgos para lograr tu éxito.

Café Inspirador: Consejero maravilloso, podría tener miedo de arriesgar mi cuello para hacer algo bueno. Pero debería saber que debo aguantar y tomar riesgos por mi éxito si el creador me dio un cuello. Gracias, Señor.

La provisión de una persona decente para los pobres es la verdadera prueba de la civilización. (Samuel Johnson, en la Vida de Samuel Johnson de Boswell, 1772) (Religioso, Pobreza, pág. 405)

Sabor Sabiduría: Los países del primer mundo se jactan de su nivel de civilización por su alto nivel de vida. Pero la verdadera prueba de la civilización es la provisión y tratamiento que le muestras a los pobres.

Té de la Sabiduría: Sabiduría de Dios, los países del primer mundo a menudo hablan de su nivel de civilización por su alto nivel de vida. Pero la verdadera prueba de ello es la provisión y el tratamiento que muestro a los pobres. Gracias, Señor.

26 de Noviembre

Una cosa es querer tener la verdad de nuestro lado, y otra desear sinceramente estar del lado de la verdad. (Richard Whately, Sobre el Amor a la Verdad, 1825) (Religioso, Verdad, pág. 580)

Sabor Inspiración: A todos les gusta estar alrededor de la verdad y tenerla de su lado. De esa manera, tienen la razón. Sin embargo, será mas difícil para ti pasarte al lado de la verdad y disfrutar de estar allí.

Café Inspirador: Consejero maravilloso, me gustaría tener la verdad de mi lado en un debate para asegurarme de que tengo la razón. Pero debo saber que es mejor pasarme al lado de la verdad y amarla desde allí. Gracias, Señor.

El hambre de amor es mucho mas difícil de eliminar que el hambre de pan. (Santa Madre Teresa, en la revista Time, el 4 Diciembre de 1989) (Religioso, Pobreza, pág. 407)

Sabor Sabiduría: Los pobres tienen hambre de pan, y encontrarás suficiente pan para alimentarlos y terminar con ese problema. Pero verás que es mucho mas difícil encontrar suficiente amor para terminar con el hambre de amor.

Té de la Sabiduría: Sabiduría de Dios, podría encontrar suficiente comida para alimentar a las personas que tienen hambre de pan. Sin embargo, veré que no puedo encontrar suficiente amor para ayudar a las personas que tienen hambre de amor alrededor de mi. Gracias, Señor.

27 de Noviembre

Cuando tus adversarios te digan que no puedes ir mas lejos, solo diles que miren detrás de ti y vean lo lejos que has llegado.
(Sabio, Logro, pág. 7)
Sabor Inspiración: Tus adversarios trataran de desanimarte y evitar que vayas más lejos. Sin embargo, si deseas alcanzar las recompensas por delante, solo tienes que decirles que vean lo lejos que has llegado.
Café Inspirador: Consejero maravilloso, mis adversarios trataran de desalentarme y de impedirme ir mas lejos. Pero si quiero alcanzar grandes recompensas, tengo que decirles que vean lo lejos que he llegado. Gracias, Señor.

Saber lo que es correcto y no hacerlo es la peor cobardía.
(Confucio, Analectas) (Religioso, Correcto, pág. 491)
Sabor Sabiduría: Todo el mundo odia ser llamado cobarde. Pero serás esa persona si no haces lo que sabes es lo correcto. La mejor manera para que aprendas sobre el bien y el mal es con la ayuda de Dios y la religión.
Té de la Sabiduría: Sabiduría de Dios, aprendo sobre el bien y el mal a través de la religión y las reglas morales. Si se lo que es correcto y no lo hago, soy el peor cobarde. Debo hacerlo y evitar ser esa persona. Gracias, Señor.

28 de Noviembre

La Felicidad es como una ensalada de papas, cuando se comparte con otros, es un picnic.
(Sabio, Felicidad, pág. 69)
Sabor Inspiración: Algunas personas ven la Felicidad como cosa personal y exclusiva y guardan todo para ellos. Pero si ves la felicidad como una ensalada de papas, debería ser compartida con otros para hacer un picnic divertido.
Café Inspirador: Consejero maravilloso, podría pensar en la felicidad como algo personal y mantenerla toda para mi. Sin embargo, si la veo como una ensalada de papas, entonces debería compartirla con otros para crear un divertido picnic. Gracias, Señor.

La tragedia es una herramienta para que los vivos adquieran sabiduría, no una guía por la cual vivir. (Robert F. Kennedy, discurso, 18 de marzo de 1968) (Religioso, Sabiduría, pág. 617)
Sabor Sabiduría: A las personas no les gusta la tragedia, y rezan para no tener que lidiar con ella. Por lo tanto, tiene sentido que no veas la tragedia como una guía para el diario vivir. Pero es una herramienta para que ganes sabiduría.
Té de la Sabiduría: Sabiduría de Dios, puede que no me guste la tragedia, la cual no es una buena guía para mi vida diaria. Pero tengo que admitir que es una gran herramienta para que gane sabiduría y obtenga lecciones de vida para sobrevivir. Gracias, Señor.

29 de Noviembre

Los problemas son oportunidades en ropa de trabajo.
(Henry Kaiser) (Sabio, Problemas, pág. 111)
Sabor Inspiración: A nadie le gusta los problemas, y no querrían tener nada que ver con ellos. Sin embargo, debes considerar los problemas como oportunidades en ropa de trabajo y usarlos para ayudarte a crecer y a ser mejor.
Café Inspirador: Consejero maravilloso, no me gustan los problemas y me gustaría hacer cualquier cosa para evitarlos. Pero debo verlos como oportunidades en ropa de trabajo y usarlos para ayudarme a crecer y ser mejor. Gracias, Señor.

Ten dos objetivos: sabiduría, es decir, saber y hacer lo correcto, y sentido común. No los dejes escapar, porque ellos te llenan con energía viva y te traen honor y respeto. (Proverbios 3:21–22) (Práctico, Objetivo, pág. 10)
Sabor Sabiduría: Puede que veas el valor de la sabiduría, porque te ayuda a conocer y hacer las cosas correctas, pero a menudo no valoras el sentido común. Sin embargo, ambos te llenan de energía viva y te taren honor.
Té de la Sabiduría: Sabiduría de Dios, necesito valorar la sabiduría, que me da conocimiento para toda la vida, y el sentido común, el cual me dice que hacer ahora. Ambos me llenarán con energía viva y me traerán gran honor. Gracias, Señor.

30 de Noviembre

El Señor tiene algunas cosas maravillosas que mostrar si permitimos que nuestras vidas sean usadas como Su escaparate.
(Ingenio, Primavera y Verano)
Sabor Inspiración: El Señor definitivamente tiene mucho que revelar y compartirte. Una de esas cosas es su poder milagroso. Si permites que tu vida sea usada como su escaparate, veras muchos de sus milagros todos los días.
Café Inspirador: Consejero maravilloso, el Señor tiene mucho que revelar y compartir conmigo. Si permito que mi vida sea usada como su escaparate, veré muchos de sus maravillosos milagros y grandes exhibiciones todos los días. Gracias, Señor.

No hables tanto. Sigues metiendo el pie en la boca. ¡Se sensible y apaga el flujo! Cuando un buen hombre habla, vale la pena escucharlo, pero las palabras necias son a centavo por docena. (Proverbios 10:19–20) (Práctico, Aburrido y Aburrimiento, pág. 23)
Sabor Sabiduría: Se aconseja hablar menos y escuchar mas, porque podrías meterte el pie en la boca si hablas demasiado. Además, vale la pena escuchar solo a un buen hombre hablando y no a las palabras de un tonto.
Té de la Sabiduría: Sabiduría de Dios, se me amonesta a hablar menos y escuchar mas para evitar meter el pie en mi boca. Además, vale la pena escuchar solo a un buen hombre hablar y no las palabras de un tonto. Gracias, Señor.

Diciembre

1 de Diciembre

El buen hombre pide consejo a sus amigos, los malvados se precipitan y caen. (Proverbios 12:26) (Práctico, Cambio, 25)
Sabor Inspiración: Los seres humanos han aprendido unos de otros y de las generaciones pasadas para evitar errores. Asimismo, debes pedir consejo a tus amigos antes de seguir adelante. De lo contrario, caerás al precipitarte.
Café Inspirador: Consejero maravilloso, las personas han aprendido unas de otras y de las generaciones pasadas para evitar fracasos. Del mismo modo, debería pedir consejo a mis amigos antes de precipitarme como lo hacen los malvados, y caer. Gracias, Señor.

Las personas que están envueltas en si mismas suelen ser paquetes muy pequeños.
(Práctico, Egoísmo, pág. 61)
Sabor Sabiduría: Algunas personas son tan egoístas y egocéntricas que no les importa nadie mas. Se te advierte a evitar ser como ellos. No hacen ninguna diferencia en el mundo excepto pequeños paquetes.
Té de la Sabiduría: Sabiduría de Dios, algunas personas se enfocan solo en si mismas y se convierten en pequeños paquetes a los ojos del mundo. Debo extender la mano para ayudar con las necesidades de los demás y dejar atrás de mi una gran huella. Gracias, Señor.

2 de Diciembre

Puedes notar cuando estas en el camino correcto, es todo cuesta arriba. (Práctico, Dirección, pág. 54)
Sabor Inspiración: A veces, es difícil identificar el camino correcto cuando te enfrentas a todo tipo de distracciones e intenta pasar por la vida. Si quieres saber si estas en el camino correcto al éxito, usualmente es cuesta arriba.
Café Inspirador: Consejero maravilloso, no puedo notar si estoy en el camino correcto algunas veces, debido a todas las distracciones y confusiones en la vida. Pero se que estoy en el camino correcto al éxito cuando todo está cuesta arriba. Gracias, Señor.

Aquel que entra cuando otros salen es un buen amigo.
(Práctico, Amistad, pág. 84)
Sabor Sabiduría: Cuando te encuentras con un problema, algunos de tus amigos pueden alejarse y abandonarte. Pero esa es la prueba de la verdadera amistad. Un verdadero amigo entrará o se quedará contigo hasta el final.
Té de la Sabiduría: Sabiduría de Dios, una prueba de amistad verdadera ocurre cuando encuentro un problema. Un verdadero amigo entrará y se quedará conmigo hasta el final, mientras que otros saldrán y me abandonarán en tiempos de necesidad. Gracias, Señor.

3 de Diciembre

Si el enemigo no puede hincharte de orgullo, tratará de apagar tu espíritu con el desánimo. ¡Es su mejor herramienta!
(Práctico, Desánimo, pág. 56)
Sabor Inspiración: El orgullo podría provocar que subestimes a tu enemigo y convertirse en exceso de confianza. Si el no explota su orgullo, te desanimara para apagar tu espíritu y hacer que te rindas fácilmente.
Café Inspirador: Consejero maravilloso, mi enemigo podría llenarme de orgullo para hacerme excesivamente confiado y subestimarlo. O, puede apagar mi espíritu con desanimo y hacerme renunciar fácilmente. Gracias, Señor.

Un chismoso puede darte todos los detalles sin conocer ninguno de los hechos. (Práctico, Chisme, pág. 98)
Sabor Sabiduría: Un chismoso puede propagar todo tipo de rumores e insinuaciones que podrían herir a otros. Debes evitar ser un chismoso o detener a quien lo sea, porque el/ella puede no conocer todos los hechos del asunto.
Té de la Sabiduría: Sabiduría de Dios, debo evitar ser un chismoso o debo detener a quien lo sea, porque el/ella no conoce todos los hechos, porque un chismoso puede propagar rumores e insinuaciones que podrían herir erróneamente a otros. Gracias, Señor.

4 de Diciembre

La fe Cristiana nos ayuda a enfrentar la música, incluso cuando no nos gusta la melodía.
(Práctico, Fe, pág. 72)
Sabor Inspiración: La adversidad es parte de la vida, y a veces, puede ser abrumador y difícil para ti manejarlo. Pero la fe cristiana te da la manera correcta de enfrentarlo y te ayuda a aprender a lidiar con ellos.
Café Inspirador: Consejero maravilloso, las adversidades de la vida pueden ser duras y abrumadoras para mi de manejar. Pero la fe cristiana me dice como enfrentar la música y me ayuda a aprender a lidiar con ella. Gracias, Señor.

peranza es poner la fe a trabajar cuando dudar sería mas fácil.
(Práctico, Esperanza, pág. 110)
Sabor Sabiduría: Puede que sepas que la fe ayuda a apuntar a la esperanza y da propósito a tu vida. Sin embargo, puede que no te des cuenta de que la esperanza te ayuda a poner la fe a trabajar y te motiva a alcanzar la recompensa final.
Té de la Sabiduría: Sabiduría de Dios, la fe le da propósito a mi vida y me ayuda a mantener la esperanza. Sin embargo, es la esperanza la que me ayuda a poner la fe a trabajar y me motiva a alcanzar la recompensa final. Gracias, Señor.

5 de Diciembre

Tenemos dos oídos y una sola lengua para poder oír mas y hablar menos.
(Diógenes) (Práctico, Escuchar, pág. 104)
Sabor Inspiración: A la mayoría de las personas le resulta difícil escuchar a Dios y a los demás. Pero no tienen problema para expresar sus opiniones. Si comprendes verdaderamente la intención del Creador, hablarás menos y oirás mas.
Café Inspirador: Consejero maravilloso, algunas personas pueden expresar sus opiniones, pero se les dificulta escuchar a Dios y a los demás. Si realmente comprendo la intención del Creador, hablaré menos y escucharé mas. Gracias, Señor.

¡Obtener sabiduría es lo mas importante que puedes hacer! Y con tu sabiduría, desarrollas el sentido común y el buen juicio.
(Proverbios 4:7) (Práctico, Juicio, pág. 122)
Sabor Sabiduría: Las personas suelen centrarse en conseguir sabiduría y olvidar todo lo demás. Se te recuerda desarrollar el sentido común y el buen juicio después de eso, porque ellos hacen que completes tu vida diaria.
Té de la Sabiduría: Sabiduría de Dios, podría creer que debería centrarme solo en conseguir sabiduría. Debería saber que también necesito desarrollar el sentido común y el buen juicio para completar mi vida diaria. Gracias, Señor.

6 de Diciembre

Sentir lastima por los necesitados no es la marca de un Cristiano, ayudarlos lo es.
(Práctico, Ayuda, pág. 106)
Sabor Inspiración: Es fácil para las personas decir que se preocupan por los necesitados y luego no hacer nada por ellos. Si realmente quieres mostrar tu amor cristiano por los pobres, enrolla tus mangas y haz algo por ellos.
Café Inspirador: Consejero maravilloso, es fácil para mi decir que me importan los necesitados y luego no hacer nada por ellos. Si realmente quiero mostrar mi amor cristiano por los pobres, entonces necesito hacer algo por ellos. Gracias, Señor.

¿Como llega un hombre a ser sabio? ¡El primer paso es confiar y reverenciar al señor! Solo los tontos se niegan a ser enseñados. Escucha a tu padre y a tu madre. Lo que aprendas de ellos te mantendrá en un buen lugar, te ganará muchos honores.
(Proverbios 1:7–9) (Práctico, Aprendizaje, pág. 139)
Sabor Sabiduría: Es raro que te muestren como llegar a ser sabio. En primer lugar, es necesario confiar y reverenciar al Señor, la fuente de la sabiduría. Luego, escucha y aprende de tus padres. Y entonces, sigues con el aprendizaje.
Té de la Sabiduría: Sabiduría de Dios, se me ha dicho como llegar a ser sabio poniendo mi confianza y reverencia en el Señor, escuchando y aprendiendo de mis padres, y continuar aprendiendo a lo largo de mi vida. Gracias, Señor.

7 de Diciembre

Puedes juzgar a un hombre no solo por la compañía que tienen, sino por las bromas que cuenta.
(Práctico, Juicio, pág. 123)

Sabor Inspiración: Las personas son buenas poniéndose un disfraz y ocultando su verdadera identidad. Quieren parecer amables, pero son realmente feas por dentro. Aun así, puedes aprender acerca de una persona por sus amistades y su humor.
Café Inspirador: Consejero maravilloso, puede que encuentre difícil juzgar a alguien. Sin embargo, hoy se me dice que aprenda mas sobre las personas viendo la compañía que mantiene y las bromas que hace. Gracias, Señor.

Aquellos que esperan un matrimonio feliz harán bien en recordar que, en la boda, el nosotros viene antes del yo.
(Práctico, Matrimonio, pág. 150)

Sabor Sabiduría: Se necesitan dos personas para formarse una unión matrimonial. Debes saber que un matrimonio feliz exige que la pareja trabaje en conjunto como un equipo y pongan sus objetivos en común antes de las necesidades individuales.
Té de la Sabiduría: Sabiduría de Dios, puede que no me de cuenta de que un matrimonio necesita dos personas. Entonces, un matrimonio feliz exige que la pareja trabaje como un equipo y ponga sus objetivos en común antes que los intereses individuales. Gracias, Señor.

8 de Diciembre

El liderazgo es el valor de admitir errores, la visión de dar la bienvenida al cambio, el entusiasmo para motivar a los demás, y la confianza para mantenerte fuera del paso cuando todos los demás están marchando con la melodía equivocada.
(E. M. Estes) (Práctico, Liderazgo, pág. 138)

Sabor Inspiración: Todos quieren ser el jefe. Pero no admiten errores, abrazan cambiar, motivar a otros, y mantenerse firme por la justicia. Si quieres ser un líder, debes aprender a hacer las cosas de arriba.
Café Inspirador: Consejero maravilloso, todo el mundo quiere ser el jefe. Pero si yo quiero ser un líder, debo aprender a admitir errores, abrazar el cambio, motivar a otros, y luchar por la justicia en cualquier situación. Gracias, Señor.

Un tonto piensa que no necesita ningún consejo, pero un hombre sabio escucha a los demás.
(Práctico, Escuchar pág. 103)

Sabor Sabiduría: No debes ser un tonto que piensa que no necesitas ningún consejo o escuchar la opinión de nadie mas. Pero debes ser una persona sabia que valora el consejo de los demás y escucha la retroalimentación de las personas.
Té de la Sabiduría: Sabiduría de Dios, debo evitar ser un tonto que piensa que no necesita consejos o que no valora las opiniones de nadie mas. Más bien, debería intentar ser una persona sabia y escuchar los consejos de los demás. Gracias, Señor.

9 de Diciembre

Un optimista es aquel que saca lo mejor de ello cuando saca lo peor de ello. (Práctico, Optimismo/Pesimismo, pág. 178)
Sabor Inspiración: Puedes definir un optimista de varias maneras, pero una definición de ello es alguien que saca lo mejor de la peor situación. Si tienes esa actitud y determinación, eres un optimista.
Café Inspirador: Consejero maravilloso, a algunas personas les gusta quejarse de todo o enloquecer cuando las cosas resultan mal. Sin embargo, quiero ser un optimista que puede hacer lo mejor de la peor situación. Gracias, Señor.

La verdadera oración es una forma de vida, no solo en caso de emergencia. (Práctico, Oración, pág. 188)
Sabor Sabiduría: Las personas suelen rezar cuando quieren algo de Dios o se enfrentan a una emergencia. Pero debes saber que la oración verdadera es un modo de vida o una rutina diaria sin la cual no puedes sobrevivir.
Té de la Sabiduría: Sabiduría de Dios, algunas personas rezan solo si se enfrentan a una emergencia o quieren algo de Dios. Pero debo ver la oración como mi modo de vida o mi rutina diaria para ayudarme a sobrevivir en esta vida. Gracias, Señor.

10 de Diciembre

Siete días sin oración nos debilitan. (Práctico, Oración, pág. 190)
Sabor Inspiración: La oración es el tiempo sagrado para que los creyentes renueven su fuerza espiritual y pidan a Dios que les ayude con sus necesidades. Si no puedes hacer eso una vez a la semana, tu espíritu estará hambriento y débil.
Café Inspirador: Consejero maravilloso, debo recordar que la oración es un tiempo importante para pedir ayuda a Dios y recargar mi fuerza espiritual. Si paso una semana sin oración, estaré debilitado. Gracias, Señor.

La única manera de obtener lo mejor de una discusión es evitándola.
(Dale Carnegie) (Práctico, Peleas, pág. 203)
Sabor Sabiduría: Cuando las personas participan en peleas y discusiones, están muy interesados en tener la razón y ganar. Sin embargo, debes darte cuenta de que la única manera de conseguir lo mejor de una discusión es evitándola.
Té de la Sabiduría: Sabiduría de Dios, puede que quiera tener la razón y ganar todas las discusiones en las que me involucro con los demás. Sin embargo, debo saber que la única manera para mi de obtener lo mejor de una discusión es evitándola. Gracias, Señor.

11 de Diciembre

Un hombre exitoso es aquel que puede poner una base firme con los ladrillos que otros le lanzan.
(David Brinkley) (Práctico, Éxito, pág. 211)

Sabor Inspiración: Las personas se molestan fácilmente por todo y pasan toda su vida tratando de igualar el puntaje. Pero, si quieres tener éxito, harás uso de todo para lograrlo, incluso de los insultos de tus críticos.

Café Inspirador: Consejero maravilloso, las personas se enfadan fácilmente y pasan toda su vida tratando de vengarse. Sin embargo, si quiero tener éxito, necesito hacer buen uso de todo lo que tengo, incluyendo los insultos de mis críticos.

Un maestro sabio hace del aprendizaje un gozo, un maestro rebelde escupe necedades.
(Proverbios 15:2) (Práctico, Enseñar, pág. 214)

Sabor Sabiduría: Un maestro ayuda a sus estudiantes a adquirir conocimientos y virtudes que los benefician. Si eres un maestro sabio, harás del aprendizaje algo divertido. Pero si eres un maestro rebelde, lo harás algo abrumador.

Té de la Sabiduría: Sabiduría de Dios, si soy un maestro sabio, haré del aprendizaje algo divertido y ayudaré a mis estudiantes a adquirir virtudes y conocimientos que los beneficie. Pero, si soy un maestro rebelde, lo haré una tarea. Gracias, Señor.

12 de Diciembre

El trabajo duro trae prosperidad, jugar trae la pobreza. (Proverbios 28:19) (Práctico, Trabajo, pág. 247)

Sabor Inspiración: La prosperidad a menudo viene del trabajo duro y algo de suerte, mientras la pobreza es el resultado de la pereza. Por lo tanto, si quieres tener prosperidad y evitar la pobreza, debes trabajar duro y dejar de jugar.

Café Inspirador: Consejero maravilloso, el trabajo duro traerá prosperidad mientras, que andar jugando resultará en pobreza. Así que, si quiero ser prospero y evitar la pobreza, debo trabajar duro y dejar de jugar. Gracias, Señor.

¡El Señor otorga Sabiduría! Cada palabra suya es un tesoro de conocimiento y entendimiento. Porque la sabiduría y la verdad entraran en el mismo centro de tu ser, llenando tu vida con alegría.
(Proverbios, pág. 2:6-10) (Práctico, Sabiduría, pág. 236)

Sabor Sabiduría: El Señor es la fuente de sabiduría y un maravilloso tesoro de conocimiento. Cada una de sus palabras te traerá gran comprensión y llenará tu vida con alegría y las mejores bendiciones. Debes buscar de él.

Té de la Sabiduría: Sabiduría de Dios, eres la fuente de la verdad y un maravilloso tesoro de conocimiento. Cada una de tus palabras me traerá comprensión y llenará mi vida con alegría y bendiciones maravillosas. Gracias, Señor.

13 de Diciembre

Si no hay un aburrido y determinado esfuerzo, no habrá logro brillante. (Hsün Tzu (310–220 BC), Filosofo Chino) (Citas, Esfuerzo, pág. 76)
Sabor Inspiración: Los logros mas brillantes son el resultado del trabajo, el sudor, las grandes ideas y el esfuerzo decidido. Si quieres ver logros espectaculares, debes tener una buena ética de trabajo y hacer un esfuerzo implacable.
Café Inspirador: Consejero maravilloso, los logros mas brillantes son el resultado de un esfuerzo decidido, trabajo, sudor, y grandes ideas. Si quiero ver eso, debo tener una buena ética de trabajo y hacer un esfuerzo implacable. Gracias, Señor.

La envidia es un gusano que roe y consume las entrañas de los hombres ambiciosos. (Pachacutec Inca Yupanqui, Líder Inca (1438–1471)) (Citas, Envidia y Celos, pág. 79)
Sabor Sabiduría: La envidia o los celos, es uno de los pecados capitales que roen y consumen tu interior y te hacen pasar por alto tus bendiciones. Despierta deseos malsanos al anhelar lo que tiene tu prójimo.
Té de la Sabiduría: Sabiduría de Dios, la envidia (o celos) es uno de los pecados capitales que roen y consumen mi ser interior. Me hace pasar por alto mis bendiciones y anhelar lo que tiene mi prójimo. Gracias, Señor.

14 de Diciembre

Haz lo común de una manera poco común. (Booker T. Washington, Resoluciones Diarias) (Citas, Inconformidad, pág. 191)
Sabor Inspiración: Las personas se hacen un nombre para si mismos al hacer lo imposible o al crear algo único. Si quieres ser recordado, debes tratar de hacer cosas comunes de una forma poco común.
Café Inspirador: Consejero maravilloso, algunas personas se hacen un nombre haciendo lo imposible o algo único. Si quiero ser conocido, debo hacer cosas comunes de una manera poco común. Gracias, Señor.

Ningún hombre es un verdadero creyente a menos que desee para su hermano lo que desea para si mismo. (Muhammad) (Citas, La Regla de Oro, pág. 112)
Sabor Sabiduría: Los fieles a menudo se olvidan de su prójimo en su camino al Cielo. Pero la Regla de Oro te recuerda que, si eres un verdadero creyente, debes desear para tu prójimo lo que deseas para ti mismo
Té de la Sabiduría: Sabiduría de Dios, los fieles a menudo se olvidan de sus vecinos en su búsqueda del camino al Cielo. Pero si soy un verdadero creyente, debo desear a mi prójimo lo que deseo para mi. Gracias, Señor.

15 de Diciembre

Para mantener una lámpara encendida, tenemos que seguir poniendo aceite en ella.
(Santa Madre Teresa) (Citas, Perseverancia, pág. 202)
Sabor Inspiración: Una lámpara dejará de arder y se extinguirá si no sigues poniendo aceite en ella. Del mismo modo, si no sigues llenando tu lámpara de fe con palabras amables y actos de cariño, se quemara lentamente.
Café Inspirador: Consejero maravilloso, una lámpara se apagará si no me mantengo poniendo aceite en ella. Asimismo, si no me mantengo llenando mi lámpara de fe con palabras amables y actos cariñosos, finalmente se quemará. Gracias, Señor.

La ignorancia por si sola es la causa principal de toda miseria.
(Chandrasekhara Bharati Swamigal (1892–1954), Sabio Hindú) (Citas, Ignorancia, pág. 136)
Sabor Sabiduría: Si sufres del virus de la ignorancia, te alejaras del pozo del conocimiento. Pero puedes liberarte de esa miseria encontrando la alegría en aprender y poniendo fin a la ignorancia
Té de la Sabiduría: Sabiduría de Dios, si sufro del virus de la ignorancia estaré en gran miseria. Sin embargo, puedo librarme de ese problema y ese virus al encontrar alegría en el aprender y amor por el conocimiento. Gracias, Señor.

16 de Diciembre

Todo el mundo tiene talento. Lo que es raro es el coraje de seguir el talento al lugar oscuro donde lleva. (Erica Jong (b. 1942), escritora Americana, "El artista como ama de casa: el ama de casa como artista," en Ms. magazine, Octubre 1972) (Citas, Talento, pág. 275)
Sabor Inspiración: El creador ha dado a todos varios talentos únicos para hacer cosas diferentes. Debes aprender a utilizar tus talentos para el bien común y tener el valor de hacer buen uso de ellos.
Café Inspirador: Consejero maravilloso, me han dado talentos únicos y regales para hacer varias cosas. Debería aprender a usar mis talentos para el bien común y tener el valor de hacer buen uso de ellos. Gracias, Señor.

La mujer alcanza el amor a través de la Amistad, el hombre alcanza la Amistad a través del amor. (Muhammad Hijazi (Siglo Veinte) escritor y político iraní, Hazar Sokhan (Mil Dichos)) (Citas, Hombres y Mujeres, pág. 181)
Sabor Sabiduría: El amor es tu sentimiento más profundo hacia alguien, mientras que la amistad es simplemente tu relación con alguien. Verás que la mujer alcanza el amor a través de la amistad, mientras que un hombre hace lo contrario.
Té de la Sabiduría: Sabiduría de Dios, el amor es mi sentimiento mas profundo hacia alguien, mientras la amistad es solo una relación. Así que, me daré cuenta de que las mujeres alcanzan el amor a través de la amistad mientras que los hombres hacen lo contrario. Gracias, Señor.

17 de Diciembre

La aflicción es capaz de ahogar cada voz terrenal… pero la voz de la eternidad dentro de un hombre no puede ahogarse.
(Søren Kierkegaard, Discursos Cristianos, 1847) (Religioso, Adversidad, pág. 19)
Sabor Inspiración: La aflicción tiene una manera de silenciar cada voz terrenal. Pero si escuchas la voz de la eternidad dentro de ti, sabes que no puede ser silenciada y te seguirá llamando a vivir a la altura de tu potencial.
Café Inspirador: Consejero maravilloso, la aflicción sabe como ahogar cada aflicción terrenal. Sin embargo, si escucho la voz de la eternidad dentro de mi, no podré silenciarla y me llamará a ser bueno. Gracias, Señor.

Los palos en un paquete son irrompibles.
(Proverbio (Kenia) Bondei) (Citas, Unidad, pág. 289)
Sabor Sabiduría: Podrías ser capaz de romper todos los palos de forma individual, pero no lo puedes hacer cuando están en un paquete. Así, si todos se unen, nadie puede romperlos. Si están divididos, serán destruidos.
Té de la Sabiduría: Sabiduría de Dios, puede que sea capaz de romper todos los palos individualmente, pero no cuando están todos juntos. Igualmente, si me mantengo unido con otros, nadie puede quebrarnos. Gracias, Señor.

18 de Diciembre

La conciencia es el interprete perfecto de la vida.
(Karl Barth, La Palabra de Dios y la Palabra del Hombre, 1957) (Religioso, Conformidad, pág. 98)
Sabor Inspiración: La vida sigue siendo un misterio, a pesar de el incansable esfuerzo humano por descubrirlo. Si de verdad quieres saber lo que la vida comunica, escucha a tu conciencia, la cual es la interprete perfecta de la vida.
Café Inspirador: Consejero maravilloso, mi vida esta llena de sueños, pero sigue siendo un misterio. Si realmente quiero saber que trata de decirme, solo necesito escuchar a mi conciencia, que es la interprete perfecta de la vida. Gracias, Señor.

Han sido las mujeres las que han respirado dulzura y cuidado en el duro progreso de la humanidad. (Elizabeth II (b. 1926), Reina Inglesa) (Citas, Mujeres, pág. 308)
Sabor Sabiduría: Los seres humanos han hecho grandes progresos y contribuciones a la creación. Pero debes saber que han sido las mujeres quienes han suavizado las cosas y dado delicado cuidado.
Té de la Sabiduría: Sabiduría de Dios, los seres humanos han hecho grandes progresos en la creación. Sin embargo, debo saber que han sido las mujeres quienes han suavizado las cosas y dado delicados cuidados. Gracias, Señor.

19 de Diciembre

Si tu enemigo tuviere hambre, dale de comer; si tuviere sed, dale de beber; porque así amontonaras carbones calientes sobre su cabeza.
(Romanos 12:20) (Religioso, Enemigo, pág. 157)
Sabor Inspiración: La naturaleza humana te diría que odies a tu enemigo y lo trates mal. Pero la Biblia te llama a amar a tu enemigo, alimentarlo, y cuidar de el. De esa manera haces que se lo pregunte y cambie.
Café Inspirador: Consejero maravilloso, la naturaleza humana me hace odiar a mi enemigo y tratarlo mal. Pero la Biblia me pide que ame a mi enemigo, que lo alimente, y cuide de el para tenerlo de mi lado. Gracias, Señor.

Aquel que es lento para la ira tiene gran entendimiento, pero el que tiene un temperamento apresurado exalta la locura.
(Proverbios 14:29) (Religioso, Ira, pág. 28)
Sabor Sabiduría: La ira y un temperamento caliente a menudo proviene de malos entendidos y puede causar una gran cantidad de destrucción. Sin embargo, si eres lento para la ira, serás muy comprensivo y evitarás la locura.
Té de la Sabiduría: Sabiduría de Dios, la ira y un temperamento caliente a menudo trae malos entendidos y hieren. Sin embargo, si soy lento para la ira, tendré gran entendimiento y evitaré la locura y los actos destructivos. Gracias, señor.

20 de Diciembre

Nadie a encontrado a Dios caminando por su propio camino.
(Guru Ram Das, en La Religión Sikh de M. A. Macauliffe) (Religioso, Encontrando a Dios, pág. 189)
Sabor Inspiración: Todos aman encontrar a Dios, porque Dios les mostrará el camino y les dará todas las maravillosas bendiciones que podría necesitar. Pero si quieres encontrar a Dios, tienes que seguir el camino de Dios, no el tuyo.
Café Inspirador: Consejero maravilloso, me encanta encontrar a Dios todos los días para que pueda mostrarme el camino y darme muchas bendiciones. Pero si quiero encontrar a Dios, voy a tener que seguir el camino de Dios, no el mío. Gracias, Señor.

El ojo es la lámpara del cuerpo. Por lo tanto, si tu ojo esta sano, todo tu cuerpo estará lleno de luz. (Mateo 6:22) (Religioso, Cuerpo y Alma, pág. 57)
Sabor Sabiduría: Tienes que cuidar de tu ojo porque es la lámpara del cuerpo. Si tu ojo esta bien, irradiara luz en todo tu cuerpo. Pero si esta mal, todo tu cuerpo estará en la oscuridad.
Té de la Sabiduría: Sabiduría de Dios, necesito cuidar bien de mi ojo y dejarlo irradiar luz brillante como la lámpara del cuerpo. Si esta mal, no puede brillar, y todo mi cuerpo estará en la oscuridad. Gracias, Señor.

21 de Diciembre

Los ideales son como las estrellas, no conseguirás tocarlos solo con tus manos. Pero como el hombre marinero en las aguas del desierto, los elijes como tus guías y, siguiéndolos, alcanzaras tu destino. (Carl Schurz, mención, Boston, 18 de Abril de 1859) (Religioso, Ideales, pág. 258)
Sabor Inspiración: Los ideales son como estrellas que inspiran a una persona a soñar en grande y a apuntar alto en medio de los desafíos diarios. Debes tener algunos ideales para guiarte a tu destino, aunque no puedas alcanzarlos.
Café Inspirador: Consejero maravilloso, los ideales son como estrellas que me inspiran a soñar en grande y apuntar alto, a pesar de mis desafíos diarios. Debo tener algunos ideales que me guíen a mi destino en este viaje de la vida. Gracias, Señor.

La Iglesia a veces olvida que al menos parte de su comisión divina es "consolar a los afligidos y afligir a los acomodados."
(John E. Large, La Pequeña Aguja del Doctor Largo, 1962) (Religioso, Iglesia, pág. 80)
Sabor Sabiduría: La Iglesia suele ser buena para consolar a los que sufren. Pero puede que no sepas que tiene miedo de afligir a los acomodados o despertar al complaciente.
Té de la Sabiduría: Sabiduría de Dios, puede que sepa que la iglesia es a menudo buena consolando a los afligidos y a los que sufren. Pero a menudo tiene miedo de afligir al acomodado y despertar a los complacientes. Gracias, Señor.

22 de Diciembre

El amor de los hombres lleva al amor de Dios.
(Proverbio Hindustani) (Religioso, Amor, pág. 307)
Sabor Inspiración: Algunas personas piensan que pueden amar a Dios sin tener que amar a su prójimo primero. Si realmente amas a Dios, debes comenzar por a mar tu prójimo, entonces ese amor te llevará al amor de Dios.
Café Inspirador: Consejero maravilloso, algunos piensan que pueden amar a Dios sin tener que amar a sus semejantes. Pero si yo realmente amo a Dios, debo amar a mi prójimo primero, y luego ese amor me llevará al amor de Dios. Gracias, Señor.

Ningún hombre tiene derecho a la desesperación, ya que cada uno era el mensajero de algo mas grande que el mismo. La desesperación era el rechazo de Dios dentro de si mismo.
(Antoine de Saint-Exupéry, Vuelo de Arras, 1942) (Religioso, Desesperación, pág. 133)
Sabor Sabiduría: La desesperación es un rechazo de Dios dentro de ti mismo y un gran problema en este mundo secular. Pero no debes caer en la desesperación, porque eres uno de los mensajeros con una misión especial de Dios.
Té de la Sabiduría: Sabiduría de Dios, la desesperación es mi rechazo de ti y un gran problema en este mundo secular. No debo caer en la desesperación, porque soy uno de los mensajeros con tu misión especial. Gracias, Señor.

23 de Diciembre

En el amor, encontramos alegría que es suprema, porque es la verdad suprema. (Rabindranath Tagore, Unidad Creativa, 1922) (Religioso, Amor, pág. 311)
Sabor Inspiración: Las personas que experimentan el amor en sus corazones encontraran finalmente alegría en sus vidas, porque la alegría es la verdad suprema. Así que, si realmente quieres tener alegría en tu vida, primero debes llenarla de amor.
Café Inspirador: Consejero maravilloso, encontrare la alegría, que es la verdad suprema, si puedo experimentar el amor en mi corazón. Así que, si realmente quiero tener alegría en mi vida, debo llenarla de amor. Gracias, Señor.

Un niño al que se le enseña temprano que es hijo de Dios, que puede vivir, moverse y tener su ser en Dios, y que tiene, por lo tanto, fuerza infinita a mano para conquistar cualquier dificultad, tomará la vida mas fácilmente y, probablemente, hará mas de ella. (Edward Everett Hale (1822– 1909), en Psicología de la Religión de E. D. Starbuck) (Religioso, Educación, pág. 152)
Sabor Sabiduría: Debes saber que la educación temprana es clave para la confianza, la resiliencia y el éxito de un niño. Si se les enseña temprano que son hijos de Dios, manejarán la vida fácilmente y harán más de ella.
Té de la Sabiduría: Sabiduría de Dios, se que la educación temprana es clave para la confianza, la resiliencia y el éxito de un niño. Si me enseñan temprano que soy hijo de Dios, manejare la vida fácilmente y haré más de ella. Gracias, Señor.

24 de Diciembre

Si no tomas riesgos, no sufrirás derrotas. Pero si no tomas riesgos, no ganarás victorias. (Richard M. Nixon, en e l Reporte de Noticias y Mundo E.U.A el 30 de marzo de 1987) (Religioso, Riesgo y Seguridad, pág. 494)
Sabor Inspiración: Algunas personas tienen miedo de tomar riesgos porque no quieren tratar con las derrotas y las perdidas. Pero si quieres experimentar victorias, debes tomar riesgos y aprender a manejar las derrotas con gracia.
Café Inspirador: Consejero maravilloso, puede que tenga miedo de correr riesgos porque no puedo manejar la derrota y perder. Pero si quiero experimentar la victoria, debo de tomar riesgos y aprender a lidiar con las derrotas con gracia. Gracias, Señor.

La fe no es una virtud fácil. Pero en el amplio mundo del viaje completo del hombre a través del tiempo hasta la eternidad, la fe no solo es una amable compañera, sino una guía esencial. (Theodore M. Hesburgh, en El Camino, Junio 1963) (Religioso, Fe, pág. 178)
Sabor Sabiduría: La fe no es una virtud fácil de mantener a diario. Sin embargo, aprenderás que no solo es una compañera amable, sino también una guía esencial para ayudarte en el viaje a través del tiempo a la eternidad.
Té de la Sabiduría: Sabiduría de Dios, la fe es una virtud maravillosa. Aprenderé que no es solo una compañera amable sino también una guía esencial para ayudarme en mi viaje a través del tiempo a la eternidad. Gracias, Señor.

25 de Diciembre

La virtud, como el arte, se ocupa constantemente de lo que es difícil hacer, y cuanto mas difícil es la tarea, mejor el éxito.
(Aristóteles, La Ética de Nicomaquia, 340 BC) (Religioso, Virtud, pág. 593)
Sabor Inspiración: La virtud es difícil de dominar para una persona. No solo requiere su sacrificio y compromiso, sino que también trae muchas bendiciones. Si quieres hacer de la virtud una parte de tu vida, debes verlo así.

Café Inspirador: Consejero maravilloso, la virtud puede ser difícil para mi de dominar porque requiere de mi compromiso y sacrificio. Sin embargo, debo saber que también trae muchas bendiciones a mi vida. Gracias, Señor.

La fuerza puede someter, pero el amor gana; y el que perdona primero gana los laureles.
(William Penn, Algunos Frutos de la Soledad, 1693) (Religioso, Perdón, pág. 193)
Sabor Sabiduría: Puede que te resulte difícil practicar el perdón en tu vida diaria. Pero recuerda que cualquiera que perdona primero gana los laureles. Cuando perdonas, muestras amor y dejas ir todas las fechorías del pasado.
Té de la Sabiduría: Sabiduría de Dios, puede que sepa que es difícil practicar el perdón en mi vida cotidiana. Sin embargo, cuando perdono primero, gano los laureles y dejo ir todas las fechorías del pasado mostrando mi amor. Gracias, Señor.

26 de Diciembre

Soñar en lugar de hacer es necedad, y hay ruina en un bosque lleno de palabras vacías. (Eclesiastés 5:7) (Sabio, Acción, pág. 8)
Sabor Inspiración: Tener una idea y soñar sobre ella es un buen comienzo para un impresionante logro. Pero si no haces nada por ella, es inútil y vacía. Así que, actúa en tu sueño y hazlo una realidad.
Café Inspirador: Consejero maravilloso, tener una idea y soñar con ella es un buen comienzo en el camino hacia el éxito. Pero si no actúo en mi sueño y lo hago una realidad, es una necedad y simplemente una idea vacía. Gracias, Señor.

Deja que un hombre supere la ira por la bondad, el mal por el bien... la victoria engendra odio, porque el conquistado es infeliz... nunca en el mundo el odio cesa con más odio, el odio cesa con el amor. (Buddha (563–483 BC), citado en Radhakrishnan Filosofía Hindú) (Religioso, Odio, pág. 223)
Sabor Sabiduría: Cuando se celebra una victoria, se saca el odio de los conquistados. Pero solo se puede poner fin al odio a través del amor, la ira por la bondad, y el mal por el bien. Si puedes hacer eso, eres verdaderamente un vencedor.
Té de la Sabiduría: Sabiduría de Dios, solo puedo poner fin al odio a través del amor, la ira por el odio, la ira por la bondad, y el mal por el bien. También necesito saber que la victoria provoca odio en los conquistados. Gracias, Señor.

27 de Diciembre

Las personas que no tienen nada que hacer se cansan rápidamente de su propia empresa.
(Jeremy Collier) (Sabio, Ociosidad, pág. 75)
Sabor Inspiración: La mayoría de las personas se mantiene ocupada con el trabajo u otras actividades para ayudar a evitar el aburrimiento. Así, si quieres evitar la ociosidad y el aburrimiento, mantente ocupado con el trabajo y con actos de voluntariado.
Café Inspirador: Consejero maravilloso, la ociosidad puede aburrirme e involucrarme en muchos problemas. De modo que, si quiero evitar la ociosidad y el aburrimiento, debería mantenerme ocupado con el trabajo y con voluntariados. Gracias, Señor.

La simple expresión del publicano, "Dios, ten misericordia de mi, un pecador" fueron suficientes para abrir las compuertas de la compasión divina.
(San John Climacus (525–600 AD), Clímax) (Religioso, Misericordia, pág. 324)
Sabor Sabiduría: Recuerdas como Moisés negocio con Dios para salvar a una ciudad pecadora. Pero hoy aprenderás que, la simple expresión "Dios, se misericordioso conmigo, un pecador" abre las compuertas de la divina compasión.
Té de la Sabiduría: Sabiduría de Dios, Moisés negocio con Dios para buscar misericordia y salvar a una ciudad pecadora. Hoy aprendo que, la simple expresión "Dios, se misericordioso conmigo, un pecador" me hará recibir la compasión divina. Gracias, Señor.

28 de Diciembre

Joven, ¡es maravilloso ser joven! ¡Disfruta cada minuto de ella! Haz todo lo que quieras, toma en cuenta todo, pero date cuenta de que debes dar cuenta a Dios de todo lo que haces.
(Eclesiastés 11:9) (Sabio, Responsabilidad, pág. 120)
Sabor Inspiración: Muchos jóvenes piensan que son invencibles y, por tanto, siguen actuando irresponsablemente. Esta bien que tengas el espíritu aventurero de los jóvenes y disfrutes de cada minuto de ello. Pero actúa responsablemente.
Café Inspirador: Consejero maravilloso, muchos jóvenes piensan que son invencibles y siguen actuando irresponsablemente. Seguramente puedo tener el espíritu de los jóvenes y disfrutar cada minuto, pero necesito actuar responsablemente. Gracias, Señor.

El celo es apropiado solo para los sabios, pero se encuentra principalmente en los tontos.
(Thomas Fuller, Gnomologia, 1732) (Religioso, Celo, pág. 640)
Sabor Sabiduría: Los tontos tienden a hacer cosas sin pensarlo mucho y animadamente hacen promesas vacías. Pero si eres una persona sabia, tienes suficientes conocimientos y experiencia de vida para asumir una tarea con celo.
Té de la Sabiduría: Sabiduría de Dios, si soy una persona sabia, tendré conocimiento y experiencia de vida para asumir una tarea con celo. Pero los tontos tienden a hacer las cosas sin pensar y animadamente hacen promesas vacías. Gracias, Señor.

29 de Diciembre

Un hombre puede cometer muchos errores, pero no es un fracasado hasta que empieza a culpar a los demás. (Ingenio, Primavera & Verano)
Sabor Inspiración: Todos los seres humanos cometen errores que podrían causar decepción y desaliento. Seguramente harás lo mismo, pero deberías de convertir eso en oportunidades de aprendizaje y dejar de culpar a otros.
Café Inspirador: Consejero maravilloso, seguramente cometeré errores que podrían decepcionarme y desanimarme. Pero debería convertirlos en oportunidades de aprendizaje y dejar de culpar a otros. Gracias, Señor.

El que quiere vengarse de las heridas por el odio reciproco vivirá en la miseria. (Baruch Spinoza, Ética, 1677) (Religioso, Venganza, pág. 488)
Sabor Sabiduría: La venganza es un circulo vicioso que puede encarcelarte y hacerte miserable. Si deseas vengarte por heridas del pasado haciendo el odio reciproco, debes saber que vivirás constantemente en la miseria.
Té de la Sabiduría: Sabiduría de Dios, la venganza es un circulo vicioso que puede aprisionarme y hacerme miserable. Si deseo vengar las heridas del pasado haciendo recíproco el odio, viviré constantemente en la miseria. Gracias, Señor.

30 de Diciembre

Cuando la vida te da retazos, haz edredones.
(Ingenio, Desconocido, pág. 9)
Sabor Inspiración: La vida puede darte una mala mano y una decepción tras otra. Pero si eres alguien optimista y creativo, serás capaz de convertir esos retazos en muchos edredones hermosos.
Café Inspirador: Consejero maravilloso, la vida podría darme una mala mano y traerme muchas decepciones. Sin embargo, si soy una persona optimista y creativa, podre convertir esos restos en muchos edredones hermosos. Gracias, Señor.

Ve hacia Dios: encontrarás muchos caminos.
(Proverbio Ruso) (Religioso, Caminos, pág. 381)

Sabor Sabiduría: A veces, la gente va por el camino equivocado que lleva a un callejón sin salida. Sin embargo, si vas hacia Dios y sigues su camino, siempre encontrarás una ruta. Y Dios te llevará a tu destino.
Té de la Sabiduría: Sabiduría de Dios, un camino equivocado me llevará al peligro y quizás a un callejón sin salida. Pero si voy hacia Dios y sigo el camino de Dios, encontraré un camino que me lleva a mi verdadero destino. Gracias, Señor.

31 de Diciembre

Consulta, no tus miedos, sino tus esperanzas y tus sueños. Piensa, no en tus frustraciones, sino en tu potencial sin explotar. Preocúpate no, por lo que intentaste y fallaste, sino por lo que todavía es posible que hagas.
(Papa Juan XXIII)

Sabor Inspiración: Los seres humanos tienden a obsesionarse con las cosas como miedos, frustraciones y fracasos. Pero eso te llevara al desaliento y la depresión. Es mejor centrarse en las esperanzas, sueños, oportunidades y posibilidades.

Café Inspirador: Consejero maravilloso, a algunas personas les gusta obsesionarse con los miedos, frustraciones y fracasos. Pero esos solo me traen desanimo. Mejor me concentro en mis esperanzas, sueños, oportunidades y posibilidades. Gracias, Señor.

Aquel que ha aprendido a orar ha aprendido el mayor secreto de una vida santa y feliz.
(William Law, Perfección Cristiana, 1926) (Religioso, Rezar, pág. 417)

Sabor Sabiduría: El secreto de una vida santa y feliz es estar alrededor de Dios para siempre. Por lo tanto, todo el mundo espera por la vida eterna. Mientras tanto, la mejor manera en la que puedes lograr esa vida es a través de la oración.

Té de la Sabiduría: Sabiduría de Dios, el secreto de una vida santa y feliz es estar alrededor de Dios el mayor tiempo posible. Así que, la mejor manera en la que puedo logar esa vida en la tierra es a través de la oración. Gracias, Señor.

Índice de Problemas

A la escucha: *28 de agosto, 30 de octubre, 2 de noviembre, noviembre 30, 8 de diciembre*
A tu manera: *21 de enero*
Abeja: *7 de agosto*
Aburrimiento: *30 de noviembre*
Acantilado: *29 de marzo*
Accidente: *12 de enero*
Acción: *1 de enero, 2 de enero, 28 de enero, 2 de febrero, 28 de marzo, 1 de abril, 1 de mayo, 14 de julio, 18 de julio, 2 de septiembre, 17 de septiembre*
Aceptación: *15 de septiembre*
Aceptar el cambio: *8 de diciembre*
Actitud: *30 de junio, 30 de julio, 30 de octubre*
Acto de amor: *13 de abril*
Acto doloroso: *16 de enero*
Actos más pequeños: *16 de septiembre*
Actuación: *14 de agosto*
Acumulación de riqueza: *26 de octubre*
Adaptabilidad: *10 de mayo, 12 de octubre*
Adicción: *21 de mayo*
Adicto a la esperanza: *9 de septiembre*
Admirar: *23 de agosto*
Admitir los errores: *8 de diciembre*
Adversario: *27 de noviembre*
Adversidad: *18 de enero, 15 de abril, 1 de junio, 29 de junio, 17 de julio, 19 de julio, 29 de julio, 21 de septiembre, 18 de octubre, 18 de noviembre*
Afecto: *10 de octubre*
Aferrarse a una pieza rota: *18 de noviembre*
Aflicción: *4 de octubre, 17 de diciembre*
Afligen al cómodo: *21 de diciembre*
Agarrándose con fuerza: *4 de julio*
Agitación moral: *23 de agosto*
Agradecimiento: *14 de enero, 14 de febrero, 8 de marzo, 9 de noviembre*
Agresión: *17 de agosto, 16 de octubre*
Ahogarse: *1 de junio*
Alabanza: *1 de julio, 7 de julio*
Alegría: *10 de marzo*
Alegría: *21 de febrero, 23 de marzo, 5 de agosto, 6 de septiembre, 23 de septiembre, 6 de octubre, 11 de diciembre, 12 de diciembre, 23 de diciembre*
Aliento: *4 de febrero*
Alma: *28 de abril, 23 de junio, 14 de septiembre*
Amable compañero: *24 de diciembre*
Amable discurso: *11 de septiembre*
Amando a cristo: *29 de enero*
Amante de la gloria: *23 de noviembre* **Amante de la humanidad:** *23 de noviembre*

Amante del dinero: *23 de noviembre* **Amante del placer:** *23 de noviembre* **Amante de la virtud:** *23 de noviembre*
Ambición: *17 de febrero, 19 de marzo, 1 de septiembre, 14 de septiembre, 1 de octubre, 1 de noviembre*
Amenaza: *19 de octubre*
Amigo: *6 de enero, 4 de febrero, 1 de marzo, 5 de mayo, 19 de junio, 1 de julio, 6 de septiembre*
Amistad: *7 de febrero, 3 de abril, 5 de septiembre, 6 de septiembre, 31 de octubre, 16 de diciembre*
Amor de los padres: *6 de noviembre*
Amor: *23 de enero, 17 de febrero, febrero 22, 23 de marzo, 24 de marzo, 11 de abril, abril 24, 4 de mayo, 24 de mayo, 4 de junio, 17 de junio, 24 de junio, 28 de junio, 6 de julio, 15 de julio, 16 de julio, 24 de julio, 31 de julio, 5 de agosto, 17 de agosto, 21 de agosto, septiembre 5, 23 de septiembre, 6 de octubre, 23 de octubre, 20 de noviembre, 22 de noviembre, 16 de diciembre, 22 de diciembre, 23 de diciembre, 25 de diciembre, 26 de diciembre*
Ampolla: *1 de marzo*
Ángel: *19 de abril, 19 de mayo, 26 de mayo*
Aniversario de bodas: *6 de abril*
Ansiedad: *17 de junio, 20 de julio, 20 de agosto*
Apoyo: *25 de septiembre, 13 de noviembre*
Aprendizaje: *9 de enero, 17 de marzo, 9 de abril, 29 de mayo, 13 de junio, 11 de julio, 16 de noviembre, 6 de diciembre, 11 de diciembre*
Arado: *4 de septiembre, 19 de octubre*
Árbol robusto: *31 de marzo*
Argumento: *5 de octubre*
Armonía: *14 de mayo*
Arriba: *6 de enero*
Arrogancia: *3 de febrero, 29 de marzo*
Arte de la vida: *12 de octubre*
Asesinato: *18 de febrero, 31 de marzo*
Astucia: *22 de junio*
Asustado: *2 de agosto, 20 de noviembre*
Atributo divino: *5 de junio*
Audacia: *12 de agosto*
Audiencia: *5 de mayo, 5 de diciembre*
Aumentando: *16 de noviembre, 17 de noviembre*
Autocontrol: *8 de agosto, 8 de septiembre, 9 de octubre, 8 de noviembre*
Autodisciplina: *19 de enero*
Autoexpresión: *8 de septiembre*
Autoridad: *21 de febrero, 30 de agosto, 30 de septiembre*
Autosuficiencia: *20 de febrero*
Avanzado: *30 de marzo*
Avanzando: *1 de diciembre*
Ayer: *10 de noviembre*
Ayuda: *6 de enero, 6 de febre-*

ro, febrero 29, 6 de marzo, 31 de mayo, 2 de junio, agosto 13, 25 de septiembre, 6 de diciembre
Barco: *16 de marzo*
Barrera: *30 de septiembre*
Batalla: *14 de marzo, 31 de marzo*
Belleza: *18 de febrero, 22 de marzo*
Bendición: *4 de abril, 21 de junio, 19 de octubre*
Beso de Jesús: *15 de mayo*
Biblia: *18 de junio, 17 de julio, 18 de agosto, 18 de septiembre, 17 de octubre*
Bien: *19 de junio, 24 de noviembre, 26 de diciembre*
Bienes: *22 de agosto*
Boca: *7 de agosto*
Bondad de dios: *25 de marzo*
Bondad: *22 de marzo, 7 de julio, 17 de agosto*
Bondad: *7 de febrero, 16 de febrero, 7 de marzo, 16 de marzo, 7 de abril, abril 19, 7 de mayo, 6 de junio, 7 de julio, 6 de agosto, 26 de diciembre*
Botiquín: *18 de junio*
Brazos: *17 de mayo*
Brillante logro: *13 de diciembre*
Broma: *7 de diciembre*
Buen ciudadano: *18 de noviembre*
Buen cristiano: *18 de noviembre*
Buen día de trabajo: *13 de noviembre*
Buen hombre: *1 de diciembre*
Buen juicio: *9 de febrero, 4 de agosto, 5 de diciembre*
Buen líder: *2 de mayo*
Buen momento: *2 de noviembre*
Buen oído: *9 de noviembre*
Buen vecino: *13 de enero, 12 de noviembre*
Buena conciencia: *21 de febrero*
Buena vista: *9 de noviembre*
Buena voluntad: *5 de noviembre*
Buenas obras: *21 de julio, 12 de noviembre*
Buscador de la verdad: *20 de octubre*
Buscando trabajo: *10 de noviembre*
Buscando: *22 de abril*
Caída: *21 de junio, 16 de noviembre*
Calamidad: *16 de mayo, 18 de septiembre*
Caliente: *9 de octubre*
Calor: *2 de febrero*
Calumnia: *27 de enero*
Cambio: *3 de enero, 20 de febrero, 29 de abril, 29 de mayo, 2 de octubre*
Camino correcto: *2 de diciembre*
Camino de dios: *10 de octubre*
Campo misionero: *11 de abril*
Capacidad física: *18 de abril*
Carácter: *14 de enero, 3 de febrero, 4 de febrero, 22 de febrero, 2 de marzo, 10 de julio, 10 de agosto, 23 de agosto,14 de septiembre, 7 de oc-

tubre
Caridad: *17 de marzo, 18 de abril, 21 de julio, 19 de septiembre*
Carrera: *17 de marzo*
Carretera: *25 de junio*
Carretilla: *1 de octubre*
Carril equivocado: *21 de septiembre*
Casa del señor: *18 de febrero*
Causa: *10 de marzo*
Cayendo: *3 de noviembre*
Celo: *19 de abril, 14 de mayo, 13 de junio, 28 de diciembre*
Celos: *21 de marzo, 21 de mayo, 2 de junio, 21 de junio, 30 de junio, 5 de septiembre, diciembre 13*
Cerebro: *7 de enero, 13 de julio*
Cerrojo: *9 de octubre*
Chisme: *7 de enero, 1 de noviembre, 3 de diciembre*
Cielo: *1 de febrero, 23 de febrero, 23 de abril, 25 de junio*
Ciencia: *19 de abril*
Civilización: *25 de noviembre*
Clave: *9 de octubre*
Clero: *11 de enero, 22 de julio*
Cobardía: *27 de noviembre*
Cocina: *2 de febrero*
Codicia: *12 de mayo, 24 de mayo, 24 de junio, 27 de septiembre*
Codicia: *21 de marzo, 16 de mayo, 24 de junio*
Comer: *13 de septiembre*
Comida: *18 de mayo*
Comienzo del día: *28 de septiembre*
Comienzo: *21 de junio*
Comité: *14 de marzo*
Compañero: *5 de julio*
Compañía: *7 de diciembre, 27 de diciembre*
Compartido: *21 de agosto, 28 de noviembre*
Compasión divina: *27 de diciembre*
Compasión: *19 de marzo, 22 de marzo, 19 de abril, 19 de mayo, 10 de agosto, 23 de octubre*
Competición: *10 de septiembre*
Comportamiento: *19 de octubre, 19 de noviembre*
Compromiso: *14 de septiembre*
Compromiso: *3 de marzo, 25 de marzo, 2 de abril, 19 de septiembre*
Con vista: *8 de noviembre*
Conciencia: *19 de enero, 20 de marzo, 1 de julio, 18 de julio, 31 de julio, 19 de agosto, 31 de agosto, 1 de octubre, 27 de octubre, 18 de diciembre*
Condenar: *19 de julio*
Conducta: *18 de junio*
Confianza: *14 de octubre, 6 de diciembre*
Confianza: *26 de marzo, 2 de mayo, 30 de mayo, 14 de junio*
Conocimiento: *20 de enero, 23 de abril, mayo 13, 23 de mayo, 7 de junio, 23 de junio, agosto 4, 16 de agosto, 4 de septiembre, 5 de octubre, 16 de noviembre*
Conquista: *15 de octubre, 19 de enero*

Conquistar: *26 de diciembre*
Consejo: *10 de junio, 1 de julio, 28 de agosto, 29 de septiembre, 1 de diciembre, 8 de diciembre*
Consolar a los afligidos: *21 de diciembre*
Consuelo: *22 de enero, 23 de febrero, 15 de abril, 20 de julio*
Conversación: *7 de marzo*
Cooperación: *4 de enero, 29 de marzo, 2 de junio, 2 de julio, 28 de octubre, 13 de noviembre*
Coraje: *26 de febrero, 15 de abril, 20 de abril, 20 de mayo, 26 de mayo, 14 de junio, 2 de julio, 2 de agosto, 30 de septiembre, 31 de octubre, 16 de diciembre*
Corazón alegre: *6 de abril*
Corazón de un niño: *12 de marzo*
Corazón feliz: *4 de noviembre*
Corazón roto: *16 de julio*
Corazón: *13 de julio*
Corona: *24 de septiembre*
Corrección: *5 de febrero, 31 de marzo, 1 de abril*
Cortesía: *12 de julio*
Cosa común: *14 de diciembre*
Cosas divinas: *25 de octubre*
Cosecha: *15 de agosto, 19 de octubre*
Cosecha: *7 de abril, 3 de mayo, 25 de agosto*
Creación: *17 de marzo*
Creatividad: *2 de septiembre, 2 de octubre*
Crecimiento espiritual: *21 de septiembre*
Crecimiento: *26 de junio*
Credo: *1 de marzo*
Creencia: *17 de mayo, 13 de septiembre*
Creer: *17 de abril, 12 de noviembre*
Crisis: *15 de febrero, 23 de agosto*
Cristiano: *3 de marzo*
Crueldad: *7 de febrero*
Cruz: *24 de septiembre*
Cuidado: *18 de diciembre*
Culpa: *11 de marzo, 10 de abril, 4 de noviembre*
Culpabilidad: *12 de junio*
Culpar: *9 de abril, 29 de diciembre*
Cumplimiento: *17 de agosto*
Curación: *23 de junio*
Curación: *6 de octubre*
Dar la vida a uno: *23 de enero*
Dar: *13 de junio, 14 de junio, 18 de junio, 4 de julio, 14 de julio, 4 de agosto, 11 de octubre*
De rodillas: *7 de abril*
Deber: *14 de mayo, 16 de octubre, 20 de octubre*
Decir la verdad: *15 de noviembre*
Defensa: *25 de octubre*
Dejando atrás: *3 de octubre*
Delito: *11 de marzo*
Demasiado cauteloso: *1 de mayo*
Demostración: *3 de abril*
Denominación religiosa: *19 de noviembre*
Derecha: *29 de abril, 3 de mayo, 16 de octubre, 27 de noviembre*

Derrota: *18 de marzo, 17 de abril, 16 de mayo, 21 de mayo, 21 de junio, 22 de julio, 19 de agosto, 10 de septiembre, 21 de septiembre, 24 de diciembre*

Desalentador: *26 de mayo*

Desanimo: *4 de enero, 4 de febrero, 4 de marzo, 3 de abril, 3 de mayo, 17 de mayo, 3 de diciembre*

Descanso: *23 de abril*

Descontento: *11 de junio*

Desentrañar: *10 de septiembre*

Deseo: *18 de agosto, 20 de septiembre, 13 de octubre, 14 de diciembre*

Desesperación: *22 de diciembre*

Desesperanza: *20 de noviembre*

Desgaste: *29 de junio*

Deshonesto: *10 de abril*

Deshumanizante: *21 de abril*

Desmayo: *18 de octubre*

Despiadada: *19 de mayo*

Desprecio: *28 de julio*

Destino: *23 de enero, 11 de febrero, 13 de octubre, 21 diciembre*

Desvío: *28 de octubre*

Determinación: *4 de marzo, 12 de junio*

Día del juicio: *24 de marzo, 19 de noviembre*

Diablo: *20 de marzo, 5 de abril, 20 de abril, 20 de mayo, 22 de junio*

Diciendo: *28 de enero*

Dificultad: *30 de octubre*

Dificultad: *8 de octubre*

Dinero: *18 de febrero, 23 de marzo 25 de abril, 7 de julio, 5 de agosto, 6 de agosto, 6 de septiembre, 7 de octubre, 5 de noviembre*

Dios: *21 de abril, 23 de mayo, 27 de mayo, 6 de agosto, 19 de agosto, 23 de septiembre, 25 de septiembre*

Dios: *22 de marzo*

Diplomacia: *1 de agosto*

Dirección incorrecta: *11 de octubre*

Dirección: *28 de mayo, 27 de agosto, 1 de septiembre, 1 de octubre, 27 de octubre, 2 diciembre*

Dirigir: *10 de mayo*

Disciplina: *20 de julio*

Discordia: *20 de septiembre*

Disculpa: *26 de julio*

Discurso: *15 de mayo*

Discusión: *5 de octubre*

Disfrutando: *13 de octubre, 28 de octubre*

Disgusto: *28 de mayo*

Disponibilidad: *2 de abril*

División: *20 de septiembre*

Docencia: *13 de junio, 11 de diciembre*

Dolor: *22 de marzo, 27 de mayo, 22 de agosto, 12 de septiembre, 24 de septiembre*

Dolor: *29 de mayo*

Dominante: *7 de noviembre*

Dormir: *6 de marzo, 20 de junio, 28 de septiembre*

Duda: *14 de octubre, 4 de diciembre*

Duelo: *6 de septiembre*

Dura palabra: *17 de noviembre*
Edredón: *30 de diciembre*
Educación: *24 de enero, 11 de julio, 15 de agosto, 19 de noviembre, 23 de diciembre*
Egoísmo: *1 de diciembre*
Egoísmo: *24 de febrero*
Egomaníaco: *30 de octubre*
Ejecución: *3 de agosto*
Ejemplo viviente: *25 de abril*
Ejercicio: *5 de noviembre*
El mundo: *16 de abril*
Elección moral: *25 de febrero*
Elección: *22 de junio*
Elegir: *23 de julio*
Elegir: *23 de junio, 16 de agosto*
Elocuencia: *19 de abril*
Embalse interior: *25 de junio*
Emoción: *13 de febrero, 26 de marzo*
En vano: *4 de octubre*
Enamorarse: *5 de mayo*
Encendido: *13 de junio*
Encontrar a Dios: *21 de enero, 20 de febrero, 22 de marzo, 22 de mayo, 21 de octubre, 29 de octubre, 21 de noviembre, 20 de diciembre*
Encontrar trabajo: *10 de noviembre*
Encontrar un camino: *30 de diciembre*
Encontrar: *22 de abril*
Encontrarse a uno mismo: *25 de enero, 17 de octubre*
Enemigo: *22 de enero, 26 de febrero, 15 de marzo, 26 de agosto, 6 de septiembre, 27 de septiembre, 20 de noviembre, 3 de diciembre, 19 de diciembre*
Enemistad: *19 de junio*
Energía viva: *29 de noviembre*
Energía: *26 de marzo, 13 de abril, 22 de abril, 19 de junio, 16 de agosto, 30 de agosto, 15 de octubre*
Enfermedad: *28 de mayo*
Engaño: *5 de agosto*
Ensalada de papa: *28 de noviembre*
Entrenador: *9 de mayo*
Entrenamiento: *20 de junio*
Entusiasmo: *14 de mayo*
Envidia y celos: *24 de febrero, 21 de marzo, 21 de junio, 13 de diciembre*
Error: *26 de enero, 21 de marzo, 14 de abril*
Error: *28 de febrero*
Error: *5 de febrero, 9 de marzo, marzo 28, 9 de abril, 29 de mayo, 4 de junio, 15 de junio, 8 de agosto, 29 de diciembre*
Escalar: *27 de julio*
Escollo: *29 de septiembre*
Escuchando a los padres: *6 de diciembre*
Esfuerzo decidido: *13 de diciembre*
Esfuerzo: *18 de octubre*
Esperando: *14 de octubre*
Esperanza: *16 de julio, 18 de julio, 23 de julio, 13 de agosto, 20 de agosto, 15 de septiembre, 22 de septiembre, 4 de octubre, 14 de octubre, 22 de octubre, 3 de noviembre, 22 de noviembre, 4 de diciembre, 31 de diciembre*

Espíritu humano: *23 de agosto*
Espíritu quebrantado: *6 de abril*
Espíritu: *26 de marzo, 23 de mayo, 24 de octubre*
Espiritualidad: *26 de julio*
Estéril: *20 de noviembre*
Esteticista: *9 de junio*
Estrella: *16 de septiembre, 21 de diciembre*
Estrés: *20 de octubre*
Estudio: *8 de agosto*
Eternidad: *26 de marzo, 21 de julio*
Evitar discusiones: *10 de diciembre*
Exceso de confianza: *30 de mayo*
Exhibición: *30 de noviembre*
Existencia de dios: *17 de abril*
Éxito: *1 de septiembre*
Éxito: *11 de enero, 30 de enero, 11 de febrero, 28 de febrero, 13 de marzo, 28 de marzo, 4 de abril, 17 de abril, 16 de mayo, 15 de junio, 30 de junio, 16 de julio, 14 de agosto, 27 de agosto, 14 de septiembre, 16 de septiembre, 3 de octubre, 7 de octubre, 17 de octubre, 25 de diciembre*
Experiencia: *5 de enero, 6 de febrero, 2 de abril, 30 de abril, 14 de septiembre*
Extraño: *19 de abril*
Fácil: *29 de abril*
Facultad: *19 de agosto*
Falsa palabra: *26 de junio*
Falsedad: *14 de agosto*
Falso testimonio: *25 de mayo*

Familia feliz: *21 de septiembre*
Familia infeliz: *21 de septiembre*
Familia: *22 de mayo, 23 de junio, 22 de julio, 21 de agosto*
Fe: *5 de enero, 25 de enero, 5 de febrero, 22 de marzo, 25 de marzo, 22 de abril, 4 de mayo, 2 de julio, 16 de julio, 20 de agosto, 22 de septiembre, 4 de octubre, 16 de octubre, 21 de octubre, 23 de octubre, 24 de octubre, 18 de noviembre, 20 de noviembre, 4 de diciembre, 24 de diciembre*
Felicidad eterna: *4 de octubre*
Felicidad: *8 de febrero, 14 de febrero, 8 de marzo, 4 de abril, 1 de mayo, 5 de julio, julio 12, 23 de julio, 12 de agosto, 21 de agosto, 22 de agosto, 23 de septiembre, 27 de septiembre, 5 de octubre, 6 de octubre, 23 de octubre, 28 de noviembre*
Fin: *2 de enero, 3 de enero, 27 de julio, 1 de agosto*
Final: *26 de septiembre*
Final: *31 de agosto*
Fingimiento: *3 de abril*
Flecha: *9 de abril, 8 de julio*
Flexible: *3 de enero*
Forma de vida: *9 de diciembre*
Forma poco común: *14 de diciembre*
Fracaso: *1 de febrero, 4 de abril, 15 de mayo, 21 de mayo, 21 de junio, 22 de julio, 28 de julio, 30 de julio, 3 de septiembre, 3 de octubre, 3 de noviembre, 29 de diciembre, 31 de diciembre*

Fraternidad: *14 de octubre*
Frustración: *31 de diciembre*
Fuerte: *31 de marzo, 20 de abril, 16 de agosto*
Fuerza espiritual interior: *22 de septiembre*
Fuerza infinita: *23 de diciembre*
Fuerza: *25 de diciembre*
Fuerza: *5 de enero, 14 de enero, abril 18, 14 de junio, 14 de octubre, 18 de octubre, 13 de noviembre*
Futuro: *1 de junio, 4 de junio, 15 de junio, 2 de julio, 3 de agosto, 20 de agosto, 3 de septiembre, 3 de octubre*
Ganador: *17 de enero, 30 de mayo, 29 de junio*
Ganar la paz: *15 de noviembre*
Ganar sabiduría: *28 de noviembre*
Ganar: *24 de septiembre*
Gemido: *30 de agosto*
Generosidad: *4 de julio*
Gente de buena calidad: *8 de junio*
Gente pequeña: *30 de marzo*
Gentileza: *11 de noviembre, 18 de diciembre*
Graduarse: *9 de enero*
Gran cosa: *11 de abril*
Gran líder: *2 de mayo*
Gran persona: *12 de marzo*
Grandioso: *12 de octubre*
Gratitud: *14 de enero*
Gravedad: *16 de marzo*
Grupo de oración: *14 de marzo*
Guerra santa: *15 de noviembre*
Guerra: *27 de septiembre*
Guía esencial: *24 de diciembre*
Guía: *26 de abril, 28 de noviembre, 21 de diciembre*
Habilidad: *2 de marzo, 2 de abril*
Hábito: *6 de junio, 21 de noviembre*
Hablando: *5 de diciembre*
Hablando: *5 de mayo, 30 de noviembre*
Hacer lo correcto: *14 de julio*
Hacer lo mejor: *2 de enero, 5 de enero*
Hacer: *6 de julio, 4 de septiembre, 26 de diciembre*
Hambre de amor: *26 de noviembre*
Hambre de pan: *26 de noviembre*
Hambre del alma: *27 de agosto*
Hermano/ hermana: *13 de enero, 31 de octubre*
Héroe: *23 de febrero, 16 de mayo*
Hijo de dios: *23 de diciembre*
Hombres y mujeres: *15 de febrero, diciembre 16*
Honestidad: *2 de junio, 3 de julio*
Honor: *17 de junio, 13 de agosto, noviembre 29*
Hora: *8 de abril, 30 de abril, 9 de mayo, 29 de mayo, 9 de junio, 15 de junio, 12 de julio, 14 de julio, 9 de agosto, 29 de agosto*
Hospitalidad: *19 de abril*
Hoy: *10 de noviembre*
Huelga: *17 de agosto*

Huella: *29 de septiembre*
Humildad: *29 de julio, 12 de octubre*
Humor: *6 de abril, 6 de mayo, 5 de junio, 5 de noviembre*
Idea: *6 de julio, 17 de septiembre, 2 de octubre*
Ideal: *3 de enero, 14 de febrero 23 de noviembre, 21 de diciembre*
Iglesia: *21 de diciembre*
Ignorancia: *17 de enero, 5 de octubre, 15 de diciembre*
Iluminación: *20 de enero, 19 de febrero*
Impar: *29 de junio*
Imperfección: *26 de mayo*
Implorar: *22 de mayo*
Imposibilidad: *11 de enero, 1 de octubre*
Inauguración: *23 de abril, 9 de noviembre*
Incapacidad: *2 de abril*
Inconsciencia: *25 de agosto*
Incorrecto: *29 de abril, 19 de julio*
Infección: *26 de junio*
Inferioridad: *25 de agosto*
Infierno: *24 de mayo, 25 de junio*
Inicio: *26 de septiembre*
Inicio: *5 de agosto*
Injusticia: *12 de abril, 3 de mayo*
Injusto: *15 de noviembre*
Inmortalidad: *26 de marzo, 27 de mayo*
Instinto: *19 de agosto*
Insulto: *4 de mayo*
Inteligencia: *3 de marzo*
Intercambio: *20 de julio*
Interés de amigo: *31 de julio*

Interés: *10 de junio*
Intérprete de la vida: *18 de diciembre*
Inundación: *24 de marzo*
Invierno: *7 de mayo, 8 de junio*
Ir hacia dios: *30 de diciembre*
Ira: *17 de noviembre*
 Ira: *21 de enero, 9 de julio, 8 de agosto, 5 de octubre, 17 de noviembre, 19 de diciembre, 26 de diciembre*
Irrompible: *17 de diciembre*
Jesucristo: *23 de noviembre*
Jubilación: *13 de abril, 9 de agosto*
Jugando: *12 de julio, 12 de diciembre*
Juicio: *26 de septiembre, 6 de noviembre*
Juicio: *9 de marzo, 14 de septiembre, 31 de diciembre*
Juntos: *2 de julio*
Jurado: *6 de junio*
Justicia: *18 de marzo, 12 de abril, 16 de abril, 24 de abril, 3 de mayo, 27 de mayo, 3 de junio, junio 5, 4 de julio, 7 de septiembre*
Justificación: *6 de mayo*
Justos: *9 de agosto*
Juventud: *26 de marzo, 26 de abril, 28 de diciembre*
Labor: *22 de enero*
Lámpara de fuego: *15 de diciembre*
Lámpara del cuerpo: *20 de diciembre*
Lástima: *26 de septiembre*
Lealtad: *6 de agosto, 31 de octubre*

Lectura: *12 de julio*
Ley moral: *19 de agosto*
Ley: *19 de marzo*
Liberación: *13 de mayo*
Libre albedrío: *22 de junio*
Liderazgo: *8 de enero, 27 de febrero, 8 de marzo, 16 de marzo, 1 de abril, 7 de octubre, 7 de noviembre, 8 de diciembre*
Límite: *30 de septiembre*
Limosna: *18 de abril, 11 de septiembre*
Limpieza: *1 de junio*
Lograr: *1 de mayo, 26 de septiembre*
Logro: *1 de enero, 8 de enero, 1 de febrero, 1 de marzo, 12 de marzo*
Logro: *25 de mayo, 24 de agosto, 26 de octubre, 27 de noviembre*
Longevidad: *octubre 13*
Lucha: *24 de abril*
Luchar por justicia: *8 de diciembre*
Lugar de residencia: *septiembre 11, noviembre 12*
Lujo: *11 de octubre*
Lujuria: *mayo 24*
Luna: *16 de septiembre*
Luto: *19 de septiembre*
Luz de búsqueda: *1 de julio*
Luz: *20 de diciembre*
Madre: *11 de enero, 11 de febrero, 5 de marzo, 2 de mayo*
Maestro: *23 de marzo, 26 de junio*
Magnanimidad: *16 de marzo*
Mal juicio: *6 de febrero*
Mal: *20 de marzo, 21 de abril, 19 de junio, 24 de junio, 26 de junio, 9 de julio, 20 de julio, 24 de noviembre, 26 de diciembre*
Mala compañía: *8 de junio*
Mala voluntad: *20 de abril*
Malvado: *9 de agosto, 1 de diciembre*
Mangas de camisa: *2 de febrero*
Mano de Dios: *21 de octubre*
Mano: *27 de febrero*
Manso: *7 de mayo*
Mantenimiento: *10 de febrero*
Mañana: *8 de abril, 11 de agosto, 4 de septiembre, 10 de noviembre*
Matrimonio: *10 de enero, 10 de febrero, 6 de abril, 5 de mayo, 24 de agosto, 7 de diciembre*
Mayor gloria: *16 de noviembre*
Me gusta: *5 de septiembre*
Medida: *28 de enero*
Mejor amigo: *14 de febrero*
Melodía: *4 de diciembre*
Mensajero: *22 de diciembre*
Mente abierta: *15 de enero*
Mente satisfecha: *16 de junio*
Mente: *19 de marzo*
Mentira: *25 de mayo, 26 de junio, 3 de julio, 13 de julio, 14 de agosto* **Vida:** *12 de febrero, 4 de marzo, 6 de mayo, 24 de junio, 30 de julio, 21 de agosto, 13 de noviembre, 14 de noviembre*
Mentiroso: *13 de septiembre*

Mérito: *27 de enero*

Miedo: *31 de enero, 28 de febrero, 5 de marzo, 22 de marzo, 5 abril, 24 de abril, 4 de mayo, 20 de mayo, 14 de junio, 25 de junio, 28 de junio, 20 de julio, 17 de agosto, 4 de septiembre, 22 de octubre, 31 de diciembre*

Miembro: *2 de agosto*

Mirador: *11 de julio*

Mirando hacia abajo: *31 de mayo*

Miseria: *22 de noviembre, 15 de diciembre, 29 de diciembre*

Misericordia de dios: *25 de marzo*

Misericordia: *18 de enero, 29 de enero, 5 de junio, 24 de noviembre, 27 de diciembre*

Misterio: *26 de julio*

Modelo vivo: *26 de abril*

Moisés: *18 de abril*

Molino: *30 de julio*

Monstruo: *24 de junio*

Montaña: *10 de abril*

Morada: *28 de abril*

Moribundo: *24 de mayo, 24 de septiembre*

Motivación: *6 de mayo, 9 de mayo, 6 de junio, 1 de julio, 7 de julio, 20 de septiembre, 8 de diciembre*

Mover montañas: *25 de enero*

Muerte: *4 de marzo, 22 de marzo, 5 de abril, 20 de julio, 19 de octubre*

Muerto: *24 de junio*

Mujeres: *20 de enero, 15 de febrero, 18 de diciembre*

Mundo sofocante: *18 de septiembre*

Mundo: *17 de marzo, 23 de septiembre*

Música del alma: *30 de abril*

Música: *27 de febrero, 8 de marzo, 26 de mayo, 4 de diciembre*

Nación: *22 de mayo*

Naturaleza humana: *18 de agosto*

Naturaleza: *19 de julio*

Navidad: *31 de julio*

Negativo: *5 de abril*

Niños: *9 de enero, 18 de mayo, 20 de junio, 19 de noviembre*

No arrepentido: *11 de agosto*

No conformidad: *14 de diciembre*

No deseado: *25 de julio*

Noche oscura del alma: *18 de noviembre*

Noche: *17 de enero*

Nuestro día: *9 de septiembre*

Nueva idea: *2 de septiembre*

Nuevo comienzo: *31 de agosto*

Nuez: *3 de julio*

Obediencia: *28 de junio, 7 de noviembre*

Objetivo: *27 de julio, 28 de julio, 28 de agosto, 17 de septiembre, 29 de noviembre*

Obra de Dios: *7 de abril*

Obstáculo: *13 de marzo, 24 de julio, 28 de agosto*

Obtener: *14 de junio, 4 de agosto*

Ocio: *11 de julio*

Ociosidad: *22 de enero, 29 de enero, 27 de diciembre*

Odio recíproco: *29 de diciem-*

bre

Odio: *27 de enero, 3 de febrero, 19 de febrero, 26 de febrero, 4 de mayo, 15 de julio, 12 de septiembre, 27 de septiembre, 22 de noviembre, 26 de diciembre*

Ojo: *20 de diciembre*

Ojos de dios: *21 de octubre*

Olvidar: *16 de octubre, 22 de octubre*

Opinión pública: *29 de octubre*

Opinión: *7 de enero*

Oportunidad: *28 de marzo, 29 de junio*

Oportunidad: *9 de junio, 15 de junio, 5 de julio, 8 de julio, 29 de julio, 8 de agosto, 29 de agosto, 18 de septiembre, 8 de octubre, 29 de noviembre*

Optimista: *10 de marzo, 9 de septiembre, 8 de octubre, 9 de diciembre*

Oración: *12 de enero, 31 de enero 12 de febrero, 27 de febrero, 6 de marzo, 18 de marzo, 26 de marzo, 7 de abril, 11 de abril, 27 de abril, 17 de junio, 21 de julio, 9 de agosto, 10 de septiembre, 9 de octubre, 9 de noviembre, 9 de diciembre, 10 de diciembre*

Oración: *24 de enero, 12 de julio, 16 de agosto, 25 de agosto, 17 de septiembre, 20 de noviembre, 31 de diciembre*

Orgullo: *15 de enero, 7 de mayo, 7 de junio, 3 de diciembre*

Paciencia: *30 de enero, 14 de marzo, abril 15, 26 de mayo, 28 de septiembre, 14 de octubre*

Padre: *2 de mayo*

Padres: *9 de enero, 23 de junio, 22 de julio, 6 de noviembre*

Palabra vacía: *26 de diciembre*

Palabra: *4 de enero, 10 de marzo, 9 de abril, 8 de julio*

Paquetes pequeños: *1 de diciembre*

Pasado: *31 de enero, 8 de julio*

Pasión: *13 de febrero, 25 de mayo, 14 de octubre*

Paz: *25 de marzo, 16 de abril, 26 de abril, 27 de mayo, 17 de junio, 27 de junio, 27 de julio, 23 de septiembre, 27 de septiembre*

Pecado: *14 de abril, 21 de noviembre*

Pegando: *26 de octubre*

Pelea: *13 de enero, 10 de marzo, mayo 4, 10 de julio, 7 de noviembre, 10 de diciembre*

Pelea: *29 de mayo*

Pelea: *3 de abril, 7 de agosto*

Pensamiento: *27 de marzo*

Pensando en el futuro: *2 de agosto*

Pensando: *4 de abril, 12 de julio, 24 de agosto*

Peor persona: *15 de enero*

Pequeñas cosas: *11 de abril*

Perdedores: *3 de febrero, 30 de mayo, 29 de junio*

Perdiendo la guerra: *15 de noviembre*

Perdón: *21 de noviembre*

Perdón: *26 de enero, 33 de*

junio, 10 de julio, 11 de agosto,11 de septiembre, 22 de octubre, 21 de noviembre, 25 de diciembre
Pereza: *8 de abril, 27 de junio, 5 de julio, 7 de agosto, 3 de septiembre, 8 de septiembre, 7 de octubre*
Perla: *22 de agosto*
Permaneciendo abajo: *3 de noviembre*
Persecución: *26 de agosto, 20 de noviembre*
Perseverancia: *11 de marzo, septiembre28, 16 de noviembre, 15 de diciembre*
Persistencia: *1 de enero, 9 de febrero, 11 de marzo, 10 de abril, 30 de julio*
Persona común: *2 de marzo*
Persona de amor: *10 de octubre*
Persona de confianza: *1 de noviembre*
Persona decente: *25 de noviembre*
Persona exitosa: *10 de noviembre, 11 de diciembre*
Persona feliz: *28 de octubre*
Persona ignorante: *29 de octubre imagen de*
Persona ocupada: *29 de enero*
Persona sensata: *12 de abril*
Personas ambiciosas: *13 de diciembre*
Personas prudentes: *16 de abril*
Pesimista: *8 de octubre, 8 de noviembre*
Picnic: *28 de noviembre*
Placer presente: *3 de agosto*
Placer: *27 de mayo*
Plan: *10 de mayo, 10 de junio, 9 de julio*
Pobre: *24 de septiembre, 11 de octubre, 26 de octubre, 25 de noviembre*
Pobreza: *15 de julio, 17 de julio, 25 de julio, 8 de septiembre, 24 de octubre, 26 de noviembre, 12 de diciembre*
Poder milagroso: *22 de septiembre*
Poder sustentador: *18 de noviembre*
Podría: *1 de octubre*
Popa: *11 de noviembre*
Posibilidad: *21 de abril, 31 de diciembre*
Potencial incumplido: *31 de diciembre*
Prejuicio: *28 de mayo*
Preparación: *10 de enero, 10 de febrero, 12 de marzo, 11 de mayo, 8 de agosto*
Presagio: *20 de febrero*
Presencia de Dios: *24 de julio*
Presente: *4 de junio, 15 de junio, 2 de julio, 3 de agosto*
Preservar la posición social: *16 de abril*
Prestado: *18 de junio*
Prevaleciente: *17 de septiembre*
Prever: *10 de enero*
Primera palabra: *28 de septiembre*
Principio: *12 de agosto*
Prisa: *9 de febrero*
Problema: *10 de enero, 12 de enero, marzo 6, 4 de abril, 9 de mayo, 25 de septiembre*

Problema: *15 de febrero, 12 de abril, 12 de mayo, 5 de junio, 29 de noviembre*

Profecía: *22 de febrero*

Progreso de la humanidad: *18 de diciembre*

Progreso: *26 de enero, 17 de marzo, marzo 29, 26 de julio, 24 de agosto, 1 de noviembre*

Promesa: *11 de junio, 7 de septiembre, 8 de octubre*

Propaganda: *3 de junio*

Propósito: *8 de abril, 18 de octubre*

Prosperidad: *21 de septiembre, 12 de diciembre*

Prueba: *7 de octubre*

Puerta de cierre: *9 de noviembre*

Puerta: *25 de junio*

Rabia: *24 de mayo*

Raíz: *1 de abril*

Reajuste: *12 de octubre*

Rechazo de dios: *22 de diciembre*

Recompensa: *7 de julio*

Reconocimiento: *21 de octubre*

Recordando: *26 de septiembre*

Recursos de dios: *1 de octubre*

Redimido: *23 de julio*

Reforma: *16 de abril*

Refrescante: *3 de junio*

Regalar: *7 de marzo*

Regaño: *4 de junio*

Regla de oro: *16 de enero, 14 de diciembre*

Regocíjate: *30 de agosto*

Relación: *14 de mayo, 14 de junio, 17 de octubre*

Religión: *13 de julio, 27 de agosto, octubre 23*

Remangarse: *27 de junio*

Renunciar: *20 de julio*

Reparación: *10 de febrero*

Reputación: *8 de mayo, 8 de junio, 8 de julio, julio10, 10 de agosto, 11 de septiembre*

Resistencia: *15 de septiembre*

Resistencia: *3 de junio, 3 de julio, 2 de noviembre*

Respeto: *16 de enero, 12 de mayo, 28 de junio, 13 de agosto, 29 de noviembre*

Responsabilidad: *1 de enero, 28 de diciembre*

Responsabilidad: *28 de diciembre*

Respuesta blanda: *17 de noviembre*

Retazos: *30 de diciembre*

Retirada: *15 de mayo, 11 de noviembre*

Reto: *21 de mayo*

Reverencia: *6 de diciembre*

Revolución: *14 de septiembre, 14 de octubre*

Rico: *8 de febrero, 8 de mayo, 26 de octubre*

Riesgo: *24 de agosto, 24 de octubre, 1 de noviembre, 25 de noviembre, 24 de diciembre*

Riqueza: *16 de febrero, 16 de mayo, 16 de junio, 15 de julio*

Risa: *30 de abril, 12 de julio, 6 de octubre*

Risas: *8 de mayo, 8 de junio*
Roble poderoso: *3 de julio*
Rombo: *2 de enero, 27 de octubre*
Ruido: *27 de marzo*
Ruina moral: *18 de mayo*
Ruina: *26 de diciembre*
Rumor: *1 de noviembre*
Sabiduría: *15 de enero, 30 de enero, 8 de febrero, 9 de febrero, 13 de febrero, 3 de marzo, 15 de marzo, 2 de abril, 30 de abril, 10 de mayo, 1 de junio, 12 de julio, 29 de julio, agosto 2, 4 de agosto, 16 de agosto, 22 de agosto, 19 de septiembre, 15 de octubre, 2 de noviembre, 16 de noviembre, 29 de noviembre, 5 de diciembre, 12 de diciembre*
Sabio: *2 de marzo, 5 de julio, 17 de julio, 16 de septiembre, 29 de septiembre, 2 de octubre, 29 de octubre*
Sacando el cuello: *25 de noviembre*
Sacrificio: *25 de enero, 14 de noviembre*
Salto de fe: *5 de marzo*
Salvación espiritual: *18 de enero*
Salvación: *1 de febrero*
Salvavidas: *6 de enero*
Sanador: *9 de junio*
Santidad: *24 de julio*
Santo: *23 de febrero, 25 de marzo, 25 de abril, 20 de junio*
Satanás: *31 de enero*
Satisfacción: *1 de mayo*
Satisfacción: *19 de junio, 13 de octubre*

Secreto de vida: *24 de abril*
Secreto: *14 de abril*
Sed: *11 de mayo, 9 de julio*
Seguir: *1 de abril*
Sentencia: *7 de enero 28 de enero de, 17 de febrero, 25 de febrero, 13 de marzo, 26 de marzo, 7 de diciembre*
Sentido común: *8 de enero, 9 de febrero, 5 de abril, 26 de octubre, 29 de noviembre, 5 de diciembre*
Sentido del caballo: *8 de enero*
Sentir pena: *6 de diciembre*
Señalar con el dedo: *6 de febrero*
Señales: *21 de octubre*
Serenidad: *27 de mayo, 25 de junio, 17 de julio, 22 de septiembre*
Seriedad: *16 de marzo*
Servicio: *31 de julio, 27 de septiembre*
Siembra: *15 de agosto, 4 de septiembre, 19 de octubre*
Significado de vida: *17 de mayo*
Significado: *3 de noviembre*
Silencio: *15 de marzo, 27 de marzo, 28 de septiembre, 2 de noviembre*
Simplón: *12 de abril*
Sinceridad: *16 de marzo*
Sirviente: *21 de febrero, 23 de marzo*
Sociedad: *18 de mayo*
Soledad: *22 de marzo, 25 de julio, septiembre 24*
Solidaridad: *24 de abril*
Soñando: *12 de febrero, 26 de*

junio, 26 de diciembre, 31 de diciembre
Sótano de tormenta: *22 de septiembre*
Subida: *2 de diciembre*
Suerte: *30 de agosto*
Sufrimiento: *20 de enero, 23 de julio, agosto 23, 14 de septiembre, 25 de septiembre, 17 de noviembre*
Talento: *16 de diciembre*
Tejido: *28 de marzo*
Telarañas del corazón: *8 de mayo*
Temor al castigo: *13 de abril*
Temor al señor: *23 de mayo*
Temperamento apresurado: *19 de diciembre*
Temperamento: *22 de febrero*
Temporada: *8 de abril*
Temporadas de estrés: *22 de septiembre*
Tenacidad: *13 de mayo, 12 de junio, 11 de julio*
Tentación: *19 de enero*
Testigo: *14 de abril*
Tiempos difíciles: *2 de noviembre*
Tierra prometida: *19 de julio*
Tímido: *14 de agosto*
Tolerancia: *6 de abril, 28 de junio, 28 de julio, 15 de agosto, 23 de octubre*
Toma de decisiones: *27 de marzo, 27 de abril, 31 de mayo, 29 de octubre* **Determinación:** *26 de agosto*
Tontería: *30 de abril, 1 de junio, 2 de agosto, 7 de noviembre*
Tonto: *29 de febrero, 2 de marzo, 11 de mayo, 23 de mayo, 11 de junio, 7 de agosto, 2 de septiembre, 16 de septiembre, 2 de octubre*
Tormenta: *1 de abril*
Tormentas de la vida: *22 de septiembre*
Trabajo duro: *16 de julio, 7 de octubre, 17 de octubre, 26 de octubre, 12 de diciembre*
Trabajo en equipo: *29 de marzo, 28 de abril*
Trabajo humilde: *24 de septiembre*
Trabajo: *12 de enero, 24 de enero, enero 27, 30 de enero, 11 de febrero, febrero 25, 14 de marzo, 13 de abril, 18 de mayo, junio 9, 16 de junio, 12 de julio, 17 de julio, 30 de agosto, 13 de septiembre, 29 de septiembre, 2 de octubre*
Tragedia: *28 de noviembre*
Trampa: *2 de junio*
Tranquilidad: *13 de febrero, 7 de marzo*
Tranquilidad: *27 de julio*
Transformación: *22 de abril, 12 de agosto*
Trascendiendo: *18 de julio*
Triunfo: *3 de junio*
Última palabra: *25 de julio, 28 de septiembre*
Unidad: *4 de enero, 29 de agosto, 17 de diciembre*
Uso: *28 de marzo*
Vacío: *10 de junio*
Valor: *18 de marzo*
Vanidad: *29 de febrero, 30 de marzo, 29 de abril , 7 de junio*
Vecino: *21 de marzo, 29 de*

marzo, mayo 25, 25 de agosto, 25 de septiembre

Venganza: *25 de octubre, 29 de diciembre*

Ventana: *25 de marzo*

Verdad última: *23 de diciembre*

Verdad: *21 de marzo, 22 de marzo, abril 14, 16 de abril, 25 de abril, 13 de julio, agosto 14, 12 de septiembre, 13 de septiembre, 15 de septiembre, 11 de octubre, 25 de octubre, 11 de noviembre, 26 de noviembre, 12 de diciembre*

Verdadero amigo: *2 de diciembre*

Verdadero ciudadano: *18 de octubre*

Verdadero creyente: *14 de diciembre*

Verdadero Cristiano: *18 de octubre, 22 de octubre*

Vergüenza: *28 de febrero, 22 de marzo, 2 de septiembre*

Viaje: *11 de mayo*

Viaje: *11 de mayo, 13 de mayo*

Victoria: *17 de enero, 22 de julio, agosto 29, 21 de septiembre, 24 de diciembre, 26 de diciembre*

Vida cristiana: *18 de julio*

Vida diaria: *19 de febrero*

Vida espiritual: *19 de septiembre*

Vida feliz: *5 de septiembre*

Vida santa y feliz: *31 de diciembre*

Viento: *28 de mayo*

Violencia: *19 de febrero, 17 de agosto, 17 de septiembre, 16 de octubre, 24 de noviembre*

Virtud: *5 de marzo, 16 de marzo, 15 de abril, 28 de julio, 22 de agosto, 18 de septiembre, 24 de octubre, 25 de diciembre*

Visión: *26 de enero, 24 de febrero, 18 de agosto, 14 de septiembre*

Vistas: *18 de septiembre*

Vitrina: *30 de noviembre*

Voluntad: *4 de marzo, 9 de marzo, 18 de marzo, 20 de marzo, 18 de abril, 26 de abril, 27 de abril, 17 de mayo*

Voz de la eternidad: *17 de diciembre*

Voz terrenal: *17 de diciembre*

Voz tranquila: *31 de octubre*

Voz: *20 de marzo, 27 de marzo*

Liibros a la Venta

$13.95 (Lectura Inspiracional)

$11.95 (Lectura Espiritual)

$17.95 (Devocional para Adultos Diario)

$12.95 (Devocional para Familias/ Niños)

$13.95 (Lectura de Inspiración/ Sabiduría)

$11.95 (Lectura Espiritual)

Puedes encontrar libros en:
www.FatherPeterGVu.org
www.BarnesandNoble. com; www. Amazon.com.
Gracias por tu Apoyo.